KB076045

대만을 보는 눈

서남동양학술총서

대만을 보는 눈

한국−대만,
공생의 길을 찾아서

최원식 · 백영서 엮음

창비

21세기에 다시 쓴 간행사

서남동양학술총서 30호 돌파를 계기로 우리는 2005년, 기왕의 편집위원회를 서남포럼으로 개편했다. 학술사업 10년의 성과를 바탕으로 이제 새로운 토론, 새로운 실천이 요구되는 시점이라고 판단했기 때문이다.

알다시피 우리의 동아시아론은 동아시아의 발칸, 한반도에 평화체제를 구축하고자 하는 비원(悲願)에 기초한다. 4강의 이해가 한반도의 분단선을 따라 날카롭게 교착하는 이 아슬한 상황을 근본적으로 해결하는 방책은 그 분쟁의 근원, 분단을 평화적으로 해소하는 데 있다. 민족 내부의 문제이면서 동시에 국제적 문제이기도 한 한반도 분단체제의 극복이라는 이 난제를 제대로 해결하기 위해서는 우선 서구주의와 민족주의, 이 두 경사속에서 침묵하는 동아시아를 호출하는 일, 즉 동아시아를 하나의 사유단위로 설정하는 사고의 변혁이 종요롭다. 동양학술총서는 바로 이 염원에 기초하여 기획되었다.

10년의 축적 속에 동아시아론은 이제 담론의 차원을 넘어 하나의 학(學)으로 이동할 거점을 확보했다. 우리의 충정적 발신에 호응한 나라 안팎의 지식인들에게 깊은 감사를 표하는 한편, 이 돈독한 토의의 발전이 또한 동아시아 각 나라 또는 민족들 사이의 상호연관성의 심화가 생활세계의 차원으로까지 진전된 덕에 크게 힘입고 있음에 괄목한다. 그리고 이러한 변화가 6·15남북합의(2000)로 상징되듯이 남북관계의 결정적 이정표 건설을 추동했음을 겸허히 수용한다. 바야흐로 우리는 분쟁과 갈등으로 얼룩진 20세기의 동아시아로부터 탈각하여 21세기, 평화와 공치(共治)의 동아시아를 꿈꿀 그 입구에 도착한 것이다. 아직도 길은 멀다. 하강하는 제국들의 초조와 부활하는 제국들의 미망이 교착하는 동아시아, 그곳에는 발칸적 요소들이 곳곳에 숨어 있다. 남과 북이 통일시대의 진전과정에서 함께 새로워질 수 있다면, 그리고 그 바탕에서 주변 4강을 성심으로 달랠 수 있다면 무서운 희망이 비관을 무찌를 것이다.

동양학술총서사업은 새로운 토론공동체 서남포럼의 든든한 학적 기반이다. 총서사업의 새 돛을 올리면서 대륙과 바다 사이에 지중해의 사상과 꿈이 문명의 새벽처럼 동트기를 희망한다. 우리의 오랜 꿈이 실현될 길을 찾는 이 공동의 작업에 뜻있는 분들의 동참과 편달을 바라 마지않는 바이다.

서남포럼 운영위원회
www.seonamforum.net

대만 가는 길

1. 왜 대만인가

대만(臺灣)을 단일주제로 한 이 책은『제국의 교차로에서 날제국을 꿈꾸다』(창비 2008, 이하『교차로』)의 속편 격이다. 서남재단 창립 20주년(2007)을 기념하여 이루어진 세번의 순회토론회 ─ 오끼나와(沖繩)의 나하(那覇)시, 베트남의 호찌민(胡志明)시, 그리고 대만의 타이베이(臺北)시 ─ 를 바탕으로 서남포럼 운영위원회가 펴낸『교차로』는 "탈(脫)동북아시아 실험"의 첫 성과였다. 기왕의 동북아시아 중심을 반성하면서, 지역연합 아세안(ASEAN)을 모범적으로 운영하는 동남아시아에 더욱 주목해야 한다는 다짐은 포럼의 사명을 구성하는 핵심의 하나이거니와,『교차로』에서는 동북아와 동남아를 잇는 중간부를 우선 답사한 것이다.[1] 해상왕국 유구(琉球)

---

1) 세 장소 가운데 베트남은 물론 동남아다. 그럼에도 유교와 대승불교의 영향이 살아 있다는 점에서 동북아적 특성이 풍부하기 때문에 동남아를 종착지로 삼는 우리의 중간여정에 포함되었다. 그런데 호찌민시는 하노이시보다 덜 동북아적이어서, 동북아와 동남아를 잇는 교량적 성격이 더욱 뚜렷했다.

에서 일본의 변경으로 편입된 오끼나와, 남베트남의 수도 싸이공에서 통일베트남의 남쪽 거점으로 변신한 호찌민, 그리고 민주화·본토화가 중국의 대표성과 미묘하게 길항하는 대만, 요컨대 우리가 선택한 답사지 세곳은 대국들이 겯고트는 동북아 중심을 다시 볼 절호의 관측소였던 것이다.

중간부 답사를 통해 얻은 최고의 깨달음은 경계 또는 국경에 대한 새로운 인식이다. 바다에는 금〔線〕이 없다. "오끼나와는 일본의 남쪽 끝이 아니다. 일찍이 번영하던 해상왕국 유구가 그러했듯이 오끼나와는 중국, 조선, 일본 그리고 동남아와 교통하는 그 축에 위치한다. 대만 역시 중국의 동쪽 끝이 아니다. 국경이 가로질러서 그렇지 오히려 유구열도와 함께 하나의 섬생활권을 이루고 있다. 호찌민시도 베트남의 남쪽 끝이 아니다. 동남아로 열린 베트남의 풍요로운 창(窓)이 싸이공의 진면목일 것이다."[2] 대륙과 대양, 동남아와 동북아, 그리고 섬과 섬을 잇는 이 다리들을 밟으며 탈경계화의 상상력이 자유롭게 발동된 점이야말로 신선하고 신선했다.

순회토론을 마친 후 가진 평가회에서 우리는 셋 가운데 더 집중할 필요가 있는 곳에 대해 논의하였다. 세곳 모두 덜 중요한 데가 결코 아니지만, 우선 대만에 눈길이 갔다. '죽(竹)의 장막'으로 가리운 붉은 '중공'과 대치한 장 제스(蔣介石, 1887~1975) 총통과 그의 '자유중국'은 냉전시대 '반공한국'의 가까운 우방이었다. 정치만 그러했던 것이 아니다. 화교(華僑)는 그 시절 평균적 한국인에게 가장 익숙한 외국인이었다. 그들이 모여살던 청관(淸館)이며, 동네마다 박힌 만두가게와 '중국집'이며, 그리고 무엇보다 지금도 여전히 한국인이 가장 좋아하는 자장면 등등, 대만과 중국의 기이한 합체이기도 한 '자유중국'은 우리 생활세계 내측에 혼혼히 숨쉬고 있던 것이다. 그런데 탈냉전시대의 도래와 함께 한국인의 중국관은 혼란에

---

2) 졸고 「세 도시 이야기: 남쪽에서 본 동북아시아」, 『제국의 교차로에서 탈제국을 꿈꾸다』, 창비 2008, 11면.

빠진다. '자유중국'은 대만으로, '중공'은 중국으로 분리되어 단교와 수교가 동시에 이루어진 1992년, 이 변화의 정체를 숙고할 새도 없이 우리는 뒤늦은 중국열 속에서 대만을 거의 망각하기에 이른다. 그러구러 한국에서 대만은 국민당 장기독재를 끝장낸 민진당(民進黨)의 승리(2000)로 돌연 주목받기 시작하였다. 그 과정에서 양안관계도 새로이 눈에 들어왔다. 양국의 역사적 운명이 그리는 유사성의 근원에 청일전쟁(1894~95)이 자리하고 있는 점에 유의하면서, 한국과 대만을 동아시아라는 텍스트 안에서 다시 파악할 필요가 절실함을 깨달았던 것이다. 그리하여 대만이 대상지로 선택되었다. 우리는 두차례 더 대만을 방문하는 행운을 누렸다.

2. 대륙과 해양의 교점

대만탐방은 그러니까 총 3회에 걸쳐 이루어진 것이다. 첫번째는 세 도시 순회의 마지막 일정으로 2007년 9월, 두번째는 대만을 집중탐사 대상지로 선택하고 다시 찾은 2008년 12월, 세번째는 대미를 장식한 2010년 1월이다. 이 시기는 민진당에서 국민당으로 다시 권력이 교체되는 과도기였다. 2008년 총통선거에서 국민당의 마 잉주(馬英九)가 당선함으로써 민주화의 새 길을 연 민진당이 다시 야당으로 물러앉는 극적인 반전이 발생한바, 한발 앞서 이명박정부가 들어선 한국과 판박이인 셈인지라 더욱 흥미로웠다. 첫번째 방문이 민진당의 천 수이볜(陳水扁) 정부 말기라면, 두번째는 마 잉주정부가 출범하고 천 수이볜은 부패혐의로 수감된 때였고, 세번째 방문은 마 잉주 정부가 안팎의 곤경 속에서 항진(亢進)하던 시절이니, 우리는 이 교체기를 정기적으로 직접 경험한 드문 한국 탐방객이 된 행운아라고 하겠다.

처음 타오위안(桃園)공항에 내렸을 적이 기억난다. 2007년 9월 1일 비 내리는 토요일 아침 인천공항에서 KAL편으로 이륙하여 두시간 만에 대만 공항을 밟았을 때 그 가까움에 새삼 놀랐다. 베이징(北京)과 비슷한데 시차도 한시간으로 같으니 사실 대만을 분리해 보기가 쉽지 않았다. 그런데 공항이름의 변화를 인지하게 되면서 민진당이 추진한 대만 본토화가 실감되기 시작하던 것이다. 원래 이름은 중정(中正)공항. 문천상(文天祥)[3]의 탁본과 함께 장 중정(장 제스의 본명)의 휘호가 지금도 변함없이 걸린 인천의 중국집 신성루(新盛樓)에서 익히 보았던 그 '중정'이 아닌가? 대만의 첫 관문에서부터 장 제스의 중국을 지우는 탈중국화의 낌새가 심상치 않거니와, 타이베이 시내의 중정기념관도 수리를 이유로 문을 닫아건 상태라는 것이다. 내전에서 패한 국민당을 따라 도해(渡海)한 외성인(外省人)의 중국 아래 감추인 본성인(本省人)의 대만이 드디어 자태를 드러내기 시작한 것이다.

그런데 대만에 일본은 살아 있다. 현재도 총통부 청사로 사용되는 구 대만총독부 건물의 위용에서 철거된 조선총독부 청사가 떠오른 것은 자연스러운데, 대만은 한국에 비해 일본에 관용적이다.[4] 대만을 여행하면서 심심치 않게 그곳과 연고 있는 일본인들을 기리는 부조와 기념비 들을 발견하고 내심 놀라움을 금치 못한 기억들이 생생하다. 패전 직후 대만의 일본인(관리와 민간인) 약 반수에 해당하는 20만명이 일본귀환을 희망하지 않았다는 통계[5]는 보복이 거의 발생하지 않은 것만큼이나 흥미로운데, 오히려 1947년 2·28사건을 겪은 후 이를 일본인의 선동에 의한 대만인의 반란

---

3) 문천상(1236~82)은 원(元)에 끝까지 저항하다 포로가 되었지만 쿠빌라이의 회유를 거절하고 처형당한 남송(南宋)의 충신으로 장 제스 시절의 대만에서 특히 더 존경받았다.

4) 브루스 커밍스 「식민지 구성과 변형: 한국, 타이완, 그리고 베트남」, 『ASIA』 제8호(2008년 봄), 34면에서는 고산족의 저항을 제외하면 대만에서 항일운동은 거의 없었다고 되어 있다. 그러나 실제로 그밖의 무장투쟁도 전혀 없지는 않았으며, 다만 대만에서는 문화운동이나 자치운동이 더 많았다는 점에서 무장투쟁을 비롯한 항일운동이 거셌던 한국과는 다르다.

5) 黃昭堂 『臺灣總督府』, 東京: 敎育社 1989, 268면.

으로 의심한 국민당정부가 일본인 유용자(留用者) 거의 전원을 일본으로 귀환조치했다는 점[6]은 외성인에 의한 본성인 학살이라는 이 비극적인 사건을 바라보는 또 하나의 시각일 수 있겠다. 통일을 꿈꾸는 통파(統派)와 독립을 지향하는 독파(獨派)의 갈등도 중국과 일본 사이에 위치한 지정학이 본성인/외성인 갈등과 중첩되면서 복화(複化)한 결과이거니와, 더욱이 2차대전 후 미국마저 깊숙이 진입함에랴.

그러나 민진당의 탈중국화 드라이브가 아무리 거세다 해도 대만은 또한 중국이기도 한 점을 그 유명한 고궁박물원(故宮博物院)에서 목격하지 않을 수 없었다. 우리는 대만방문 때마다 귀한 님 만나러 가는 양 박물관에 들렀다. 세계인종의 전시장으로 홀연 변모하는 이 위대한 박물관에서 본성인/외성인 차이는 눈 녹듯 사라진다. 과연 본성인도 본디는 외성인이 아니던가? 산으로 쫓겨간 원주민의 눈으로 보건대, 본성인도 외성인보다 먼저 온 외성인에 지나지 않는다. 본성인'됨'을 자각적으로 실천하여 대만인의 주체를 다시 세우려는 그분들에게서도 문득문득 중국의 얼굴을 보았던 것은 어쩌면 당연한 일인지도 모른다.

대만은 여러 겹이다. 단수이(淡水)의 홍마오청(紅毛城)[7]도 인상적이지만, 본성인의 본거지 타이난(臺南)이야말로 대만의 중층성을 대표할 것이다. 2008년 12월 21일, 2차방문 셋째날 우리는 고속철로 마침내 대만의 속살에 도착했다. 대만의 수도 타이베이는 본성인의 눈으로 보건대 대만이 아니다. 청일전쟁에서 승리한 일본 식민주의자들에 의해 개척된 타이베이는 일본인들이 패퇴한 후에는 국민당 또는 외성인들에 의해 개발된 '식민의 땅'이기 때문이다. 이에 대해 본토화와 민주화의 성지는 대만의 중심

---

6) 같은 책 271면.
7) 서양인을 '붉은 털'이라고 지칭한 데서 유래한 이 성의 원 이름은 싼 도밍고 요새(Fort San Domingo)로 원래 스페인들이 세웠지만 이후 네덜란드인에 넘어갔고, 개항 이후 영국영사관으로 되었다.

에 위치한 타이난이다. 중국문학에서 대만문학을 분리하려는 기획의 상징으로 구축된 대만문학관을 유심히 둘러본 우리는 옛 요새 츠칸러우(赤嵌樓)에서 또다른 역사의 지층과 해후했다. 원 이름 프로빈티아 요새(Fort Provintia)에서 짐작되듯 이곳은 1653년 네덜란드인에 의해 건조되었다. 타이난은 네덜란드 통치 38년(1624~62)의 근거지였던 것이다. 네덜란드 통치를 마감한 영웅이 정성공(鄭成功, 1624~62)이다. 대만해협을 근거지로 한 해적왕 정지룡(鄭芝龍)과 일본인 어머니의 피를 받아 히라도(平戶)에서 태어난 그는 청에 저항할 거점으로 대만에 주목하여 1661년 4월 2만의 군대를 거느리고 안핑(安平)에 상륙, 9개월간의 포위공격으로 네덜란드인을 내쫓고 이 요새를 츠칸러우로 재구축했다. 타이난은 정씨시대(1662~83) 21년의 중심이었다. 그뒤 청(1683~1894)과 일본(1895~45)에 의해 영유된 바는 익히 아는 터인데, 네덜란드 통치시절 스페인이 대만 북부를 점령한 적도 있었으니 단수이의 홍마오청이 그 흔적이다. 이처럼 네덜란드에서 정성공으로, 다시 청으로 지배자가 갈마든 17세기의 대만은 "대항해시대의 네덜란드·스페인 대립과 동아시아 중화씨스템의 교점(交點)"[8]에 위치한바, 그 교점 중의 교점이 타이난이던 것이다.

나는 국민당정부가 다시 들어선 2,3차 방문 때 공항이름 변경 여부가 내심 궁금했다. 여전히 타오위안공항이었다. 한번 나아간 본토화와 민주화의 방향은 이미 역전이 불가능한 것인데, 더구나 그 뿌리가 만만치 않음을 타이난에서 우리는 이미 목격한 터다. 대만은 오늘날 대륙과 해양 사이에서 상징투쟁 중이다. 아마도 그 어느 일방도 타방을 압도할 수 없을 것이기에 길항 속에서도 조절을 잃지 않는 방향일 것으로 짐작할 뿐이다.

---

8) 亞洲奈みづほ『現代臺灣を知るための60章』, 東京: 明石書店 2003, 50면.

3. 21세기 평화의 동반자

물론 대만방문의 핵은 국립정치대학교 대만문학연구소와 합작한 세번의 토론회다. '제국의 교차로에서 탈제국을 꿈꾸다'(2007.9.3)를 시작으로, 'Locality를 통한 민족문화 재구성'(2008.12.20)을 거쳐, '동아시아 속의 한국과 대만: 역사경험 성찰'(2010.1.11)로 마감한 세번의 대화로 한국과 대만의 상호인식은 차츰차츰 깊어졌다고 감히 말할 수 있겠다. 천 팡밍(陳芳明) 교수를 만난 것은 큰 행운이었다. 민진당의 멘토요 독파의 맹장 천 팡밍은 1987년 계엄해제를 맞아 문학사를 보는 새로운 시각을 제시하여 문단과 학계에 신선한 충격을 준바, 그 요지는 1945년 이후의 시기를 '전후(戰後) 시기'가 아니라, '재식민(再植民)시기'로 수정해야 한다는 것이다.[9] 다시 말하면 일본의 패망(1945)은 국민당에 의한 대만 재식민에 지나지 않는다는 통렬한 비판이다. 물론 그의 급진성은 천 수이볜에 대한 실망으로 조정 중이어서 더욱 앞으로의 사상적 행보가 궁금했다는 점에서도 전환기의 대만을 엿본 방문시점은 절묘했다.

그리하여 서남포럼의 대만방문을 중간결산한 보고서를 겸하여 적절한 입문서를 출판하는 일에 착수하였다. 마침 올해가 단교 20주년이다. 단교 이후 끊어진 지적 교류를 복원하는 살아 있는 대만 안내서를 정성스레 엮는 것이 단교 20년을 기억하는 하나의 방편일 수 있겠다는 충정이다. 국내외 필진의 원고를 널리 거두되, 준학술서로 방향을 잡았다. 그리고 먼저 '타이완'이 아니라 '대만'으로 통일하기로 의견을 모았다. 일반적으로 국가의 이름은 한국식으로 예컨대 중국, 미국, 일본 등으로 표기하고, 지방의 이름은 현지음으로 예컨대 베이징, 워싱턴, 토요꾜오 등으로 하는 점을 참고할 때, 대만을 하나의 (준)국가로 본다면 '대만'으로, 중국에 속한 한 지

---

9) 유형규「'향토'와 '도시': 타이완문학의 주요 쟁점」,『문학수첩』2호(2003년 여름), 397면.

방으로 본다면 '타이완'으로 할 수 있다는 예비모임에서의 백지운(白池雲) 교수의 의견을 수용한 결과다.

책의 구성은 다음과 같다. 1부는 '기본시각'으로, 백영서(白永瑞)의 「우리에게 대만이란 무엇인가: 다시 보는 한국-대만관계」와 천 팡밍의 「대만 지식인의 문화정체성」을 두었다. 한국 지식인의 눈으로 대만 정체성들의 결을 역사적으로 분석하고 미래를 전망한 전자는 수록된 글들에 대한 소개도 겸한 역작이고, 식민역사와 민국역사, 이 이중의 단절을 넘어 시민사회를 내다보는 후자 역시 대만인의 눈으로 대만을 파악한 뛰어난 에세이다. 2부 '대만 정체성의 시각'은 2·28사건(허 이린何義麟), 민주화와 본토화(양태근梁台根), 양안관계(문명기文明基)를 열쇳말로 대만을 예각적으로 포착한 글들을, 3부 '비교의 시각'은 향토문학(백지운), 신(新)영화(강태웅姜泰雄), 민주화(박윤철朴允哲), 경제발전모델(장영희張榮熙)을 도구로 한국과 대만을 대조한 한국 학자들의 글을 모았다. 끝으로 4부 '교류의 시각'에는 식민지 시대부터 현재에 이르기까지 한국과 대만의 접촉을 추적한 두 나라 학자들의 글을 수록했다. 일제시대 조선 신문에 나타난 대만을 분석한 손준식(孫準植), 최승희의 대만붐을 다룬 장 원쉰(張文薰), 신채호와 대만 아나키스트들의 관련을 드러낸 추 스제(邱士杰), 대만의 한류를 다룬 최말순(崔末順), 최근 대만 신문에 등장한 한국을 탐색한 쩡 톈푸(曾天富), 그리고 자신의 체험을 바탕으로 지적 교류사를 흥미진진하게 논술한 천 광싱(陳光興)까지 일목요연한 바 있다. 부록 '전후 한국-대만교류사 연표'(셰 슈우메이謝秀梅) 또한 귀중한 참고가 될 것이다. 한가지 지적해 둘 일은, 식민지시대에 대한 두 나라 학자들의 지칭이 차이가 나는 점이다. 대만이 보다 중립적인데, 통일하지 않고 그대로 두었다.

감사할 분들이 많다. 그동안 방문토론에 참여한 양국 학자들과 이 책에 동참한 양국의 필자들이야말로 이 책의 진정한 주인이다. 초기 기획에 도움을 준 백지운·양태근 교수, 원고 정리와 교정, 색인 작성까지 수고한 김종헌 군(연세대 대학원 사학과), 방문에서 출간까지 누구보다 애쓴 백영서 교수, 그리고 이 모든 일을 가능하게 한 서남재단(이사장 이관희)의 후원과 재단 사무국의 헌신적 방조를 기억하고 싶다. 창비 김정혜 형의 꼼꼼한 마무리 또한 고맙다.

조어도(釣魚島) 문제로 동북아시아가 소란하다. 대륙과 해양의 교점이라는 역사적 운명을 함께하는 한국과 대만이 상호인식을 심화함으로써 이 지역의 평화체제 구축에 기여할 사명의 자각이 절실하다. 모쪼록 이 책이 그 오롯한 흔적이 된다면 더할 나위 없는 기쁨이겠다. 끝으로 3차 토론회 머리에 행한 내 인사말을 복원함으로써 대만방문의 총 소회를 대신하는 바이다.

"이번 모임으로 대만문학연구소와 서남포럼의 만남이 세번째가 됩니다. 한국사람들은 3이란 숫자를 좋아합니다. 1은 위대한 시작이지만 외롭고, 2는 친구를 얻었지만 아직은 불안하고, 3은 변화를 품은 균형 또는 균형을 머금은 변화이니 여의주를 문 용입니다. 감히 말씀드리건대 이제 대만이 조금 보이기 시작했습니다. 이 자리를 빌려 제게 새로운 눈을 뜨게 해준 대만의 지식인 여러분께 깊은 감사를 드립니다.

이번 회의의 주제는 '동아시아 속의 한국과 대만'입니다. 서로를 알아가는 쌍방향성 못지않게 동아시아라는 콘텍스트 속에서 대만과 한국이 어떻게 다시 만날까가 중요합니다. 미국은 쇠퇴하고 중국은 흥기하고 일본이 아시아로 유턴하는 이 미묘한 때에 한국과 대만의 선택은 이 지역의 평화구축에 작지 않은 역할을 놀 것이기 때문입니다. 대만과 한국, 두 나라 시민들의 자각적 연대가 무엇보다 요구됩니다. 모쪼록 이 회의가 21세기 평화의 동반자로서 한국과 대만이 새로이 출발하는 디딤돌의 하나가 되기를 바랄 뿐입니다. 감사합니다."

2012년 10월
최원식

14

제1부

기본시각

우리에게 대만은 무엇인가

다시 보는 한국-대만관계

백영서

1. 내가 '발견'한 대만

1999년, 5·4운동 80주년을 맞아 베이징과 타이베이에서 거의 동시에 기념학술대회가 열렸다. 나는 두곳에서 모두 초청을 받아 비교하기 좋은 기회라 여겨 두 회의에 모두 참석했다. 그때 처음으로 타이베이를 방문한 것이다. 그전까지만 해도 나는 (보통의 한국인들이 그러하듯이) 당연히 대만을 중국의 일부로 보았다. 한국인이 그렇게 생각하게 된 것은, 중국은 역사적으로 하나의 통일체라는 전통적인 대일통(大一統)사상 또는 중화주의의 영향도 없지 않겠지만, 그보다는 우리처럼 분단된(그래서 통일되어야 할) 중국의 한쪽으로 인식하는 냉전적 사고 내지 민족주의의 영향이 컸던 게 아닌가 싶다. 그러니 당시 내가 중국사 연구자이면서도 대만의 실정을 잘 모른 것은 불가피한 것이었는지도 모른다. 그런데 그때 처음으로 짧은 기간이지만 대만 현지에서 지식인들과 접촉하면서 한국과 대만이 통일에 대해 그리고 일제 식민지경험에 대해 서로 다른 관점을 갖고 있음을 알게 되고 놀랐으며, 그 밑바탕에는 대만의 독자적 정체성 형성이라는 역사적 맥적 맥락이 있음을 '발견'하게 된 것이다. 그때부터 대만의 독특성에 깊은 흥미를 갖기 시작했다.

그무렵 대만사회에서는 대만이 중국의 일부가 아니라는 인식과 대만 토착사회에 대한 주체적 관심(뒤에서 다시 설명할 이른바 본토화本土化)이 고조되고, 그에 따라 대만인으로서의 독자적 정체성이 형성되고 있었다. 그 역사적 맥락을 이해하기 위해 대만역사에 흥미를 갖던 차에 마침 대만 한학연구센터(漢學硏究中心)의 초청을 받게 된 나는 방문학자로 2001년 3~8월 타이베이에 머물 수 있었고, 그 기회에 대만의 역사와 사회·문화에 좀더 깊이 접촉게 되었다.

그 기간 동안 제도권 안의 대만사 연구자들이나 중국사 연구자들과만 교류한 것은 아니다. 나는 다양한 분야의 비판적 지식인 그룹들과 인연을 맺었고, 이는 대만의 실정과 대만인의 정서를 한층 더 섬세하게 이해하는 데 크게 도움이 되었다. 그때부터 통일지향파(統派)와 독립지향파(獨派)라는 정파적 구별에 구애받지 않는 외국인으로서의 이점을 활용해 여러 경향의 대만 지식인들과 두루 네트워크를 만들어 지금까지 유지해오고 있다.

2001년 이후 대만 지식인사회의 초청을 받을 기회가 잦아 대만의 숱한 모임에 참여했다. 그들이 나를 필요로 한 이유는, 내가 동아시아적 관점에서 한국·대만·중국·일본을 비교하거나 연관시켜 설명하는 장점을 가졌기 때문이 아닐까 짐작해본다. 그와 더불어 지금으로부터 바로 20년 전인 1992년 한국이 대만과 국교를 단절한 이래 한국 지식인들이 주로 중국대륙으로 관심을 돌린 탓에 대만에 관심 가진 사람이 적어진 이유도 작용한 것으로 보인다. 대한민국이 중화인민공화국과 국교를 수립하면서 중화인민공화국의 '하나의 중국' 정책에 응한 덕에 대만이 나를 '발견'한 것이라고 나는 농담 삼아 말하고는 한다. 그 결과 나는 그간 대만에서 적지 않은 글들을 발표할 수 있었고, 2009년에는 대만 벗들의 도움으로 중문판 저서[1]를 간행하기도 했다.

그런데 개인이 경험한 이 작은 이야기가 사실은 한국-대만 교류사의 큰 이야기와 연결되어 있는 것이다. 이제 그 큰 이야기를 스케치해보겠다.

2. 한국인의 역사경험 속의 대만: 매개된 만남과 직접 대면하기

사실 그동안 한국과 대만은 역사상 어떤 중심에 의해 매개되어 교류해온 동아시아의 주변적 존재였다. 거슬러올라가면 중화제국, 일본제국, 이어서 냉전기 미국에 의해 연결된 것일 따름으로, 서로 직접 대면한 적이 없었다. 그러다가 1980년대 후반 자기 사회의 과제를 비춰 보는 참조틀이자 연대의 대상으로서 서로 관심을 조금씩 갖기 시작했고, 2000년대 들어와 본격적으로 두 사회의 지식인들이 활발하게 교류하기 시작했다. 그 역사적 변천을 잠시 추적해보자.

지금까지 알려진 바로는 한국인으로서 처음 대만에 건너간 사람은 조선왕조시대 표류민이다. 1727년 해난사고를 당해 표류 끝에 대만에 도착해 그곳에 머물다 서울로 돌아온 30여명의 조선인 이야기가 기록에 처음 나온다. 그후 1877년까지 15회에 걸쳐 총 170명의 표류민이 대만을 거쳐왔다. 그들은 타이베이-아모이(廈門, 샤먼)-푸저우(福州)-베이징-의주(義州) 노선을 거쳐 귀환했다.[2] 이 노선에서 잘 드러나듯이 대만과 조선은 청조를 매개로 연결되었던 것이다.

표류민들이 조사과정에서 대만에 조선 사정을 알려줌과 동시에 귀국 후 조선인에게 대만에 관한 정보를 알려주었을 것은 분명하나, 그를 통해 조

1) 졸저 『思想東亞: 韓半島視角的歷史與實踐』, 臺北: 臺社 2009.
2) 조선과 식민지시대 서술은 金勝一 「臺灣 韓僑의 역사적 遷移 상황과 귀환문제」, 『한국근현대사연구』 제28집(2004년 봄)에 의존함.

선인들이 대만에 대한 구체적인 이미지를 갖게 되었다고는 생각되지 않는다. 단, 그에 대해 엿볼 수 있는 흥미로운 이야기가 하나 있긴 하다. 조선시대 박지원(朴趾源)이 지은 소설 『허생전』의 주인공 허생(許生)이 변산반도의 도적떼를 달래어 바다 건너 데리고 가 개간한 섬이 바로 대만이라고 추정하는 견해도 있다.[3] 이 말대로라면 대만은 머나먼 남방에 위치한 미지의 장소로서 상상의 소재였다는 뜻이 아닐까.

조선시대 표류민의 경험은 한국과 대만 교류사의 시발로서의 의의는 있으나, 이주가 아닌 일시적 체류에 그쳤기에 지속적인 의미를 갖지는 않는다. 실질적인 이주가 시작된 것은 일제시대에 들어가서이다.

일제의 식민지가 된 조선에서 조선총독부의 무단정책에 저항한 3·1운동이 발생한 직후 생업을 잇기 힘든 일부 민중들이 대만으로 건너가 정착했다. 생계형 이민에 속하는 그들 이주자는 그 수도 적었을 뿐만 아니라 대개 일시적 생계를 꾀하기 위한 방편으로 대만에 건너갔기에 단신으로 체류한 경우가 많았다. 그뒤 태평양전쟁에 돌입하면서 일본제국의 강제징용에 의해 대만으로 간 이주자들도 있다. 1,300명으로 추산되는 조선 남부의 어민과 그들의 생산수단인 선박이 태평양 지역의 물자 수송을 위해 대만으로 강제동원되었다. 그밖에 자의든 타의든 대만에 건너가 성을 매매한 여성(娼妓)들도 적지 않은 수가 거주했던 것으로 공식적으로 파악된다.

그들 이주자의 실상이 앞으로 더 상세히 밝혀지면 한-대만 관계사는 그만큼 더 풍성해질 것인데, 그러나 지금으로서는 그들이 식민지시기 한국인의 대만 인식에 어떤 영향을 미쳤는지는 잘 알 길이 없다. 그들보다는 오히려 당시의 일간지에 실린 여행기류가 한국인의 대만 인식을 살펴볼 수 있는 유용한 자료이다. 대만은 사계절이 여름(常夏)인 남국, 토착민(生蕃)

---

3) 박지원의 「허생전」 원문에는 막연히 '섬'이라 하고 그곳에서 나가사끼(長崎)와 교역했다고만 묘사된다. 그런데 朴潤元 「臺灣蕃族과 朝鮮」(상·중·하), 『동아일보』 1930.12. 10~12일자에 그 섬이 대만이라는 주장이 나온다.

24

이 사는 야만의 땅이자 경제면에서 일본제국 경제권 내 경쟁과 협력의 대상으로, 같은 일제 식민지로서 연민을 느끼면서도 문화적 우월감이 혼재된 대만 인식을 한국인은 갖고 있었다(이 책 4부 1장 손준식의 글 참조).

이러한 대만 인식이 일본제국 주류 담론의 자장 속에서 형성되었을 것임은 쉽게 짐작된다. 특히 "사람 목을 베는 잔인한 야만인이 사는 나라," 즉 소수자인 남도어계(南島語系) 원주민을 염두에 둔 남양의 '미개한 나라' 이미지가 일본발 담론에 의해 전파되어 영향이 컸던 모양이다. 1950년대 후반 대만을 직접 견문한 한국 지식인들은 "일인들의 모략과 간계로 원두막 같은 토인가옥만 듣고 지낸"⁴⁾ 자신들의 종래의 대만 인식을 반성하였을 정도이다.

이처럼 대만으로 간 이주자 사례는 물론이고 한국인의 대만 인식에 일본이 중요한 영향을 미친 것에서 알 수 있듯이, 일제시기 일본제국을 매개로 한국과 대만은 연결되었다. 그러하기에 일본제국이 허용한 틀을 넘어선 교류는 지속되기 힘들었다. 한국의 신채호(申采浩)가 대만 동지들의 도움을 얻어 아나키스트 연대운동을 확산하기 위해 대만의 지룽(基隆)에 도착하자마자 일본경찰에 체포당한 것은 그 단적인 증거이다(이 책 4부 3장 추 스제의 글 참조). 그나마 일본 문화계를 매개로 이뤄진 무용가 최승희(崔承喜)의 대만공연이 현지에서 열렬한 호응을 얻은 것이 한-대만 문화교류의 선구로서 이채롭다(이 책 4부 2장 장 원쉰의 글 참조).

그런데 시야를 좀더 넓혀 보면 일본제국의 틀을 벗어나 중국대륙에서 '공동항일'을 목표로 한국인과 대만인이 합작한 연대사업도 주목된다. 양측이 연대단체를 조직해 계획적으로 추진하거나 유력한 인사들이 개인적 유대 차원에서 주도한 다양한 활동은 공동의 식민지경험에 기초한 연대의식의 소산이다. 비록 중국 정치세력(국민당이든 공산당이든)의 재정적·

---

4) 宋志英 외『臺灣紀行 自由中國의 今日』, 春潮社 1958, 119면.

정치적 지원을 받아 "중국 항일전쟁이라는 우산 아래에서 펼쳐진 한·대연대"라는 제약을 가졌지만,[5] 중국을 매개로 한 교류의 또 하나의 갈래로서 앞으로 더 깊이 발굴될 여지가 크다.[6]

그렇다면 일본제국이 멸망하여 그 세력권에서 벗어난 1945년 이후 대만과 한국의 관계는 어떠했을까.

일본이 물러가자 중국대륙을 지배하던 중화민국 정부가 대만을 즉각 접수했다. 그리고 얼마 지나지 않아 공산당에 대륙을 내주고 대만섬으로 패퇴해온 장 제스(蔣介石) 정권이 그곳을 거점으로 중화민국의 법통을 유지하였다. 대만의 중화민국은 냉전기, 특히 한국전쟁 이후 동아시아에서 공산중국에 대치한 자유진영의 전초기지로서 미국의 적극적인 지지에 힘입어 지탱되었다. 자유진영의 구성원 한국과 대만은 이번에는 미국을 매개로 연결되었다. 대한민국 정부와 중화민국 정부는 서로를 합법정부로 승인하고 1949년 1월 공식수교하였다. 그로부터 1992년 8월 국교단절을 선언할 때까지 양국은 같은 분단국이자 반공을 함께하는 우방으로 친밀한 관계를 유지했다. 그런데 이 연계는 어디까지나 미국과의 수직적인 양자관계를 매개로 간접적으로 이뤄진 것이다. 한때 대만의 장 제스와 한국의 이승만(李承晩) 및 필리핀의 아키노(C. Aquino)가 독자적인 반공기구로 '태평양동맹'을 조직하려 시도했으나 미국의 반대로 좌절된 사정은 그런 한계를 극명히 보여준다.

그러나 미국의 세계적 냉전질서를 유지하는 동아시아 지역구도에 도움이 되는 범위 안에서는 양국간 정치·군사적 교류는 물론이고 경제교류도

---

5) 한상도 「일제침략기 한국과 대만 항일운동세력의 국제연대」, 『한국민족운동사연구』 제49집(2006.12), 200면.

6) 중국을 매개로 한 것은 아니지만, 1928년 5월 3일 항일운동가 조명하(趙明河)가 타이중(臺中)에서 시찰 중이던 일본 황족을 암살하려다 미수에 그친 사건처럼 대만을 무대로 한 조선인의 항일활동 등은 더 발굴될 수 있을 것이다.

비교적 활발했다. 또한 그런 구조적 제약 안에서 정부의 후원 아래 민간인에 의한 문화교류도 적잖이 이뤄진 편이다. 이 책 말미에 실린 「연표」는 자유진영의 우방으로서 양국간에 추진된 정치·군사·경제·문화 차원의 다양한 교류의 자취를 세밀히 보여준다.

냉전질서 속에서 축적된 이같은 교류의 경험이 한국인의 대만 인식에 미친 영향의 일단은 시인 조병화(趙炳華)의 시[7] 속에서 찾아볼 수 있을 것이다. 1957년 한국 문인 친선방문단의 일원으로 대만을 보름간(12.3~18) 시찰한 그는 귀국 직후 기념시집을 간행했다. 그 속에 자유진영의 우방 대만에 대한 호감과 연대의 심정이 잘 녹아 있다. 그 일부를 살펴보자.

　　극동의 남쪽/아세아 들판/장미의 나라/소곤소곤 사랑과 이야기와 내일이/우리들 가슴마다 피어오르는 장미의 나라/타이완은 뜰마다 장미 장미가 피는 나라/내일이 잠자는 나라/고요한 나라 (「장미의 나라」 부분)

　　타이완은 지금 생산의 나라/마냥 꽃피고 한가한 따뜻한 나라/상록의 나라/민족의 나라/민권의 나라/민생의 나라/자급자족하는 나라

(「煉油廳」 부분)

국민당의 이념인 삼민주의(민족·민권·민생)에 입각해 발전하는 나라 '자유중국'의 이미지는 문인방문단 일행이 공유한 것으로 보인다. 그들은 일제에 영향받은 '미개한 나라' 대만이라는 '전반적으로 그릇된 인식'을 갖고 있던 자신들을 반성하면서 공적 시찰과 사적 탐색을 종합한 결과, "대만은 살기 좋은 나라, 우리가 배워야 할 나라"로 재인식하기에 이른다. 그들은 공통적으로 청결, 질서, 시간 엄수에 깊은 인상을 받았다. 그리고

---

7) 趙炳華 『石阿花』, 正音社 1958, 본문의 인용 시는 24, 33, 56면.

그처럼 대만을 발전하게 만든 원동력으로 행정면에서 국민당정부의 영도력, 농촌경제의 안정과 국민의 준법정신 및 미국 원조의 효과적 활용을 꼽았다.[8]

이들은 대만이 발전하는 모범국이란 이미지와 더불어 같은 분단국으로서 반공의 보루인 대만에 대한 연대의식도 강하게 갖고 있었다. 조병화가 중화인민공화국과 접경한 섬으로 포격이 계속되던 진먼도(金門島) 현장을 시찰하고 지은 시에는 그런 인식이 잘 형상화되어 있다. "자유의 요새/아세아의 아성/극동의 신경/온 자유 아세아 시민들을 지켜 밤낮을 새우는/자유중국 불면의 섬이다."(「金門島」)

그런데 특이하게도 방문단의 한 사람인 정비석(鄭飛石)은 대만의 어두운 면을 직시했다. 대만에 언론자유가 부족하고, 야당이 부재하며, 대만 본토인(곧 본성인本省人)과 대륙인(곧 외성인外省人) 사이의 감정 융화에 문제가 있다는 것이다. 특히 "대륙인들의 우월감과 대만인의 열등의식은 아직도 무언중에 잠재해 있어서 동족간이면서도 석연하지 않은 점이 간간이 엿보였던 것이다"[9]라는 지적은 당시 대만사회의 저변을 꿰뚫어본 날카로운 관찰이 아닐 수 없다.

이같은 인식은 반공독재정권에 비판적인 일부 한국 지식인들의 대만 인식과 통했을 터이지만, 어디까지나 소수에 머물렀을 것이다. 일반적으로는 반공을 함께하는 우방국인 '자유중국'이자 (문화대혁명을 진행하던 중국대륙에 대비되어) 전통문화를 간직한 '유일한 중국'이라는 이미지가 한국사회에서 공식적이고 지배적인 것이었지 싶다. 어쨌든 대만 다수 민중(주로 본성인)의 생활에 직핍한 인식이 냉전시기에 제대로 표출되지는 못했다. 구조적으로 유사한 상황에서 냉전문화를 공유했으나 그 성격을 적

---

8) 宋志英 외, 앞의 책 26, 50, 52, 73면.
9) 같은 책 75면.

확히 파악하고 국경을 넘어 민간사회의 연대를 모색하는 움직임은 제대로 이뤄지지 않았던 것이다(이 책 3부 2장에 실린 강태웅의 글은 이 점을 양국 반공영화의 유사성을 통해 솜씨있게 예증한다).

그러다가 1971년 미국이 중화인민공화국과 화해를 추진함으로써 견고한 동아시아 냉전질서에 균열이 벌어지기 시작한 1970년대에 들어와 한국과 대만에서는 각각의 독재정권에 비판적이면서 토착사회에 기반한 문화운동이 대두하였다. 양쪽 모두 외래사조인 모더니즘에 비판적인 문학운동으로 촉발되었는데 대만에서는 향토문학, 한국에서는 민족문학이 그 중심에 있었다(이것을 집중분석한 것이 이 책 3부 1장 백지운의 글이다). 그와 호응해 한국에서는 민족사학이, 대만에서는 본토사학(즉 중국사가 아닌 대만사 연구)이 대두하였다. 사실 아직 충분히 발굴되지 않아서 우리가 잘 모를 뿐이지, 균열 중인 냉전질서에 대응해 전개된 두 사회의 토착적 문화운동의 경험은 풍부하게 존재한다. (일례로, 1970년대 두 사회의 비판적 저널인 한국의 『창작과비평』(1966~현재)과 대만의 『샤차오』(夏潮, 1976~79)의 논조를 비교해보면 상당한 유사성이 발견된다.) 자못 흥미로운 비교대상이자 제3세계 문화운동의 값진 자산이 아닐 수 없다. 그러나 그것은 서로를 거의 의식하지 못한 채 각각 고립된 상태에서 진행되었다. 한국과 대만의 비판적 문화운동이 서로를 비춰보는 거울로서 의식되고 연대의 길을 모색하기 시작한 것은 두 사회에서 민주화가 궤도에 오른 1987년을 전후해서이다. 한국은 6·29선언, 대만은 7월 계엄해제가 그 분기점이었다.

이런 상황에서 향토문학 이념을 주창한 대만의 대표적 작가 황 춘밍(黃春明)의 단편소설집이 『사요나라, 짜이젠』이란 제목을 달아 1983년 창작과비평사 '제3세계총서' 중의 하나로 소개된 것은 의미심장하다. 거기에 수록된 작품 「두 페인트공(兩個油漆匠)」은 한국에서 먼저 '칠수와 만수'란 제목의 연극으로 각색, 상연되다가 1988년 박광수 감독에 의해 동명의 영화로 제작되었다. 한국과 대만이 서로를 참조할 가치가 있는 존재로 의식하기 시작한 것이다. 바로 이러한 의식을 적극 실천에 옮긴 사람이 대만의 작가 천 잉전(陳映眞)이다. 그는 1987년 6월항쟁 이후 민주화운동의 열기가 뜨겁던 1988년, 자신이 창간한 잡지 『런젠』(人間, 1985년 창간)의 기자 신분으로 한국을 두차례 방문하여 민족문화운동진영의 주요 인사들뿐만 아니라 각계의 다양한 인사들을 만났다. 그 결과가 『런젠』 44호(1989.6)에 실린 '천 잉전 현지보고: 격동하는 한국의 민주화운동'이라는 특집 기사들과 45호(1989.7)에 실린 '한국의 송곳' 특집 기사들이다. 그리고 그때 맺은 인맥은 훗날 두 사회 비판적 지식인들의 연대운동의 씨앗이 되었다(이에 대해서는 이 책 4부 6장 천 광싱의 글이 유용하다). 때마침 올 여름 그 잡지의 지향을 창조적으로 계승한 국제적 중문잡지 『런젠쓰샹(人間思想)』이 창간되었는데 거기에 필자를 비롯한 한국의 지식인들이 편집위원으로 참여한 것도 뜻깊은 일이라 하겠다.

그러나 그의 활동은 당시 대만사회에서 예외적이라 할 정도로 드문 사례였다. 한국에서도 대만의 민주화운동이나 토착적 문화운동의 현장을 직접 찾아 연대를 모색한 노력은 극히 적었다. 여기서 당시 갓 출범한 『한겨레신문』(1988년 창간)이 1989년 대만의 양안교류와 민주화운동의 현장을 찾아가 심층보도한 것이 눈에 띈다.[10] 동시대 민주화 도정에 있는 같은 분단국 대만에 대한 한국인의 변화하는 관심이 반영된 드문 예라 하겠다.

이런 단계에서 1992년 대한민국 정부가 (냉전기 적성국이던) 중화인민공화국 정부와 국교를 수립한 것의 부수작용으로 대만과의 국교단절이 이뤄졌다. 이로써 그때까지 우방이던 양국관계가 냉랭해졌다. 그러나 미국이 대만과 단교 이후 취한 전례에 따라 대사관이 아닌 대표부를 두는 실용적 방식으로 1993년부터 한-대만 외교관계가 지속된 것과는 별개로, 단교

---

10) 권태선 특파원 현장취재(연재물) 「묵은 틀 깨는 대만」, 『한겨레신문』 1989.3.19, 21~24. 이 취재에는 한국사회와 유사한 경로를 걷고 있는 대만 민주화에 일찍부터 학술적 관심을 가진 중국사학자 민두기(閔斗基)의 도움이 있었다.

는 두 사회가 미국의 매개 없이 다양한 차원에서 서로 직접 대면하는 계기를 제공했다고도 볼 수 있다. 냉전기 자유진영에 봉쇄된 중국의 '창'으로서 대만을 보는 것이 아니라 대만 그 자체를 보게 된 것이다. 이것은 동아시아 냉전질서의 와해가 가져다준 효과가 아닐 수 없다.

그 효과를 대표적으로 상징하는 활동이 대만의 2·28사건과 한국의 제주도 4·3항쟁 및 5·18광주민주화운동의 비교이다. 1998년 한국에서 정권교체가 이뤄져 김대중정부가 들어선 1998년부터 한국 학계와 시민사회는 국가폭력에 저항한 동아시아인의 연대의 관점에서 대만인의 토착적 민주화운동에 깊은 관심을 보이기 시작했다.[11] 새로운 차원의 한국-대만 교류라 하겠다.

이보다 더 폭넓게 새로운 관계를 주도한 것이 대중문화 교류, 곧 한류이다. 이제 국가간[國際] 관계보다 민간사회간[民際] 관계가 한층 더 중요해졌다. 한국의 텔레비전 드라마와 K-pop을 통해 대만인의 일상생활에 한국이 들어갔다. 대중문화에 한정된 현상이긴 하나 한류 덕에 대만사회에서 한국에 대한 긍정적 관심이 한껏 높아졌다. 그러나 그와 동시에 한류에 대한 비판적 반응, 곧 반한류 내지 혐한류가 분출되기도 한다. 종래 냉전체제 아래 반공의 동반자이면서 경제적으로 뒤처진 상대였던 한국이 아시아 금융위기를 겪었음도 불구하고 다시 활기를 띠면서 문화상품을 수출하는 등 경제면에서 약진하고 민주화에 역동성을 보이자 경계와 비교의 눈초리로 보게 된 것이다(이에 대해서는 이 책 4부 4장 최말순의 분석 참조).

여기서 우리는 대만인의 한국에 대한 이해를 기대하기보다 한국인이 대만을 이해하려는 자세가 요구된다고 하겠다. 21세기 바람직한 한국-대만 관계를 위해 다양한 차원에서 조금씩 새로운 관계를 맺는 노력이 필요할

---

11) 그 출발점은 아래의 두 모임이다. 제주4·3연구소 주관 제주4·3 제50주년기념 국제학술대회 '21세기 동아시아 평화와 인권'(1998.8.21~24); 전남대학교 5·18연구소 주최 광주민중항쟁 18주년기념 전국학술대회 '5·18과 동아시아의 민중항쟁'(1998.5.12).

터이나, 한국인에게 무엇보다 필수적인 것은 일방향적인 문화교류를 바로 잡는 일이다.

그 의미있는 첫걸음은 (대중문화 수용보다는) 대만의 복잡한 정체성 형성과정을 제대로 이해하는 데서 시작될 것이다. 뒤에 설명하듯이 대만은 냉전기 국민당 일당독재[黨國]체제 아래 힘겹게 민주화운동과 본토화과정을 거쳐왔다. 그 결과 2000년 국민당 일당체제에서 벗어나 민주진보당(民主進步黨, 민진당)으로 정권교체를 이루었고, 그 과정에서 주체적 대만의식이 주류가 되면서 탈중국[去中國] 구호 아래 중국과 구별되는 대만(인) 정체성을 추구하는 강력한 움직임이 있었다. 이에 대한 올바른 이해 없이는 대만인의 생활세계에 나타난 고뇌와 자부심에 다가갈 수 없다(이 책 1부 2장에 실린 천 팡밍의 글은 그 개인사를 바탕으로 해 대만 지식인의 정신세계를 잘 보여준다). 그래서 한국인이 대만인의 정체성을 이해하는 데 필수적인 몇가지 물음에 답하는 방식으로 그 과제를 수행하려고 한다. 그리고 서술과정에 대만 사정을 아는 데 긴요한 키워드들을 강조하고 그에 대한 설명도 자연스럽게 곁들일 것이다.

3. 대만인의 정체성을 이해하는 데 필수적인 물음들

1) 대만은 중국의 일부인가?

이 물음에 답하기 위해 먼저 **중국(中國)**이란 명칭부터 살펴보자. 그것은 고대부터 사용되었지만, 국호로서 법률상의 의미를 처음으로 갖게 된 것은 1911년 청조가 망하고 중화민국이 들어서면서부터이다. 곧 '중화민국'의 약칭으로 쓰였던 것이다. 그리고 1949년 중화인민공화국이 성립하면서 중화민국과 더불어 경쟁하는 두개의 중국이 병존했는데, 1971년 중화인민공화국이 중화민국을 대신해 유엔의 상임국이 되면서부터는 중국이라 하면 좁은 의미로는 중화인민공화국을 가리키게 되었다. 그러나 우리의 실생활에서 중국은 넓은 의미에서 지역·문화·정치 영역의 대상을 가리키는 문화체·역사체로 사용되며, 또다른 중국의 범칭(汎稱)인 중화(中華)와 통용되기도 한다.

오늘날 중국은 좁은 의미에서 중화인민공화국을 가리키는 어휘로 사용되는 경우가 많은데, 여기서 중국의 영역, 정확히 말하면 중화인민공화국의 영토에 대해 분명히 확인해둘 필요가 있다. 우리는 중화세계가 기원전 221년 진시황제에 의해 통일된 이래 2천년에 걸쳐 확대·발전해온 안정된 구조인 듯 간주하기 쉽다. 그러나 중화인민공화국 판도의 원형은 1759년(청 건륭황제 24년) 중앙아시아 정복이 완성된 때에서 찾을 수 있다. 몽골·신장·티베트까지 영토를 확대한 청조가 이룩한 중화세계는 이전과 달리 다종족·다민족의 다원적·계층적 정치질서로 유지되었다. 또한 잘 알려져 있듯이 중국의 역사는 통일왕조의 기간보다 분열의 기간이 더 길었을 뿐만 아니라 한족이 아닌 북방유목민족이 지배한 왕조도 많았다. 이렇게 보면, 중국인의 영토·민족 문제나 대국의식에 직결된 '통일중국'이란 것은 결코 초역사적으로 고정된 실체가 아니다.

따라서 넓은 의미에서는 중국의 일부일 수 있지만 대만이 중화인민공화국의 일부, 곧 하나의 성(臺灣省)인가라고 묻는다면 간단히 예, 아니오로 답할 수 있는 문제가 아니다. 물론 중국대륙에서는 예라고 답하는 데 아주 익숙하다. 그렇지 않을 경우 '분열행위'로 간주된다. 한국인이 그렇듯이 외국인들 가운데도 '중국의 일부'라고 생각하는 사람들이 적지 않을 것이다. 그러나 대만인 상당수는 (곧이어 설명되듯이) 단순히 '예'라고 답하기 어려운 복잡한 처지에 놓여 있다. 따지고 보면 사실 국제법상 대만의 위치도 그리 간단치 않다.

대만(Taiwan)이란 명칭은 원래 네덜란드인이 17세기 대만섬 남쪽에 주둔

하던 곳(지금의 타이난臺南 안핑安平)을 네덜란드어로 'Tayouan'(한자로 大員)으로 부른 데서 유래한다. 그것이 간혹 '臺員' 또는 '臺灣'으로 표기되었는데, 나중에 대만섬 전체를 부르는 명칭이 되었다. 또한 16세기 포르투갈 선원들이 부른 명칭인 일랴 포르모자(Ilha Formosa, 아름다운 섬. Ilha는 '섬', Formosa는 '아름다운'의 뜻)에서 유래한 포르모자(Formosa)도 종종 쓰인다. 그 섬에는 석기시대부터 원주민이 살고 있었는데 17세기부터 네덜란드, 스페인, 청조, 일본제국 그리고 국민당정부가 '외래정권'으로서 차례로 지배해 왔다.

청조는 말기에 구미 해양세력이 관심갖는 대만을 하나의 성(省)으로 승격하고 지방근대화 정책을 추진했으나, 1895년 청일전쟁에서 패하자 승자인 일본에게 대만을 떼어주었다. 따라서 1911년 성립한 중화민국이 20세기 전반기 대만을 실효적으로 지배한 적은 없다. 그런데 아래에서 보듯 일본이 패망하고 나서 대만의 귀속 문제가 국제법상으로 애매하게 처리되어 아직도 불씨를 이룬다.

대만의 국제적 지위가 불안정함은 패전국 일본의 지위를 정하기 위해 1951년 9월에 미국과 일본이 맺은 쌘프란시스코강화조약에 그대로 드러난다. 그 조인 자리에 전승국인 중화민국 대표가 참석 못한 것은 물론이고, 대만의 영토 문제와 관련된 제2조 '영토권의 방기' 항목에 "일본국은 대만 및 펑후제도(彭湖諸島)에 대한 모든 권리"를 방기한다고 표기되었으되 중화민국(대만)에 귀속한다고 명시되지 않았다. 이런 애매한 처리방식은 이듬해 4월 체결된 두 국가의 조약[日華平和條約]에도 그대로 되풀이된다.

그럼에도 불구하고 냉전기에는 미국의 지원을 얻은 대만이 유엔 회원국으로 국제적 지위를 누렸지만, 1971년 중화인민공화국이 의석을 얻게 되자 그에 반발해 탈퇴한 이후에는 국제적 지위가 매우 불안정해졌다. 중화민국은 정부·국민·국토라는 국가의 기본요건을 갖추었으나, 베이징정부가 밀어붙이는 '하나의 중국' 정책의 압박으로 대만과 국교를 맺은 나라가 극히 적을 뿐만 아니라 국제기구에 가입하기도 힘들어 하나의 독립국가로서 제대로 대접받지 못하고 있다. 지금 국제사회에 진입하려면 베이징정부가 허용하는 조건인 'Chinese Taipei'란 칭호를 대만이 받아들여만 한다. 그러나 이 칭호가 중국의 일개 지방정부를 의미한다고 해서 대만인들은 반발하고 있다. 이것은 바로 오늘날 대만이 하나의 국가로서 갖는 지위의 불안정성을 상징한다.

2) 대만인은 중국인인가?

사실 누가 중국인가 하는 물음 자체도 쉽게 답할 수 있는 것이 아니다. 단일민족으로 구성된 우리와 달리, 중화인민공화국에 거주하는 오늘날의 중국인, 즉 중국정부에 의해 (다원일체적) '중화민족'으로 간주되는 중국인들의 구성도 간단치 않다. 절대다수인 한족 이외에 공인된 소수민족만 해도 55개 족(族)이 존재한다. 여기에 중화인민공화국과 중화민국 영토 밖에 거주하는 중국계 사람들, 곧 화교(華僑)·화인(華人)— 화교는 중국 국적을 갖고 해외에 일정기간 거주하는 사람, 화인은 정착지 국적을 갖고 있지만 문화적으로 중국에 일체감을 느끼는 사람으로서 대개 화교 2, 3세 등을 가리킨다 — 까지 포괄하여 문화공동체(華語世界)로 간주하면 중국인의 범위는 더 넓어진다. 중국인은 좁은 의미의 중화인민공화국 국민에 한정되지 않는다. 오히려 역사와 더불어 계속 움직이는 존재라 보는 것이 적절할 것이다.

이렇듯 중국인은 누구인가란 질문도 간단치 않은데 여기서 다시 대만에 거주하는 사람 곧 대만인은 중국인인가라고 묻는다면 문제는 한층 더 복잡해진다. 대만인의 구성 자체가 복합적이기 때문이다. 현재 대만에는 대만 용어로 '족군(族群)'[12]이라 부르는, 동일언어와 역사경험을 공유하는 에스닉(ethnic) 집단이 여럿 공존한다. 가장 먼저 대만섬에 거주한 동남아계통의 원주민, 하카인(客家人), 민난인(閩南人, 푸젠성福建省 남부 사람들), 외성인, 심지어는 결혼이민을 통해 동남아 등지로부터 새로 진입한 '신이민'까지 다원적 존재가 공존하는 것이다. 그 가운데 1949년을 전후해 장 제스의 국민당이 대만으로 철수할 때 함께 건너온 **외성인**(주로 국어인 베이징어北京話 사용)과 1945년 이전부터 이미 거주해온 **본성인**(주로 푸젠성 남부로부터의 이주자로 방언인 민난어를 사용) 간의 이른바 '성적갈등(省籍矛盾)'은 1947년의 2·28 사건 이래 잠복해 있다가 1980년대 이래 대두한 '**본토화**' 이후 표면화되었다(본토화란 영어로 indigenization 또는 Taiwanization으로 번역되는데, 대만인의 주체의식이 민주화운동과 더불어 대두하여 사회 각 방면에 변화를 가져온 흐름을 가리킨다). 본래 성적(省籍)은 1931년 만들어진 호적법에 따른 관적(貫籍) 표기에 불과한 것이다. 그런데 국민당이 대만에 쫓겨들어와서도 전중국을 대표한다는 명분을 찾기 위해 입법원을 구성하면서 민의대표의 지역대표성에 있어 대륙의 성적을 인정하여 다수 외성인이 대표직을 그대로 유지하였다. 게다가 패퇴하기 전 대륙에서 선출된 그들이 선거를 거치지 않고 개선(改選)되니 사실상 종신직으로 우대받는 이른바 만년(萬年)국회가 지속된 것이다. 그러니 실효 통치지역의 대부분을 차지하는 본성인의 민의가 제대로 대변될 리 없어 더욱더 갈등이 격화되었다. 갈등은 지금 중국과의 통일이냐 아니면 대만독립이냐의 이른바 통독논쟁의 형식으로 대만사회를 양분하고 있다. 그로 인해 양자를 포괄하면서 대륙의 중국인과는 구별되는 '신대만인'[13]이란 용어도 나타났다.

---

12) 대만에서 족군은 '국족'(國族, nation)과 구별된다. nationalism은 보통 '국족주의'로 번역된다.

13) '신대만인'이란 용어 자체는 1998년 12월 타이베이 시장 선거 때 국민당 후보인 마 잉주(馬英九) 지지를 호소하기 위해 당시 국민당 주석 리 덩후이(李登輝)가 사용함으로써 공론화되었다. 외성인 2세이나 전후 대만에서 태어난 마 잉주 같은 사람을 신대만인으로 이름붙임으로써 내성인과 외성인 간의 성적갈등을 넘어서려 한 것이다.

이렇듯 다원적 족군으로 구성된 대만인이 중국인인가에 답하기 위해서는 그들이 과연 중국인으로서 일체감을 갖는가, 아니면 대만인으로서 독자적 정체성을 갖는가를 따져봐야 한다. 여기서 대만인 정체성 형성의 역사적 맥락을 거슬러올라가 살펴볼 필요가 있다.

　앞에서 보았듯이 청일전쟁의 패배로 일본에 양도된 대만은 1945년 8월 일본제국이 패망하기까지 50년간 일본제국의 식민지배를 받았다. 이 기간에 중국대륙과 단절된 채 중국인도 일본인도 아닌 '아시아의 고아'라는 의식을 갖게 되면서 대만인의 독자적인 정체성이 싹을 틔웠다.[14]

　대만의식의 형성과정을 좀더 상세히 살펴보고자 할 때, 황 쥔제(黃俊傑)가 '대만의식'의 발전단계를 네 단계로 나눈 것이 유용하다. 그에 따르면 그 첫번째 단계는 명청시대인데, 그때는 중국의 특정 지방에 대한 소속감만 있었을 뿐이니 곧 장저우(章州)의식, 취안저우(泉州)의식, 민난의식 및 하카의식 등이 이에 해당한다. 두번째 단계는 일제 식민지시대의 대만의식이다. 피통치자로서 대만인의 집단의식, 곧 대만의식이 비로소 출현하는데, 그것은 민족의식이자 계급의식이다. 세번째는 1945년 이후의 대만의식이다. 이는 기본적으로 성적의식이다. 특히 외성인이 주도한 국민당 정권에 저항했던 1947년 2·28사건 이후 그로 인한 긴 '백색테러'의 기간에 엄청난 수난과 차별을 받으면서 대만의식은 가속도적으로 발전한다. 마지막 네번째 단계는 1987년 계엄령 해제 이후의 대만의식이다. 대만이 민주화되면서 베이징정부가 대만에 가하는 압박에 저항하는 정치의식으로서, '신대만인' 담론이 이런 새로운 분위기 속의 사유방식을 보여준다.[15] 이렇

---

14) 양태근 「타이완 민족주의를 통해 본 중국」, 최원식·백영서 외 엮음 『제국의 교차로에서 탈제국을 꿈꾸다』, 창비 2008, 264면; 졸고 「일본인인가, 중국인인가: 20세기 전반기 중국여행을 통해 본 대만인의 정체성」, 임성모 외 『동아시아 속의 역사여행 2』, 산처럼 2008.

15) 黃俊傑 『臺灣意識與臺灣文化』, 臺北: 臺灣大學出版中心 2006, 3~38면.

게 네 단계로 구분한 문제의식에 대해서 논란이 없지 않을 터이나, 대만의식은 역사적 단계마다의 불균등한 정치권력구조 때문에 성장한 것이므로 그 구조적 맥락 속에서 파악해야 한다는 관점은 유용하다.

이처럼 대만의식의 형성에는 역사적 연속성이 있지만, 확실한 분기는 1970년대이다. 그때부터 대만인은 외성인 중심의 국민당이 공식으로 내건 '중국인' 개념과 구별하여 대만인을 주체로 한 '본토화' 의식을 점차 확산하며 반국민당 민주화운동을 전개했다. 그후 40년이 지난 지금은 원주민·하카인·본성인·외성인이라는 족군의 차이나 국민당이냐 민진당이냐 하는 지지정당의 차이를 넘어 대만인으로서의 정체성이 필요하다는 것을 부인하는 사람은 없다. 즉 모두 같은 배를 탄 '운명공동체'라는 자각을 갖고 대만인으로서의 주체성을 현실 속에서 뿌리내려 대만 본토의 안전을 확보하자는 것은 공통의 과제이다.

그들간의 차이는 중화인민공화국이라는 정치적 실체와의 관계를 어떻게 설정하는가에서 발생한다. 이에 따라 통일과 독립의 이분법이 대만사회를 분단하고 있는 실정이다. 이런 가운데, 중국인이라는 개념 자체가 잡종적이고 비실체적인 개념으로, 오늘날 대륙이 '중국'의 대표성을 독점하는 상황은 친미반공의 분단체제가 만들어낸 근대적 산물에 불과하다는 흥미로운 주장도 제기되고 있다. 그들이 말하는 중국인은 현재 대륙에 살고 있는 14억 인민을 의미하지는 않는다. 그것은 누구에 의해서도 '독점되지 않는' 개방적이고 미래지향적인 중국인 정체성'이다.[16] 그 경우 대만인은 중국인이되 특수성 내지 독자성을 갖는 주체가 될 수 있을 것이다.

이런 논의까지 시야에 넣는다면, 대만인은 중국인인가라는 질문에 대한 우리의 답은 긍정도 부정도 모두 가능하지 않을까. 말하자면 '열린 답'인 셈이다. 그것은 대만인 자신의 주체적인 선택을 우리가 이해하고 공감

---

16) 鄭鴻生「臺灣人如何再作中國人」, 『臺灣社會硏究季刊』 第74期(2009.6), 116~28; 132~33면.

한다는 뜻이다. 또한, 단일민족이라 하지만 한국인 역시 하나의 민족, 두개의 분단국가의 국민, 전세계에 흩어져 사는 한민족공동체의 일원으로서의 정체성 등 다차원적인 정체성이 중첩된 현실을 살고 있으므로 개방적으로 사고할 조건을 갖췄다는 뜻이기도 하다.

3) 대만은 일제의 식민지배를 긍정하는가?

나도 처음 대만에 들렀을 때 겪은 일이지만 일제의 식민지지배를 긍정하는 대만인의 반응에 한국인이라면 누구나 당혹해지기 십상이다. 그 시기를 가리키는 역사용어 자체부터 사뭇 다르다. 우리는 흔히 '일제강점기'로 부르는데, 대만에서는 일본제국의 불법점거라는 뜻의 '일거(日據)'보다도 중립적인 용어로 일본 통치시기라는 뜻의 '일치(日治)'를 선호하는 경향이 있다.

물론 모든 대만인이 식민지지배 긍정론자인 것은 아니다. 그러나 탈중국적인 대만 정체성을 추구하는 사람일수록 긍정론에 동조할 가능성이 높다. 단순하게 이분법적으로 말하면 중국과의 통일을 지향하는 통일파는 부정론자, 독립파는 긍정론자가 되는 꼴이다. 사실, 국민당 통치시기에는 긍정론이 발붙일 여지가 없었다. 항일의 역사기억이 정통이자 주류였기 때문이다. 긍정론이 표면에 나타난 것은 '대만의식'의 성장과 짝을 이룬다. 대만인의 정체성이 강화된 지금은 긍정론자가 다수파가 되었다고 해도 지나친 말이 아니다.

역사를 거슬러올라가면, 일본이 패망하고 국민당이 대만을 접수하러 온 당초에는 대만의 대다수 주민들(말하자면 본성인)이 '조국에의 복귀'를 환영했다.[17] 그러나 국민당정부는 일제지배 아래 '황민화'된 대만인을 '노

---

17) 이 점은 작가 우 줘류(吳濁流)가 광복 20주년을 맞아 1945년 '광복'에 대한 감상의 변

예화'되었다고 규정하고 일본문화 청산작업을 추진했고, 이에 대해 대만인은 '낙후한' 외성인에 비해 자신들이 '근대화'되었다고 문명적 우월감을 드러내며 반발했다.[18] 이같은 양측의 갈등은 대륙에서 국공내전에 시달린 국민당이 대만의 자원을 대륙으로 가져가 물가가 폭등하는 등 생활이 어려워지자 더욱더 내연(內燃)되었고, 급기야 1947년 본성인 여인의 담배밀매에 대한 과잉단속으로 촉발된 2·28사건으로 그 갈등이 폭발하였다. 폭동은 곧 섬 전체로 확산되었다가 약 18,000명으로 추산되는 희생자를 내고 5월 중순 겨우 수습되었다. 그러나 그에 이은 긴 기간의 백색테러의 탄압을 겪으면서 대만인의 자의식은 사회 저변에서 성장했던 것이다. 앞서 본 대로 "대만의식은 역사적 단계마다의 불균등한 정치권력구조 때문에 형성된 것"이다. 국민당 통치시기의 불균등한 정치권력구조 속에서 식민지에 대한 선택적 집단기억이 형성된 것이기에 결코 간단히 해소될 일이 아니다. 더욱이 대만의식의 성장이 국민당정권을 넘어서 지금은 중국대륙의 공산당정권에 대한 반발, 곧 **탈중국화**를 조성하고 그것과 짝을 이뤄 친일본화를 촉진하는 오늘의 현상도 주목된다.

그러니 일제 식민지경험에 대한 한국과 대만의 인식 차이는 객관적인 식민지 비교연구나 교육으로 메워지기 어렵다. 일본제국에 의한 장기적인 식민지지배를 겪어본 적 없는 대륙의 중국인이 대만의 식민지 긍정론을 이해하기 힘들듯이, 반일정서가 강한 우리 역시 이를 이해하기 쉽지는

화를 언급한 대목에서 잘 드러난다. 그는 "광복절에 대해 나는 처음 몇년은 열광과 희열을 느꼈으나, 다시 몇년을 지나면서 문화에 대해 얼마간 방황과 불안을 느꼈다. 기쁨이 다하고 슬픔이 찾아온 느낌이었다. 지금에 이르러서는 아무런 느낌도 없는 듯하다"라고 털어놓았다. 「光復卄週年的感想」, 『吳濁流選集 5』, 臺北: 遠行 1977, 179면.

18) 대만인 사이에서는 '수도꼭지 우화'가 유행했다고 한다. 대륙에서 쫓겨온 병사들은 수도꼭지를 아무 데나 매달면 수돗물이 콸콸 나온다고 오해할 정도로 낙후했다고 대만인들이 야유했던 것이다. 鄭鴻生 『百年離亂: 兩岸斷裂歷史中的一些摸索』, 臺北: 臺社 2006, 82면.

않다. 그러나 만주국이나 조계의 형태로 일부 영토만 한때 식민지가 된 경험밖에 갖지 않은 중국의 사상계가 대만인의 식민경험을 끌어안는다면 한국·베트남 등 동아시아 이웃들을 내재적 관점에서 이해하고 대국으로 굴기하는 자신을 성찰하는 동력을 얻을 수 있을 것이다.[19] 또한 식민지시기에 대한 '수탈과 저항'의 이분법적 시각을 넘어서려는 움직임이 점차 확산되는 우리 사회에서도 대만인의 식민경험(에 대한 평가)을 식민과 냉전의 경험이 착종된 동아시아적 맥락 속에서 깊고도 넓게 이해할 여지가 조금씩 커지고 있다 하겠다.

4) 대만은 독립을 원하는가?

분단된 한반도의 통일을 염원하는 한국인에게 같은 분단국인 대만인이 중국과의 통일을 바라지 않는 것도 잘 이해되지 않는 특성이다. 그런데 대만인으로서 정체성을 지닌 사람이라고 하더라도 실제로 '대만공화국'(Republic of Taiwan) 같은 독립국가를 세워 중국과 분리하기를 원하는 사람은 얼마나 될까.

대만 국립정치대학 선거연구센터[政大選研中心]가 1992년부터 지금까지 계속 시행해오고 있는 장기 여론조사 결과가 우리의 궁금증을 어느정도 충족시켜준다. 대만민중이 대만인 또는 중국인 어느 쪽에 일체감을 갖는가, 그리고 독립과 통일 가운데 어느 쪽을 지지하는가라는 질문에 대한 여론의 추세를 보자. 먼저 자신이 대만인이라고 여기는 비율은 지속적으로 증가하나 중국인이라고 여기는 사람은 감소하고 있다. 자신이 대만인이라고 응답한 사람이 1992년 17.6%에서 2008년 48.4%, 2011년 52.2%, 그리고 2012년 6월 현재 53.7%이며, 중국인이라고 응답한 사람이 각각의 해

---

19) 趙剛「兩岸與第三世界: 陳映眞的歷史視野」, 『人間思想』 창간호(2012년 여름), 217~18면.

에 25.5%, 4.1%, 3.7%, 3.1%이다. 이 조사에서 대만인이기도 하고 중국인이기도 하다고 응답한 사람도 많은데 46.6%, 43.1%, 40.3%, 39.6%로 완만하지만 약간 줄어드는 추세를 보여준다. 그다음 독립과 통일에 대한 여론을 보면, 독립보다는 현상유지를 원하는 사람들이 점점 증가하는 추세로 현재 다수를 이루고 있다. 가능한 한 빠른 독립을 지지한다고 응답한 사람은 1992년 3.1%에서 2012년 6월 현재 4.3%이고, 현상유지이나 독립에 기운다는 사람이 8.0%에서 15.3%로 바뀐 데 비해 현상을 유지하다가 다시 결정하자는 사람이 38.5%에서 33.8%, 영원히 현상을 유지하자는 사람은 9.8%에서 29.4%로 가파르게 증가하는 추세를 보인다. 2012년 6월 현재 가능한 한 빠른 통일을 지지한다고 응답한 사람은 고작 1.4%, 현상유지이나 통일에 기운다는 사람은 8.4% 정도이다(http://esc.nccu.edu.tw/modules/tinyd2/index. php?id=3).[20]

이 여론조사 결과에서 알 수 있듯이, 대만인이라는 정체성은 점점 증가해 주류가 되어 있지만 그럼에도 대만이 중국과 분리해 독립하기보다 현상유지를 원하는 사람들이 많은 이 현상은 대만의 독자적 특징으로서, 정체성의 매우 높은 유동성(流動性)을 말해준다. 이 유동성은 대만과 중국의 양자관계—양국관계라고 부르면 두개의 국가임을 전제하기에 중립적 용어로 채택된 (대만해협의) 양안(兩岸)관계—에 기본적으로 의존하고 있다.

그런데 양안관계의 불안정성은 대만의 양대 정당인 국민당과 민진당이 지지층을 동원하기 위해 정책적으로 대립함으로써 점점 더 증폭되기도 한다. 국민당과 민진당의 당기 색깔이 남색과 녹색이라 흔히 '남녹(藍綠) 대립'이라 불릴 만큼 갈등이 심각하지만, 양당 모두 대만인 정체성이 주류

---

20) 이 책 1부 2장에 실린 천 팡밍의 글 59면에서는 대만인으로서의 정체성을 가진 사람이 최근 이미 80%를 넘어섰다고 말한다. 이는 아마도 대만인이자 중국인이라는 인식을 가진 응답자까지 포함한 계산인 듯하다. 정체성에 대한 여론조사는 그 질문방식과 조사기관에 따라 통계가 다를 수 있다.

를 이루고 대륙과 거리를 두고 싶어함에도 불구하고 양안 경제교류가 대만 발전의 '내재적 동력'이 되어버린 현실조건을 무시할 수 없다. 민진당은 집권 이후 과도한 독립 추구로 대륙과의 경제교류에 소극적인 적도 있었지만 그 댓가로 총통선거에서 유동적 투표층의 지지를 잃고 말아 새로운 양안정책을 모색하지 않을 수 없는 실정이다. 또한 냉전기에 국민당이 통치할 때는 본토수복〔反攻大陸〕이야말로 정권의 정통성을 보장하는 것이었지만, 지금의 국민당은 변화하는 민심의 동향을 무시할 수 없다. 그래서 '독립하지도 않고, 통일하지도 않으며, 무력을 사용하지도 않는다〔不獨, 不統, 不武〕'는 이른바 '삼불정책'을 표방하는 한편 중국과 경제협력기본협정(ECFA, Economic Cooperation Framework Agreement, 2010년 9월 정식발효)을 맺는 등 경제협력을 가속화하고 있다.

양안관계의 추이를 되돌아보면, 1992년 대만과 중국은 '하나의 중국, 서로 다른 설명〔一個中國, 各自表述〕'에 합의한 바 있다. 이것이 양안관계를 규정하는 이른바 '92년합의〔九二共識〕'인데 그 내용은 대만의 정권담당자에 따라 수정되기도 한다. 리 덩후이 총통은 두개 국가론 곧 '양국론〔兩國論〕'을, 천 수이볜(陳水扁)은 '한곳의 한 국가〔一邊一國〕'를 내세운 적이 있다. 올해 5월 제13대 총통 취임에 즈음한 마 잉주는 현재 양안관계의 현황을 '하나의 중국인 중화민국의 둘로 나뉜 지역들이 각자 통치권을 행사하고 있다〔一國兩區〕'고 표현했다. (그가 말하는 '중화민국'은 1911년에 건립된 정체이자 통일된 중국을 의미하는데 지금도 대만은 '민국'이란 연호를 사용한다. 올해는 민국 101년이 된다.) 어쨌든 양안관계에서 현상유지를 바라는 다수 대만인의 요구를 민주적 절차를 통해 수용하면서 양안관계를 안정시킬 방안이 절실한 시점이다.

이러한 '국가도 비국가도 아닌' 대만인의 처지를 같은 분단국에 사는 우리는 누구보다 잘 이해할 수 있다. 물론 양안관계의 비대칭성이 현저하므로 한반도의 분단체제와 차이가 있지만, 서로의 경험은 유용한 참조틀이

될 수 있다. 우리 자신 2000년 양측 정상이 6·15선언에서 '낮은 단계의 연방제 또는 국가연합'이란 원칙에 입각한 통일과정에 합의한 사실을 잘 알고 있다. 그렇기 때문에 통일과 독립의 이분법을 넘어서는 새로운 길—이 책 2부 3장에서 문명기는 양안관계의 '제3의 모델'을 제안하고 그것이 역사적으로 익숙한 중국의 '과거로의 회귀'일 가능성이 크다고 전망한다—을 찾아 다양한 양안관계 해결책에 골몰하는 대만인의 힘겨운 노력에 누구보다 깊은 공감과 연대를 표할 수 있는 것이다.

4. 한국-대만관계의 미래를 그리며

한국과 대만의 단교 20주년을 맞아 양자관계의 미래를 전망할 때 우리가 먼저 깊이 새겨야 할 것은 중국(대륙)이냐 대만이냐의 이분법을 넘어서는 일이다. 20년 전 국가간의 관계에서는 양자택일이 불가피했더라도 단교 이후 두 사회가 미국의 매개 없이 다양한 차원에서 직접 대면할 수 있게 된 소중한 기회를 잘 살리려면 중국과 대만의 이분법을 극복하고 연동하는 동아시아라는 시각에서 대만을 다시 봐야 한다.

대만에서 독립파에게 반중·친일 성향이 짙듯이, 일본에서는 식민지지배 긍정파가 대만을, 반대파가 중국대륙을 지지하는 경향이 있다. 그리고 대만의 독립(곧 탈중국) 지향은 중국의 사회주의체제에 대한 반감과 대국화에 대한 공포감에 의해 촉진되곤 한다. 이렇듯 서로 맞물려 작동하는 것이 동아시아의 실상이다.

그렇다면 연동하는 동아시아의 시각에서 대만을 다시 볼 때, 더이상 '자유중국'이 아닌 대만은 오늘 우리에게 어떤 의미가 있는가.

가장 우선적으로 떠오르는 것은 동북아와 동남아를 잇는 가교로서의 대만이다. 동아시아담론이 동북아중심주의로 치우치지 않기 위해 동남아를 끌어안는 것이 중요할진대 동남아〔南島〕문화와 한족(漢族)문화가 교차하는 대만의 역할은 관건적이다. 그다음으로 다문화주의의 실험장으로서의 대만이다. 다원성을 자신의 정체성으로 구축한 대만인의 경험은 이제 막 '다문화가정'의 중요성을 깨닫기 시작한 우리 사회의 좋은 참조점이다. 그리고 중국은 무엇인가를 묻는 질문자로서의 대만도 중요롭다. 민주화와 본토화를 동시 추진해온 대만인의 경험은, 베이징정부가 공식적으로 표방하는 '다민족통일국가론'의 적실성과 중국 국민국가에 중첩된 제국성에 질문을 던지게 할 뿐만 아니라 중국이 지금 표방하고 있는 대안적 발전모델(이른바 '중국모델')의 신뢰성을 따져묻게 한다. 이 점에서 대만은 냉전시기와 다른 차원의 '중국의 창'이자 연대의 대상으로서 새로운 의미를 갖는다.

끝으로 국력이나 시장의 크기를 중시하는 국가나 자본의 시각이 아니라 좀더 사람다운 사회를 만드는 길을 찾는 우리의 관심에서 대만을 다시 볼 때 양안관계, 더 나아가 동아시아적 맥락을 중시하면서 '민주화화 본토화의 이중주'를 효과적으로 수행하는 주체들의 고뇌와 통찰이 소중해진다. 국민당 독재정권과 투쟁하며 선거를 통해 집권에 도달하는 과정에서 본토화는 분명 민주화의 추동력이었지만, 민진당이 집권한 이후 본토화는 편협한 민족주의(푸젠계 쇼비니즘)와 부정부패가 그 뒤에 숨는 핑계로 전락한 혐의가 있다. 바로 이 지점에서 좀더 민주적이고 자유로운 사회를 실현하고자 '진보적 본토〔進步本土〕'의 길을 찾는 그룹(이에 대해서는 이 책 2부 2장에 실린 양태근의 글 참조), 또는 한국의 분단체제론을 참조틀로 삼아 양안관계를 직시하며 통독논쟁의 이분법을 뛰어넘어 대안적 발전의 길을 모색하는 그룹[21] 등 비판세력 내부의 여러 작은 움직임들이 주목된다.

불안정성이 강한 양안의 한쪽 대만이 자신의 사회적 맥락에 맞게 좀더

---

21) 『臺灣社會硏究季刊』第74期(2009.6)의 분단체제 특집 '超克分斷體制' 참조.

사람다운 사회를 힘겹게 실현해나가는 창의적인 작업을 우리가 도울 수 있으려면 그들이 '우리에게 한국은 무엇인가'라고 묻게 해야 한다. 분단된 한반도 남쪽의 우리가 나름으로 같은 과제를 수행해나가 그 성과가 주목에 값할 때 대만인은 한국에 진지하게 관심 가질 것이다. 그것을 또 하나의 '한류'로 부를 수 있지 않을까.

대만 지식인의 문화정체성

천 팡밍(陳芳明)

1. 대만 전후세대의 심리역정

지식인에게 천부의 사명이란 없다. 만일 이른바 사명이라는 것을 의식한다면, 그것은 전적으로 사회와 국가에 대한 자기각성에서 나오는 것이다. 지식인은 원래 역사적 산물이고, 특정 문화환경과 정치조건에 처하여 생명과 세상에 대한 관점을 결정하게 되는 존재이다.

대만 지식인, 특히 전후에 태어난 세대는 시대적 사명에 특별히 민감한지도 모른다. 그들의 역사적 감수성은 유별나게 묵직하다. 한편으로 식민지의 그림자를 짊어지고, 다른 한편으로는 민국사(民國史)[1]의 충격을 이어받았다. 자라면서 생겨난 역사의식은 유난히 뒤얽혀 있고 복잡하다. 이른바 전후세대란 전쟁과 이산의 경험이 없는 세대를 가리키지만, 그들이 접한 정치체제는 전쟁시대가 남긴 것이었다. 이 세대의 지식인에게 체험된

---

1) 1911년 청조를 무너뜨린 국민당이 수립한 중화민국 이후의 시기, 특히 공산당 집권 이전인 중화민국 통치시대를 가리킨다——옮긴이. 이하 별도 표시 없는 이 글의 주는 모두 옮긴이의 것이다.

역사는 모두 단절의 역사였다. 식민지역사의 맥락은 민국정부가 접수하며 완전히 끊어진다. 대만에 전파된 일본의 다이와(大和)민족주의가 중화(中華)민족주의로 대체되었을 뿐 아니라, 과거 장장 50년간의 일본어교육도 국어운동의 추진으로 거의 청산되었다. 한편 중화민국 역사의 맥락에서 보자면, 국민당은 국공내전에서 철저히 실패함으로써 대만을 1949년 이전 중국대륙의 정치발전과 완전히 단절되게 만들었다. 식민역사와 민국역사, 이 이중의 단절로 대만 지식인들의 역사의식은 얄팍해지지 않을 수 없었다. 그러나 과거에 발생한 정치·경제·사회·문화의 기억에 대해 호기심은 대단했다.

역사의 무게는 이 때문에 그 질감을 더한다. 식민지 저항문화와 5·4운동의 전통은 바다 위의 작은 섬 대만에서 절충되었는바, 이 절충의 경험은 능지처참에 가까웠다. 전후세대가 성장한 세월에는 늘 민감한 이중역사의 시야가 존재한다. 가족생활 속에서 접하는 것이 일본어와 일본적 근대성이고 다이와민족주의의 여운이었다면, 공공영역에서 받아들이는 것은 국어와 민국적 근대성 그리고 중화민족주의의 연마였다. 지루하고 곡절 많은 지적 계몽의 과정에서 이미 강렬하게 종족들간의 충돌이 인식된다. 국어와 대만어의 힘겨루기, 대륙문화와 대만본토문화의 각축, 그것들이 모두 대만인들의 혈맥 속에 깊이 각인되었다. 관방(官方)체제가 강조하는 역사적 기억은 난징대학살이었지만 가족의 기억 속에 가장 뚜렷한 것은 2·28사건[2]이었다. 두 가닥의 역사궤적은 평행선을 이루며 대치했고 공존과 융합에 이르기는 어려워 보였다. 만일 전후세대의 심성이 조숙했다면 그러한 역사적 환경 속에서 단련된 것이리라. 보아하니 세상은 그렇게 닫혀 있었고 게다가 유쾌하지 않았던 것이다.

---

2) 이에 대해서는 이 책 2부 1장 허 이린의 글 참조.

전후 대만에 자유주의 사상의 맹아가 존재했다면 그것은 지극히 아이러 니하게도, 대만의 신사(紳士)계층이나 오피니언 리더들이 전파한 것이 아 니라 대륙에서 대만으로 밀려온 지식인들이 끌어다 끼워넣은 것이다. 역 사적 사실이 분명히 보여준다. 즉 1950년에서 60년까지 중요한 사상계몽 잡지『쯔유중궈(自由中國)』가 두루 나돌던 것을 대만사회는 똑똑히 목격했 다. 내전 중에 실패를 맛본 국민당정부는 정통성을 공고히 하기 위해 상당 히 완비된 당국(黨國)체제[3]와 계엄체제를 수립했는데, 자유주의는 당시 약 하고 기이한 한 포기 사상의 꽃이었겠지만, 장 제스 독재와는 선명하게 대 조된다.『쯔유중궈』의 주요 멤버 레이 전(雷震), 인 하이광(殷海光), 샤 다오 핑(夏道平), 녜 화링(聶華苓) 같은 대륙 출신 지식인들이 전후에 태어난 대 만청년들에게 영구적인 영향을 주었고 나중에 대만 민주화운동에도 무궁 한 암시를 주었다. 자유주의운동은 1960년 레이 전이 체포되면서 좌절했 지만, 한톨 보리알처럼 땅에 떨어져 싹트고 꽃이 필 미래를 이미 예고하고 있었다.

대만의 전후세대에 속하는 나는 역사의 단절과 문화충돌을 일찍부터 맛 보았다. 독립적인 사고를 할 수 있게 되었을 즈음 대만사회에는 이미 풀뿌 리 민주화운동이 출현하고 있었다. 그것은 1970년대, 희망에 충만하면서 도 환멸이 뒤섞인 역사의 한 단계였다. 몸속에는 보이지 않는 이상이 불 타오르고, 사회현실은 출구가 보이지 않는 광경으로 느껴졌다. 대만 민주 화운동은 사실상 과거의 그 끝나지 않은 자유주의 정신을 계승하고, 아울 러 대만이라는 바다섬 위에서 계속 개척, 개간하며, 후일 자라나 이어질 대 만의식을 무의식 가운데 열어갔던 것이다. 이것이 바로 역사적 전환점이

---

3) 국민당이 곧 국가인 일당지배체제. 이에 대해서는 이 책 3부 3장 박윤철의 글 참조.

다. 이 운동은, 비록 온전히 정치적 측면의 돌파였다고는 하지만 다양한 차원·측면의 사고와 연대하고 연동했다. 전후의 재(再)계몽운동이라 봐도 지나치지 않다. 풀뿌리 민주화운동은 너무나도 많은 이질적 요소들——농민, 노동자, 학생, 여성, 지식인 그리고 막 형성되어가던 중산층——을 흡수했다. 따라서 거기서 방출되는 문화역량은 특별히 풍부했고, 서로 다른 종족, 성별, 계층이 모두 커다란 흐름으로 모아졌다. 이런 구체적인 실천을 통해 자유주의 정신도 보이지 않는 가운데 확장되었던 것이다.

대만 민주화운동은 이미 1970년대 중기, 작지만 장차 큰일을 벌일 만한 기세를 보이고 있었다. 마침 미국유학 중이던 나는 역사의 현장에 함께할 수 없는 서글픔과 아쉬움을 스스로 면치 못했지만, 한편으로 이 시기는 심경에 격렬한 변화가 일어난 결정적인 시기이자 대만에서 멀리 떨어져 대만을 돌이보며 오히려 정치적 사안의 파장에 대해 한층 분명하게 관찰할 수 있었던 시기이기도 했다. 정치운동에 실제로 개입할 수 없던 당시의 나는 해외에서 국제인권조직에 가입하는 길을 선택했고, 기본인권에 대한 인식은 나를 대만의 정치풍토와 더욱 밀접하게 이어주었다. 역사는 종종 의식하지 못하는 가운데 전개되어 결코 개인의 의지로 계획하고 만들 수 없는 것일 때가 있다. 당시 대만에 출현한 세가지 정론간행물——1975년의 『타이완정룬(臺灣政論)』, 1976년의 『샤차오(夏潮)』, 1979년의 『메이리다오(美麗島)』——속의 주요 의제는 역사적 회고와 사회에 대한 관찰, 좌익사상, 계급에 대한 관심, 경제인권, 자유주의, 환경보호 등 서로 다른 차원의 논의들이었지만 모두 대만 민주화운동을 귀착점으로 삼았다. 만일 역사의 리듬이 계속 안정적으로 전개되었다면 대만 민주정치는 이 시기에 꽃피고 열매 맺었을지도 모른다.

당외(黨外)민주운동[4]은 대만의 자본주의 고도성장과 더불어 보편적인

50

정체성으로 받아들여지게 된다. 다국적기업과 세계화 추세가 가져다준 경제적 번영은 대만사회에 안정적인 중산층을 조성했고, 그들이 민주화운동에 큰 기대를 가지게 된 것이다. 이 단계의 당외민주운동은 이미 활시위를 떠난 화살 같은 기세였다. 만일 역사적 조건만 허락한다면 개방적인 정치 환경을 창조할 예고일 수 있었다. 그러나 그렇게 되지 못했다. 1979년 12월 『메이리다오』가 주재하는 인권시위행진이 가오슝(高雄)에서 성대하게 전개되었을 때의 일이다. 당시는 국민당 삼중전회(三中全會, 제11대 국민당 전국대표자회의 제3차대회)가 양밍산(陽明山)에서 소집되었을 때인데, 장 징궈(蔣經國)의 단호한 진압으로 시위행진에 참여한 민주인사들이 체포당했다. 이른바 '메이리다오 사건'이다. 대만섬 안에서는 물론 해외에서 고양되는 민주화운동에 뜨거운 희망을 보이고 있던 전후세대 대만의 젊은 지식인들은 메이리다오 사건으로 별안간 절망의 심연으로 추락한다. 하지만 그것은 구체제의 종언으로 가는 시작이었고 권위적 통치의 합법성은 이때부터 극단적인 회의에 부딪히게 된다. 선배들의 체포는 신세대를 적극적으로 끌어들이는 순간이기도 했던 것이다.

만약 민주화의 길이 중단된다면 대만사회는 혁명이나 쿠데타를 선택해야 하는 것일까? 이런 물음은 분명 전후세대의 심중에서부터 제기되고 있었다. 그러나 대만섬 내에서 혁명이 가능한 것이었다면 역사는 분명 참혹한 댓가를 치러야 했을 것이다. 해외의 지식인들 가운데 이런 생각을 품은 사람들이 적지 않았다. 자본주의가 대만에서 지속적인 발전을 거듭하면서 중산층의 역량도 점점 커져갔고 그러면서 평화적인 개혁에의 요망은 한층 강렬해졌다. 바야흐로 이런 역사적 조건하에 어떤 급진적 혁명을 사유하

---

4) 민주진보당 창당 이전 재야 민주화운동가들이 정당형태를 유지하며 활동하던 상태를 가리킨다.

는 것은 불가능했다. 1980년대 중기 들어 사회적 불만이 고조되면서 농민 운동, 노동자운동, 여권운동, 학생운동, 원주민운동, 환경보호운동, 심지어 정당설립운동 등 사방팔방으로 기회가 만들어졌고, 모두 적극적으로 국민 당 권위체제의 정통성에 도전했다. 메이리다오 사건은 국민당정권이 더이 상 계엄문화와 독재정치를 공고히 하지 못하게 만들었다. 결국 자본주의 발전의 문화논리에 부합하지 않았던 것이다. 국민당의 인권경시는 이 시 기 부쩍 심해졌고 더욱이 장 난(江南) 살인사건[5]에서 뚜렷이 드러났다. 대 만사회는 부단히 세계경제체제에 편입 중이었지만 국민당은 당국체제의 사고에 갇혀 있었다. 이 두 모순된 추세는 중산층의 개혁의지를 강인하게 해주었다. 1986년 9월 민진당이 정식으로 설립을 선언했을 때 국민당은 완 전히 속수무책이었다. 그리하여 1987년 7월 어쩔 수 없이 계엄을 해제하고 대만은 유례없는 개방의 단계에 진입하게 된다.

2. 대만 지식인의 민주화 노정

해외의 반동분자였던 내가 마침내 사상범의 신분에서 벗어나 무사히 대 만으로 귀향하게 된 것은 사실 대만역사의 극적인 전환을 암시하는 것이 었다. 평화적 변천과 합법적 개혁이 그런 대만사회의 요구에 부합한다는 사실을 역사는 분명히 증언한다. 1989년 6월, 내가 대만으로 돌아올 때 중 국은 여전히 톈안먼(天安門) 사건의 혼란스런 여운 속에 있었고, 역사의 궤

---

5) 1984년 10월, 미국 쌘프란시스코에서 재미화교 장 난(본명 劉宜良)이 살해당한 사건이 다. 그가 1984년 여름『장징궈전(蔣經國傳)』을 출간, 장씨 부자의 추문을 폭로하자 대만 국방부 간부들이 암흑계 인물을 동원하여 암살을 사주한 것으로 미국측 조사결과 밝혀 진다. 이 사건은 전세계 화교사회에 큰 충격을 주었고, 이후 장씨 집안에서 후임이 나올 것으로 예상되던 총통직도 헌법에 의거한 선거로 이행되도록 하는 데 영향을 주었다.

적에 또 그렇게 경계선이 그어지는 것이 선명하게 느껴졌다. 중국 지식인들이 폭력적 진압에 직면해 있던 때에, 대만사회는 바야흐로 개방의 시대를 맞이하고 있었다. 톈안먼 사건은 대만 지식인에게 하나의 준엄하고 결정적인 역사의 교훈이었다. 베이징의 당국자는 강경한 수단으로 학생운동을 진압함으로써 결국 중국공산당의 통치방식이 근대사 속의 제국주의와 전혀 다르지 않음을 우리들에게 일깨워주었다. 중국공산당은 부단히 교육과 선전을 통해 중국인민들에게 근대사는 제국주의가 중국을 침략한 피눈물의 역사였음을 주입한다. 그러나 1949년 이후 제국주의세력은 이미 완벽하게 중국 영내에서 철수했지만 중국인민들은 여전히 인격의 존엄을 회복하지 못한 것이다. 베이징당국은 끊임없이 영토도 주권도 완전하다고 강조하지만 중국인의 인권에 대해 일말의 존중도 표시한 적이 없다. 존중은커녕 중국공산당은 제국주의자들보다 더 중국인민에게 무시와 손상과 모욕을 가했다. 이런 운명은 대만에서 발생할 수 없었다. 대만은 이미 강력한 중산층을 만들어냈기 때문이다. 개혁에 대한 그들의 요망과 역량은 이미 국민당의 계엄체제가 막을 수 있는 수준이 아니었다. 1980년대 대만의 자본주의 고도성장은 평화적인 변화의 추세를 갈수록 선명하게 가속화해주었다.

중국학생들이 톈안먼 사건으로 진압당할 때, 대만 지식인들은 민주적 개혁의 이상에 벌써 한층 다가가 있는 상태였다. 중국사회는 여전히 일원화된 단일 가치관 속에 멈춰져 있었지만 대만사회는 적극적으로 다원화와 차별성을 추구하고 있었던 것이다. 계엄해제는 사회 저변에 잠재하던 각종 문화적 생산력을 대대적으로 방출시켰다. 수많은 상이한 문학 및 예술 현상이 이 단계에서 한꺼번에 터져나왔다. 적어도 문학 방면에 있어서는 다원화된 문학적 과제가 모두 관용적으로 대중에게 수용된다. 여성문학, 동성애(同志)문학, 권촌(眷村)문학,[6] 본토문학,[7] 원주민문학이 화려하게 피어나 새 시대의 도래를 맞이했다. 이들 문학작품의 대량생산은 부패, 보수, 퇴행의 문화적 쇼비니즘이 이미 종말에 달했음을 상징한다.

계엄시대의 일당국가체제는 유교사상이나 민족주의를 강조하든 반공반소(反共反蘇)를 강조하든 간에 모두 고도의 남성중심 사유다. 신시대가 도래했을 때 문학계는 이미 돌파와 개방의 분위기로 충만한 상태였다. 여성문학의 출현은 남성중심론에 대한 반발일 수밖에 없었고, 원주민문학의 탄생은 한인(漢人)중심론에 대한 도전이었으며, 동성애문학의 성장은 이성애중심에 대한 비판이었다. 일원화된 정치적 사유로부터 다양한 예술적 상상으로 옮아간다는 것은 정치권력의 간섭이 이제는 완전히 지난 시절의 일이 되었음을 선포하는 것이나 다름없었다. 대만사회의 운항은 드디어 역사의 방향과 유리되지 않고 하나의 광활한 수역에 도달한다. 이는 절대로 하늘이 마련해준 것이 아니라 수많은 지식인들의 의지를 통한 실천이었다. 그들이 굳건히 평화적 개혁을 향해 나아갔기에 대만은 정치투쟁이나 혁명적 정변의 재난을 피할 수 있었던 것이다. 1950년대 자유주의가 대만에 전파되었을 때는 씨를 뿌릴 만한 합당한 토양을 만나지 못했기에 그 처절한 백색테러의 시대, 지식인들은 사상과 의사의 표현에 반드시 체포나 감금 혹은 테러라는 댓가를 치러야만 했다. 만일 그들이 이상을 저버리고 현실과 타협했다면 대만의 역사는 전혀 다른 식으로 흘러갔을지도 모른다.

권위적 체제의 통치가 굳건한 토대 위에 있으려면 반드시 자본주의의

---

6) 1949년 국공내전에 패배한 국민당과 함께 대만으로 건너온 군인과 그 권속들이 모여살던 권촌(眷村)에서 유래한 말로 대만주민들과 언어도 습관도 크게 다른, 통칭 '외성인'으로 불린 이방인으로서의 삶을 형상화했다.
7) 대만본토론, 즉 대만을 문화적 정체성의 근거로 하는 문학이다.

지지가 필요하지만, 자본주의는 통치의지에 의거해서 발전하는 것이 아니라 스스로 준수하는 필연적인 법칙을 가진다. 대만사회가 부를 창출하자 자본주의 문화논리에 상응하는 중산층도 자연히 조성되었다. 레이 전은 1960년대 체포 당시 자신의 자유주의 사상으로 인한 정치적 심판을 홀로 겪어야 했다. 외로운 적막의 밤, 차가운 벽 안에서 그는 아무런 지지의 음성도 들을 수 없었다. 당시는 중산층이 뚜렷이 형성되기 전이라서 개혁에의 요망은 아직 강력한 사회적 역량으로 수렴되지 못하고 있었기 때문이다. 그러나 1979년 메이리다오 사건 발발 후 대만은 후기자본주의의를 맞이하기 시작한다. 온 사회가 번영발전의 공간을 획득하기 시작했고, 이로 인해 중산층도 더욱 온전히 성숙할 수 있었다. 중산층의 성장이 없었다면 평화적인 개혁의 요망도 없다. 개혁의 열망이 한층 더 강렬해질 때라야만 신당 창당 같은 운동은 비로소 실현된다. 이는, 왜 메이리다오 사건의 피해자가 더이상 고독하게 정치심판의 결과를 떠안지 않았는가를, 왜 감옥 밖의 더 많은 신세대 지식인들이 개혁운동에 뛰어들게 되었는가를 설명해준다. 이것을 평화적 변혁이라고 부를 수 있다면 대만의 역사경험은 바로 그 최고의 전범이다.

과거에는 정치권력이 지식인을 간섭했지만 이제 그 반대의 길로 나아간다. 지식인들은 권위체제를 간섭하기 시작했고, 이런 새로운 문화적 기상은 정치 방면만의 현상이 아니라 경제·사회·문화·종족·성별 등 각종 분야에서 동시에 발전했다. 모든 세대의 지혜가 지식인의 구체적 행복과 결합하면서 큰 시대의 도래를 가속적으로 촉진했던 것이다. 지식의 가치와 의미가 이 단계에서 구체적으로 드러난다. 그 영향력은 이제 특정한 종족이나 계층 및 성별에 속하지 않고 대만사회의 구성원 한사람 한사람에게 미치게 된다. 일찍이 심판을 받아야만 했던 자유주의운동이 드디어 대만 민주정치 공동의 상징으로 승화한 것이다. 요동치는 역사의 격류 속에서 지식인의 사유는 더이상 단순한 개인의 가치가 아니었고, 운동의 물결 속에서 서로 정신적 결맹을 이룬다. 대만의 세기말은 역사의 종언을 보지 않고 오히려 팔 벌려 새 시대의 탄생을 맞이한 것이다. 1990년 대만학생들의 들백합운동(野百合運動)[8]은 법통을 자임하는 노련한 대의기구인 국민대회 입법위(立法委)를 정치무대에서 물러서지 않을 수 없게 만들었고, 드디어 1991년 객관적 형세의 요구하에 국민당은 반란진정동원(動員戡亂)[9]시대의 종언을 선언할 수밖에 없었다.

일찍이 혁명의 꿈을 품었던 해외의 반동분자는 절망의 심연에서 시대의 서광을 보게 된다. 미국에서 돌아와 대만 민주화에 동참하며 나는 역사의 현장에 복귀한다는 나름의 후련함이 있었고, 1992~95년까지 직접 민진당의 정치활동에 참여하면서 정치적 개혁역량의 우여곡절을 깊이 체험하게 된다. 1994년 성장(省長)선거는 1996년 총통선거와 더불어 대만 정치민주화가 거스를 수 없는 것임을 분명하게 보여주었다. 그리고 이렇듯 민주화가 실천의 과정에 들어옴으로써 소위 '민주'라는 것에 대한 이해를 한층 더 높일 수 있었고, 또한 그것이 단순히 정당정치만을 의미하는 것이 아님을 깨닫게 되었다. 정당은 정책을 제정하고 권좌를 다툴 뿐 대만사회가 철저한 개방의 단계에 진입하도록 해주지는 못한다는 것을 말이다. 정당 사

---

8) 일명 '3월 학생운동.' 40년 동안 선거로 교체된 적 없는 국회(국민대회)가 1990년 3월 13일 스스로 임기를 9년으로 연장하면서 촉발된 평화적 시위이다. 전국 각지에서 모여든 젊은이들이 16일부터 중정광장(中正廣場)에서 '국민대회 해산' '정경(政經)개혁일정' 등을 요구하는 연좌시위를 벌인다. 5일 만에 리 덩후이 총통과의 면담이 이뤄지고 자발적인 토론의 결과로 해산, 그 3개월 후 국민당 고위관리를 제외한 각계 및 재야인사들로 구성된 '국시회의(國是會議)'가 소집되고 획기적인 정치개혁으로 이어졌다. 이 운동은 임시조관(臨時條款)에 의거하던 오랜 반란진정동원시기의 종언을 고하고 헌법으로 돌아가는 계기를 만듦으로써 대만 민주화에 불멸의 기억을 남긴 운동으로 평가된다.
9) 국공내전 당시 생겨난 용어로, 전쟁을 위해 모든 인력과 자원이 총동원되는 계엄상태를 뜻한다.

이의 각축은 종종 선거의 승패에 불과할 때도 있고, 지나치게 입법기관이나 행정기관 수장의 자리순서를 따지는 것이기도 하다. 그것은 정치의 구조를 변하게 할 수는 있어도 사회·문화·경제·환경의 생태를 개조하지는 못한다. 세기가 바뀌고 대만역사는 정당의 교체라는 목표를 완수했지만, 오히려 비슷한 진영끼리 대치하는 형세는 더욱 악화되었고 이로 인해 종족들 사이의 충돌과 대립도 격렬해졌다. 이런 환경에서는 민주정치가 될 수 없다. 일종의 변형된 권력투쟁이 있을 뿐이다.

지식인들이 품는 민주의 꿈과 정치인들이 꿈꾸는 권력의 농단(壟斷) 사이에는 확실히 큰 차이가 있다. 전후 지식인들의 민주화의 꿈은 절대로 권력에 줄을 대거나 정권교체에 머물지 않았다. 타고나길 지식인이면, 자유롭고 개방적이며 공평하고 합리적인 사회를 기대하지 않을 수 없다. 성별, 종족 혹은 계층의 차이로 인한 배제나 차별이 있어선 안된다. 자본주의의 고도발전이 필연적으로 환경오염, 토지파괴에 이어지게 해서도 안된다. 권력구조의 변화가 건강한 문화가 당장 탄생할 수 있음을 뜻하는 것은 결코 아니다. 오히려 정당의 합종연횡이 때로는 문화생태에 가늠할 수 없는 파괴를 부르기도 한다. 정권의 안정을 위해 정당은 경제개발의 명분을 빌려 토지자원에 대한 무자비한 착취와 약탈을 흔히 자행하고, 정책추진을 위한다며 굳이 민주의 이름을 빌려 다수의 이익으로 소수의 권익을 구석으로 밀어내버린다. 이것은 진정한 민주가 아니다. 난폭함에 호소하는 권력의 실천은 실은 과거 권위주의체제의 변형된 복제일 뿐이다.

3. 대만 문화정체성의 확립

최초의 자유주의 계몽으로부터 인권존중과 민주화운동을 거쳐 대만사회는 이미 근 반세기의 역정을 지나왔다. 과거, 지식인의 숙명은 불가피하게 정치권력의 규제를 받으며 기존의 법칙 속에서 몸을 낮추어 개인의 바람을 제시하는 것이었다. 그런 시대를 되돌아보면 여전히 전율을 느끼게 된다. 민주적 이상이 실현될 공간을 얻을 수 있었던 것은 자본주의적 돌파와 더불어 탄탄하고 안정적인 중산층이 만들어졌기 때문이다. 집체적 개혁의지는 개인의 자유주의적 사유를 서로 결맹하게 만들었다. 전후세대 지식인은 정권교체가 이뤄졌다 해서 이상이 실현되었다고 느끼지는 않았다. 평화적 변혁은 실은 지금 그 최초의 기점에 서 있다. 지식인으로서 정당의 머슴으로 전락해서는 안되며 권력의 도구가 될 수는 더더욱 없는 일이다. 지식인은 정치구조와 일정한 거리를 유지하며 비판정신이 왕성히 유지되도록 해야 한다.

바로 이런 역사적 변화 속에 대만의식 혹은 대만민족주의는 날로 성숙해갔다. 대만해협 맞은편에서는 중화민족주의의 견고함이 중국공산당의 권위주의체제의 권력지배를 통해 강력하게 선전되고 있는데, 그런 상명하달식의 사상 주입은 맑스주의가 강조하는 물적 토대에 완전히 위배된다. 대만의식의 형성과정은 바로 밑에서 위로의 확산이었다. 만일 일본 식민체제와 전후 계엄체제의 연이은 폭압이 없었다면 대만땅의 주민도 운명공동체가 되지는 못했을 것이다. 1949년 후 대만의 많은 대륙 출신 이방인들이 설사 중화민족주의를 품고 있었다 하더라도 중국사회와의 오랜 격절로 중화민족주의는 점차 희미해져갔다. 대만의 중화민족주의는 일종의 문화적 향수병으로 객관적 토대가 결여되어 있었던 것이다. 1970년대 들어 모든 종족은 자본주의적 변천과정 속에서 점차 공동의 민주개혁 요망을 형성해갔고, 그중에서도 80년대 중산층의 성숙이 반대정당의 설립을 순조롭게 해주었다. 여야 양당의 형세가 이루어지자 권위주의체제는 기존의 정통성을 상실한다. 지식인은 이념상 각자의 선택을 가지고 있지만 그들의 관심대상은 함께하는 하나의 대만이었다. 그들이 직면한 문화적 의제는 성별이든 종족이든 계급이든, 모두 합법적 민주절차를 통해 토론을 진행하여 함께 해결해야만 하는 것이다.

중산층과 민주체제의 연쇄관계는 자연스럽게 대만의 문화적 정체성을 고양시켰다. 1990년대 반란진정동원시대의 종언 이후 대만사회에서 대만인으로서의 정체성은 점점 중국인으로서의 정체성을 초월해간다. 21세기 들어 대만인들은 처음으로 정권교체를 목격했고, 이는 중대한 역사적 전환, 일찍이 계엄체제로 대만사회를 장기 지배하던 국민당이 하루아침에 야당이 되는 민주적 개혁역량의 질풍노도를 대변해주었다. 이런 장엄한 의식을 통해 비로소 대만인으로서의 정체성을 가진 사람이 대만인구의 50%를 넘어선다. 2008년 국민당으로 또다시 정권교체가 이뤄졌지만 민주개혁이 대만역사가 나아가야 할 길임은 확실히 제시되었다. 여론조사에서는 대만인으로서의 정체성을 가진 사람이 이 1년 동안 이미 80%를 넘어선 것으로 드러났다. 뿐만 아니라 대만해협 양안의 중국과 대만 사이에 양안간 경제협력기본협정[10] 조인 후 쌍방 시민들의 교류가 날로 빈번해지면서 대만인으로서의 정체성은 오히려 성장했다. 이미 85%에 가깝다. 하나의 새로운 시대는 이미 시작되었다. 대만 지식인들의 문화정체성은 분명히 한층 더 심화된 물질적 기초, 곧 자본주의와 중산층, 민주정치를 토대로 한다. 이러한 역사적 역량이 대만사회로 하여금 현대화와 본토화를 완성하게 하는 것이다.

현대화와 본토화라는 거대한 흐름의 충격 속에 지식인들은 시민사회에 대한 큰 꿈을 품고 있다. 대만사회는 기본인권 존중과 사상표현에 대한 관

---

10) 이에 대한 상세한 설명은 이 책 2부 3장 문명기의 글 참조─엮은이.

용에서 정말로 계엄시대와는 커다란 변화를 보이고 있다. 물론 감금당하지 않고 사상점검을 받지 않는다는 것이 곧 시민사회의 순조로운 탄생과 동의어는 아닐 것이다. 대만의 사회구조는 원주민 이외에는 실은 대부분 서로 다른 시대의 이민으로 조성되었다. 서로 다른 이민은 서로 다른 문화유산을 가지고 왔고 이것이 바로 대만역사가 더욱더 새로워질 수 있는 결정적인 요소이다. 진정한 민주의 이상은, 대만에 살아가는 주민들 한사람 한사람이 동등한 발언권과 생존권을 갖는 것이다. 정치는 단지 이 이상의 한 끄트머리일 뿐, 개방적이고 공평하고 합리적인 사회까지는 아직 나름의 먼 노정이 있다. 만일 대만 지식인이 소위 천부의 사명을 가진다면, 그 것은 권력의 간섭을 받던 종래의 숙명을 바꾸어 온 대만땅에 시민사회의 잉태와 성장이 이루어지도록 하는 것이어야 마땅하다. 서로 다른 성별, 서로 다른 계급, 서로 다른 종족이 모두 존중받고, 대만땅의 생태가 보호되도록 해야 마땅하다. 권력의 지배를 넘어 공평한 분배로 귀착함으로써 비로소 진정으로 실현되는 시민사회, 그것이 바로 내민 지식인들의 공통된 희망이다.

[번역: 임명신]

제2부

대만 정체성의 시각

대만의 족군관계와 2·28사건

허 이린(何義麟)

1. 서론

해외에서 누군가 만약 대만에서 온 사람을 만나게 되면 사람들은 대부분 상대방의 출신지를 기준으로 그를 '대만인'이라고 부른다. 그러나 사실 이렇게 부르는 것은 최근 20여년에 들어서야 점점 보편화되어 정착되었다. 어떤 상황에서는 직접적으로 '대만인'이라 부르는 것에 여전히 논란의 여지가 있다. 그럼 왜 이러한 문제가 생기는 것일까? 그 주요한 원인은 대만인 스스로가 국가정체성 인식에 있어서 아직 합의를 이루지 못하였다는 데 있다. 비록 현재 대부분은 스스로를 대만인이라고 생각하지만 아직도 일부는 스스로를 중국인이라고 생각하거나, 혹은 대만인이면서 동시에 중국인이라고 생각한다. 또 국제정치적 요인도 있는데, 대만은 유엔에 가입하지 않았기 때문에 대부분의 국가들은 대만이 하나의 국가임을 승인하지 않는다. 대만의 '중화민국(中華民國)'이라는 국명 역시 '중화인민공화국(中華人民共和國)'으로 오인되기 십상이다. 그러므로 '대만인'이라는 명칭은 자칭이든 타칭이든 매우 특수한 의미를 지닌다. 왜 대만 거주민들간에,

혹은 대만과 외부 지역 간에 이러한 복잡한 문제가 존재하는 것일까? 생각건대 이 문제는 반드시 역사적 연원으로부터 설명해야 하며, 특히 2·28사건의 영향으로부터 조명해 보아야 한다. 그래야만 비로소 대만사회의 족군(族群)관계 및 국가정체성 인식상의 문제를 이해할 수 있을 것이다.

대만의 타이둥(臺東) 현에서는 1999년부터 매년 여름에 '타이둥남도문화제'(臺東南島文化節, Festival Austronesian Cultures)를 거행하는데, 이 축제는 관광산업의 촉진을 위해 기획된 것이다. 그렇다면 왜 '남도문화제'라는 명칭을 사용한 것일까? 이 용어는 학자들의 연구성과를 채용한 것으로, 남도어족의 문화를 전시하는 축제활동이다. 학자들과 주최측의 설명에 따르면, 소위 '남도어족'이란 다음과 같은 것이다.

대만은 '남도어족(南島語族, Austronesian)의 고향'이다. 특히 타이둥은 남도어족이 세계로 확산되는 거점이었다. 언어학자들의 연구에 따르면 남도어족은 세계에서 가장 널리 분포하는데, 동쪽으로 남아메리카 이스터 섬으로부터 서쪽으로 아프리카 마다가스카르 섬에 이르고, 남쪽으로는 뉴질랜드에, 북쪽으로는 대만에 이르러, 그 분포 지역은 태평양과 인도양에 두루 걸쳐 있다. 산지에 거주하는 대만 원주민은 모두 남도어족에 속하는데, 그들은 아메이(阿美, Amis)족, 다우(達悟, Tao)족, 부눙(布農, Bunun)족, 타이야(泰雅, Atayal)족, 파이완(排灣, Paiwan)족, 루카이(魯凱, Rukai)족, 베이난(卑南, Puyuma)족, 싸이샤(賽夏, Saisiyat)족, 쩌우(鄒, Tsou)족, 샤오(邵, Thao)족 등 10족으로 나누어진다. 이외에 평지에 거주하며 이미 한족화(漢族化)된 핑푸(平埔, Pingpu)족을 포함하여 11족으로 나누기도 한다. 이들 원주민이 사용하는 언어는 여러 다른 분파의 언어로 나누어지나, 모두 남도어의 고대 언어적 요소를 가지고 있다. 그러므로 대만이 남도어의 발상지일 수 있다는 추정이 가능하다.[1]

대만에 대해 잘 알지 못하는 사람들이 이러한 설명을 듣는다면 대만섬 전체에 남도어족이 거주하고 있다고 생각할지도 모른다. 물론 틀린 것은 아니다. 대략 400년 전의 대만은 분명 그랬다. 섬 전체가 남도어족의 생활공간이었다. 그러나 현재 대만의 남도어족은 인구가 40여만명으로, 대만 2,300만 인구의 2%에 불과한 소수민족이다. 이미 이렇게 소수민족이 되었는데 대만관광국에서는 왜 이토록 남도어족과 남도문화를 강조하여 홍보하는 것일까? 이러한 현상을 우리는 일종의 남도문화의 재기(再起)현상이라 할 수 있으며, 또한 대만 거주민이 주체성을 정립하고자 하는 운동이라 할 수 있을 것이다. 남도문화는 어느 시기에 쇠퇴하게 되었고, 대만은 왜 한족을 중심으로 하는 사회가 되었을까? 이러한 문제들을 검토하기 위해서는 우선 근대대만의 역사를 되짚어봐야 하고, '대만인'의 족군관계의 변천을 살펴보아야 한다.

2. 대만 족군을 이해하는 세개의 키워드

대항해시대, 즉 중국 명조(明朝) 말기 즈음까지 대만섬의 거주민은 모두 남도어족이었다. 17세기 이후 대만섬은 외래의 침입을 받기 시작하였는데, 중국대륙의 한족은 이 섬을 이주 가능한 신천지라고 여겼다. 한족의 이주 이후 원주민의 토지는 점점 줄어들었고, 원주민은 한족에 동화되어 소

---

1) 周婉窈『臺灣歷史圖說(初版)』, 臺北: 聯經 1997, 36~37면; 李壬癸『臺灣南島語族的族群與遷徙(增訂新版)』, 臺北: 前衛 2011, 57~69면. 타이둥에서 거행되는 이 축제활동은 2009년 10주년을 맞이하였으나, 그해 8월 태풍으로 인해 2010년 11월로 연기, 거행되었다. 2012년에는 '남도문화예술제'(南島文化藝術節, Austronesian Cultural Arts Festival)로 명칭이 변경되었다. 2012년 '대만남도문화예술제'의 공식 홈페이지는 http://2012nandao. gem-imc.com.tw/

수민족이 되었다. 대만의 민족구성은 대체로 한족과 원주민으로 나눌 수 있다. 원주민의 각 종족은 남도어족으로 총칭할 수 있는데, 만약 이를 다시 나눈다면 크게 두 부류가 될것이다. 하나는 평지에 거주하며 청조(淸朝) 이래 한인과 접촉하여 대체로 이미 한족에 동화된 핑푸족이다. 한족은 이들을 '숙번(熟番)'이라 불렀다. 또 하나는 상대적으로 아직 한족에 동화되지 않은, 대부분 산지에 사는 원주민인데, 이들을 '생번(生番)'이라 불렀다. 인류학자들의 조사에 의하면 일본통치시기 거의 사라져가던 핑푸족은 10족으로 나누어지고, 아직 정복되지 않은 산지 원주민은 9족으로 나뉘었다. 산지의 개발로 원주민사회에 큰 변화가 있었으나 오늘날까지도 그들은 여전히 자신만의 언어와 문화를 보존하고 있다.

한편 한족 이주민을 살펴보면, 한족 이주민 내부에도 몇몇 구분이 존재한다. 언어와 출생지의 차이에 따라 대체로 민난(閩南)인과 하카(客家)인으로 나눌 수 있다. 이들은 청조시기 대만으로 이주하였는데, 토지개간 문제로 한때 서로 심각하게 대립하였다. 또 대만에 이주한 시기에 따라 '본성인'과 '외성인'으로 나누어진다. 본성인이란 일본통치시기를 지낸 한족 이주민과 그 자손(대략 73%의 민난인과 12%의 하카인을 포함)을 가리키고, 외성인이란 1945년 이후에야 중국대륙에서 대만으로 이주한 사람과 그 자손을 가리킨다. 인구로 보면 외성인은 13% 정도밖에 되지 않아 비율로는 소수이나 이들은 오랜 기간 대만사회를 지배해온 통치집단이다. 본성인과 외성인 사이에도 일찍이 심각한 대립상황이 있었다. 대만 민주화 이후 이들간의 거리감이 대체로 줄어들기는 하였으나, 선거라든지 혹은 어떤 논란의 여지가 있는 의제가 제기될 때에는 아직도 양자간에 존재하는 거리감을 확인할 수 있다.

이상 서술한 바와 같이 대만 거주민은 대체로 많은 분파를 가진 남도어족과 한족으로 나눌 수 있고, 한족 내부는 다시 민난인·하카인·외성인·본성인 등으로 나눌 수 있다. 이러한 인구분포로 인하여 현재 대만은 다민족·다문화사회로 인식된다. 또 오랜 기간 외래정권의 통치를 받았기 때문에 대만 거주민은 자칭이든 타칭이든 직접적으로 분명하게 '대만인'이라 말하기 어려운 면이 있다. 왜 대만이 다민족사회가 되었는지, 어떠한 역사적 과정을 겪고서 이 섬의 거주민이 대만인이라는 정체성을 형성하게 되었는지, 이러한 '대만'문제에 대한 이해를 돕기 위해 2·28사건을 소개하는 것 외에 '두개 문화권, 삼대 구역, 사대 족군(二個文化圈, 三大區域, 四大族群)' 세개의 키워드를 제시하여 설명하고자 한다.

3. 교차하는 두개의 문화권: 남도문화와 한족문화

대략 400년 전, 대만섬 전체는 남도어족의 거주지였다. 그들이 어떠한 경로를 통해 대만으로 이주하게 되었는지에 대해서는 몇가지 주장이 제기되기는 하였으나 아직 정론이 없다. 물론 앞에 서술한 대로 남도어족은 대만으로부터 태평양으로, 인도양제도로 확산된 것이라는 '발상지설'이 각계에서 흔히 거론된다. 그러나 '도래설' 또한 일부 사람들의 지지를 얻고 있다. 어느 주장이 사실인가는 차치하더라도, 적어도 2,3천년 전에 이주해온 원주민이 이 섬의 유일한 거주민이었다는 점은 대만 사학계의 공통된 견해이다.

17세기 이후 원주민은 여러 외래세력의 침입을 받게 된 동시에 중국 왕조교체기의 분쟁 속으로 말려들어갔다. 우선 서구세력이 밀려들었는데, 대만 남부가 먼저 네덜란드에 점령되고 이어 북부가 스페인에 점령되었다가 스페인이 몇년 뒤 네덜란드에 의해 쫓겨났다. 1624~62년 네덜란드는 대만 남부를 무역의 거점으로 삼았고 농산품을 공급받기 위하여 한인들에게 대만으로 이주할 것을 권장하였다. 네덜란드 통치시기 타이난에 위치했던 원주민학회에 의해 시라야(西拉雅, Siraya)족 언어가 알파벳으로 기록되었고, 그 문자를 사용하여 작성된 토지계약서와 성경이 현재까지도 남아 있다. 1662년 정성공(鄭成功)은 청조 정부에 대항하기 위하여 네덜란드인을 대만에서 몰아내고 자신의 근거지를 건립하였다. 그후 한족이 대거 이주하여 대만의 한인은 2만여명에서 10여만명으로 대폭 증가하였다.

1683년 정성공이 세운 왕국이 청조에 투항하고, 대만은 푸젠성(福建省)으로 편입되어 청조의 판도에 들어가게 되었다. 그후 200여년간의 이민과 개간을 통해 한족 인구는 10여만명에서 대략 300만명으로 증가하였다. 이민자는 주로 푸젠성 장저우(漳州)와 취안저우(泉州)의 주민(이들을 합하여 민난인이라 한다) 및 광둥성(廣東省) 동부의 하카인 등 세개 집단이었다. 이 세 집단 간에는 늘 토지와 수원(水源)쟁탈 문제로 충돌이 있었는데, 때로는 이들 중 두 집단이 협력하여 나머지 집단과 대항하기도 하였다. 이러한 무력분쟁은 1세기 이상 지속되었고 역사상 이를 '족군간 무장투쟁'(分類械鬪)이라 일컫는다. 19세기 중기에 이르러 한족사회는 점점 토착화되어 새로운 지연과 혈연 관계가 성립되고, 현재 거주하고 있는 지역의 거주민으로서의 정체성이 출신지 정체성을 대신하게 되었다. 그 결과 출신지의 차이로 인해 발생하였던 '족군간 무장투쟁' 역시 감소하게 되었다. 이러한 변화를 거친 결과, 원래 언어적·문화적으로 극히 가까웠던 장저우인과 취안저우인 간의 경계도 점점 사라지게 되었다.

시간이 지남에 따라 한족사회는 이민사회에서 토착사회로 변하고 인구 또한 끊임없이 증가하였다. 그러나 상대적으로 원주민 인구는 증가를 보이지 않고 토지 또한 한족에게 빼앗겨 소수민족으로 전락하는 운명을 피할 수 없었다. 1860년 서구 열강의 압력으로 청왕조의 개방범위가 대만까지 확대되고, 한족 이주민의 개간 또한 평지에서 산지에 인접한 구릉지까지 확장되었다. 전체적으로 말하면 한족문화권은 나날이 확대되고 남도문화권은 점점 축소되었다.

4. 식민지 개발의 3대 구역: 서부평원, 동부종곡, 중앙산지

1895년 청일전쟁의 결과 청왕조가 패하여 대만을 일본에 내주면서 대만은 일본의 식민지가 되었다. 일본에서 처음 파견한 점령군은 격렬한 저항을 받았고, 몇년에 걸쳐 무장유격세력을 소탕한 후 비로소 평지의 한족 거주지구를 완전히 장악할 수 있었다. 이어서 총독부는 중무장부대를 파견하여 산지 원주민의 항쟁을 진압하였다. 섬 전체를 장악한 다음 총독부는 대체로 청조정부의 정책을 답습하여 한족과 원주민의 분리를 유지하며 분할통치 책략을 취하였다. 당시 원주민의 대부분은 중앙산지와 동부 종곡(縱谷)에 나누어 거주하면서 민족간 경계선을 유지하고 있었는데, 이는 자연히 지리적 경계선이 되었다.

지리학자 스 톈푸(施添福) 교수의 연구에 따르면, 일본 식민통치의 기본 책략은 바로 대만을 세개 구역으로 나누는 것이었다.[2] 하나는 서부 대만으로 중앙산지 서편의 평원과 구릉지를 포함하며, 보통행정구 관리하에 두었다. 서부 대만은 한족이 개간하여 완성된 농업지대로, 대만총독부는 이 지역에 대한 내지(內地) 자본가의 투자를 장려하며 자본주의 산업활동을 추진하였다. 그러므로 서부 대만은 일본의 '투자형 식민지'라 할 수 있다. 또 하나는 동부의 원주민이 거주하는 공간이다. 땅은 넓고 인구는 적어 아직 농업지대로 개발되지 않았다. 따라서 총독부는 이 지역 역시 보통행정구로 설정하여 내지 농민의 이주를 장려하며 토지개발을 진행하였다. 그러므로 동부 대만은 '이주형 식민지'라 할 수 있다. 일본의 식민지경영은 동화정책을 주축으로 하여 장기적으로 서부지구의 한족 거주민을 동화시

---

2) 施添福「日本殖民地主義下的東部臺灣──第二臺灣的論述」,『臺灣社會經濟史國際學術研討會』, 中央研究院臺灣史研究所籌備處 2003년 5월 8~9일 참고. 이 글에서 세개의 대만에 관한 논술은 모두 이 논문을 참고하였다.

키는 것을 기본 목표로 하였다. 하지만 처음에는 동부를 일본인 이주사회로 건설하려 했는데, 총독부의 이러한 식민기지 건설 시도는 성공하지 못하였다. 다음은 중부 대만인데, 이 구역은 특별행정구로 분류되었다. 총독부는 원주민을 통제하는 '이번정책(理蕃政策, 대만 원주민에 대한 일본의 식민정책을 이름. 蕃은 대만 원주민을 가리키는데, 番자를 일본에서는 蕃으로 쓴다—옮긴이)'을 추진하는 것 외에, 주요 목표를 산지의 임업 등 자원을 개발하는 데 두었다. 그러므로 원주민 거주지인 중앙산지는 '봉쇄형 식민지'라 할 수 있을 것이다. 이른바 '이번정책'은 먼저 무력으로 원주민을 정벌하고 그다음 농업을 지도하고 그다음 의료위생과 학교교육 등을 보급하는 것을 내용으로 하는데, 최종 목표는 역시 원주민을 일본인으로 동화시키는 데 있었다. 이 정책으로 인해 많은 산지 원주민부락은 원래의 생활방식을 유지하기 힘들어졌고 사회적 전통도 심각하게 파괴되어 일부 원주민은 도시로 흘러들어가 생계를 도모하게 되었다

앞에 서술한 바와 같이 총독부는 구역 특성에 따라 식민지 산업개발을 추진하였는데, 특히 섬 전체에 철로를 건설한다든지 항만을 건설하는 등의 기초건설 부문에서는 상당한 성과를 남겼다. 근대적 제당업을 확립하고 벼 생산기지를 건설한 것 또한 구체적인 성과로 꼽을 수 있다. 이러한 성과는 서부 대만의 한족사회에 큰 자극을 주었다. 산업개발 측면뿐만 아니라 근대적 학교체제의 건립 또한 대만 근대화발전의 중요 요소이다. 그러나 식민지 통치방침은 강압적으로 식민지 주민을 일본인으로 동화시키고자 하면서도 동시에 일본인과 차별을 두는 경계선을 유지하였다. 경제가 발전하고 교육이 보급됨에 따라 대만사회에는 점점 중산계층이 형성되었는데, 그들은 차별대우에 극도의 불만을 가지고 있었다. 1920년대 이후 신흥 중산계급은 일련의 정치·사회·문화운동을 전개하며 정치·경제상의 각종 대우를 개선할 것을 요구하기 시작하였다.

일본통치시기의 정치·사회운동은 주로 한족을 중심으로 전개되었다.

일본통치세력은 민난인과 하카인 등 한족 주민을 '본도인(本島人)'이라고 불렀는데, 정치·사회운동가들은 이렇게 불리는 것을 원하지 않았다. 그들은 시종일관 스스로를 '대만인'이라 하였다. 여기에는 강한 저항적 의미가 담겨 있다. 대만의 한족 거주민은 일본인과 대항하는 가운데 하카와 민난이라는 원래의 족군의식을 뛰어넘어 '대만인'이라는 새로운 족군으로서의 정체성을 갖게 된 것이다. 이렇게 전혀 새로운 '대만인'으로서의 의식은 과거 혈연이나 지연에 기초하여 형성된 족군의식과는 다르다. 이는 공동의 역사경험과 근대 시민의식에 기초하여 형성된 정체성 인식이다. 일본인을 타자로 하는 역사경험이 바로 대만인으로서의 의식을 형성하는 기초가 된 것이다. 일본통치시기 특별행정구에 거주하였던 산지 원주민은 분할통치의 영향으로 한족과 융화될 기회를 차단당했다. 그러나 보통행정구에 거주하였던 평푸족은 한화(漢化)가 가속화될 수밖에 없었다. 그리하여 전쟁 후 평푸족의 경계는 거의 사라지게 되었다. 이 시기에 한족간에 형성된 대만인의식은 전쟁으로 인해 가라앉기는 하였으나 전후에도 여전히 계승되었다.

5. 2·28사건: 성적갈등의 형성과 국가정체성 인식의 차이

1945년 일본이 전쟁에서 패하고 대만은 중화민국으로 편입되었다. 40만 명 가량의 일본인(내지인內地人)은 전부 본국으로 송환되었다. 그러나 이들을 대신하여 중국대륙에서 또 한 무리의 이주민이 들어왔는데, 제2차 대륙이주민은 대만사회에 다시 한번 큰 동요를 일으키는 요인으로 작용하였다. 이후 심각한 무력항쟁이 일어나게 되었을 뿐 아니라 대만의 중층적인 족군관계가 이들의 합류로 인해 더욱 악화되고 복잡해졌다.

1945년 말 대만주민은 식민지 해방과 조국으로의 반환을 열렬히 환영하였다. 그러나 중국대륙의 국민당정부가 파견한 행정장관 천 이(陳儀)를 중심으로 구성된 대만의 지방정부는 일본통치를 경험한 본성인의 충성심을 신뢰하지 못하고 그들을 정부조직 밖으로 배척하였다. 그외 중국에서 온 관료의 부패와 사병의 무질서, 치안악화, 물가폭등 등의 문제 또한 상당히 심각한 수준이었다. 그 결과 대만 주민은 대륙에서 온 외성인, 특히 관료·사병·경찰 등에게 점점 깊은 반감을 가지게 되고, 결국 이들간의 작은 충돌이 큰 혼란으로 이어졌다. 1947년 2월 27일 저녁, 타이베이 시내의 노변에서 담배를 밀매하던 여성이 전매청 밀매단속원에게 구타를 당하자 옆에서 지켜보던 사람들이 밀매단속원을 쫓아가 구타하였고, 이렇게 서로 추격하는 과정에서 단속원이 쏜 총에 시민이 피격당해 사망하였다. 다음날 민중들이 대만성정부 장관의 행정장관공서(行政長官公署)에 가서 항의하자 경비병이 발포하였고 많은 사상자가 발생하였다. 그후 타이베이 각지에서 폭동이 일어났고, 민중들은 라디오방송국을 점령하여 방송을 통해 모두 함께 폭정에 맞서 싸울 것을 호소하였으며, 동란은 대만 전역으로 번졌다. 폭동이 발생하자 대만의 지식인들은 '2·28사건 처리위원회'를 조직하여 국민당정부에 정치개혁요구를 제출하였다. 그러나 국민당정부는 그 요구를 무시하고 대만민중의 행동을 '공산당의 선동을 받은 반란'이라 규정하였다. 3월 8일 국민당정부가 파견한 증원부대가 대만에 도착해 각지에서 진압과 학살을 전개하였고, 많은 지식인들이 정보·치안기구에 의해 체포되거나 살해되었다. 5월에 사태가 진정되기까지 희생된 인명은 대략 1만 8천명에서 2만 8천명 정도로 추정된다. 이 충돌을 2·28사건이라 한다.[3]

이후에도 정부당국과 민간이 충돌하는 과정에서 외성인에 대한 대만민중의 불만이 폭발하여 외성인들이 길거리에서 구타당하는 사건이 빈

---

3) 何義麟 『二·二八事件——「臺湾人」形成のエスのポリティクス』, 東京: 東京大學出版會 2003 참고.

번히 발생하였다. 대만인의 정부에 대한 반감과 외성인에 대한 증오는 각종 폭력행위로 이어졌을 뿐 아니라 한편으로는 정치개혁운동으로 전환되었다. 대만주민의 이와 같은 분노는 역사적 경험의 차이에서 오는 가치관의 차이와도 분명 어느정도 관계가 있다. 대만 지식인들은 일본통치시기의 항일운동 경험을 통하여 대만인이라는 의식을 형성하게 되었는데, 이들은 국민당정부에 의해 불온분자로 간주되어 많은 사람들이 진압과정에서 살해되었다. 이들의 희생은 대만 지식인계층을 크게 뒤흔들어놓았을 뿐 아니라 일반민중들에게는 정치에 대한 공포감을 안겨주었다. 바로 이어 1950년대 이후 대만사회는 반공주의에 따른 수색·검거로 '백색테러'의 폭풍에 빠져들어 전체 주민이 극도로 심각한 국가폭력의 억압하에 놓이게 되었다. 그러므로 본성인과 외성인 간의 성적(省籍)갈등과 함께 국가정체성 인식의 차이 또한 매우 심각한 상황이었다.

1950년대 이후 오랜 시간 동안 2·28사건은 금기시되어 공개적으로 그에 대해 논평할 수 없었다. 1980년대에 이르러 대만의 민주화가 전개되면서 상황은 점점 바뀌었다. 1987년 '2·28 화평촉진회(二·二八和平促進會)'가 성립되어 공개적으로 사건의 진상을 밝힐 것과, 아울러 희생자의 명예를 회복해줄 것을 촉구했다. 1990년 정부는 진상조사단을 조직하여 조사에 착수하였고, 92년 조사단은 조사보고를 발표하였으며, 95년 2월 희생자 추모 기념비를 건립하였다. 준공의식에서 당시의 총통 리 덩후이(李登輝)는 정부를 대표하여 피해자 유가족에게 사과하고, 같은해 3월 입법원(立法院)은 '2·28 보상 및 처리 조례'를 통과시켰다. 96년부터 희생자와 피해자에게 보상금을 지급하기 시작했고, 97년 타이베이시는 2·28기념관을 설립하였다. 이렇게 사건 발발 후 50년이 지나서야 비로소 사건의 처리가 일단락되었다. 이 기간 동안 대만사회의 불만의 목소리는 모두 억압당하였고, 국가는 교육을 통해 끊임없이 '중국인의식'을 주입하였다. 비록 2·28사건의 후속 처리가 대체로 이미 완결되었다 하나, 본성인과 외성인의 성적갈등은 아직 완전히 해소되지 않았고, 대만인의식은 민주화가 진전됨에 따라 더욱 뚜렷해져갔다.

6. 4대 족군의 분류: 원주민, 민난인, 하카인, 신주민

일본이 전쟁에 패한 후 식민통치하에서 형성된 대만인의식이 점차 소멸할 수도 있었던 만큼, 사실 이 기회에 대만주민을 순조롭게 중국 국민으로 만들 수도 있었을 것이다. 그러나 국민당정부의 부패로 결국 2·28사건이 터지고, 이어진 진압과 학살은 대만인의식을 더욱 강화하는 계기가 되었고 중국을 인정할 수 없게 만들었다. 1949년을 전후로 국민당정부는 패하여 대만으로 퇴각하면서 150만에서 200만명에 이르는 군대와 민간인을 데려와 이들을 중심으로 외성인 통치집단이 형성되었고, 상대적으로 본성인은 대부분 보조 역할만을 담당하였다. 이러한 상황에서 본성과 외성 간의 성적갈등 문제는 당연히 더욱 심각해질 수밖에 없었다. 1960년대부터 70년대까지 대만경제의 고도성장으로 대만은 농업사회에서 공업사회로 이행하는데, 이러한 변화는 1980년대의 정치민주화를 촉진하였고, 그후 90년대 총통의 민선을 거치면서 대만은 완전한 민주국가가 되었다. 민주화의 발전은 대만의 대외관계에도 많은 변화를 가져왔고, 특히 대만사람들이 중국대륙을 자유롭게 출입할 수 있게 됨에 따라 대만 정부는 더이상 자신이 중국을 대표한다고 선언할 수 없게 되었으며, 그 주권이 미치는 범위는 오직 대만과 주변의 섬에 제한되었다. 또한 민주화과정에서 본성인은 정부를 비판하기 위해 더욱 두드러지게 대만인의식을 강조하며 족군을 동원하였다. 전체적으로 말하자면, 민주화의 발전이 가져온 가장 큰 변화는 바로 대만주민이 '중국인'이라는 허구적인 정체성 인식을 벗어나 대부분의 사람들이 우리는 '대만인'이라는 것을 큰 소리로 공언할 수 있게 되었다는 데 있다.

1980년대 이후의 민주화는 동시에 자유화도 가져왔다. 대만주민은 여러 가지 형식으로 각각 자신이 속한 족군의 권리를 주장하고, 아울러 자신의 문화와 정체성 인식을 존중해줄 것을 요구하였다. 예를 들어, 1980년대 중반 원주민 지식청년을 중심으로 성립된 '대만 원주민족 권리촉진회(臺灣原住民族權利促進會)'는 그러한 상징적인 의미를 지닌 단체이다. 촉진회는 '산지동포(山地同胞)'라는 명칭을 '원주민'으로 바꿀 것을 요구하였는데, 왜냐하면 그들은 자신들이야말로 대만에 가장 일찍 정착한 주민이라고 인식하였기 때문이다. 이에 더하여 촉진회는 '우리의 토지를 환원하라〔還我土地〕'라는 운동도 추진하였다. 몇년간의 원주민족운동의 추진으로 1992년 헌법수정회의에서 안건이 통과되어 '원주민'이라는 명칭이 정식으로 채택되었다. 그리고 곧이어 행정원은 '원주민족 사무위원회'를 증설하였고, 또 정부 출자로 '원주민 TV방송국'이 설립되었다. 비록 토지환원운동은 눈에 띄는 성과가 없으나, 어쨌든 이러한 구체적인 변화는 원주민의 복권운동에 분명한 진전이 있음을 충분히 나타내준다.

한편 전쟁 후 처음에 본성인으로 분류되었던 하카인은 1980년대 후반부터 '우리의 모어를 환원하라〔還我母語〕'는 주장을 내세우며 적극적으로 전통문화의 보존에 힘썼다. 운동이 전개되면서 하카전문 잡지와 라디오 및 TV 방송국이 차례로 개설되었다. 또한 원주민과 마찬가지로 행정원은 '하카 사무위원회'를 증설하고, '하카 TV방송국'을 설립하였다. 그런데 이러한 개별 족군의 재기(再起)를 통해 개별 족군의 권익보장이 더 확대될 수 있지만 한편으로는 이로 인해 새로운 대립관계가 부상할 가능성도 배제할 수 없다. 이에 대해 일부에서는 '4대 족군' 개념으로 대만의 족군관계를 설명하는데, 심지어 혹자는 '신(新)대만인'의 개념으로 4대 족군을 포괄하자는 주장을 제기하기도 한다. 어쨌든 이러한 새로운 개념어가 제시되는 것은 모두 다원화사회의 족군관계를 재구성하기 위한 일환이다. 이른바 4대 족군이란 바로 '원주민, 민난인, 하카인, 신주민(新住民, 외성인)'이다. 혹자는 4대 족군은 하나의 운명공동체라고 특별히 강조하여 말하기도 한다.[4] 비록 모두가 운명공동체와 신대만인과 관련한 논의에 대해 익히 들어왔지만, 그래도 '4대 족군'이라는 말의 사용빈도가 여전히 가장 높다. 10여년의 사회변천을 겪으며 4대 족군이 포괄하는 범위와 명칭에도 변화가 생겼다. 예를 들어, 오늘날 많이 언급되는 '신주민'은 대체로 외지 출신〔外籍〕 배우자 및 자녀를 가리키는 의미로 쓰인다(주로 중국대륙이나 동남아 출신이 결혼을 통해 대만으로 이주한 경우를 말하는데 여성이 대부분이다──옮긴이). 이들의 인구수가 이미 원주민을 넘어섰기 때문에 '제5족군'이라 불리기도 한다. 설사 그렇다 해도, 개인적인 견해로 말하건대 '4대 족군'의 개념은 여전히 대만을 이해하는 중요한 키워드라 생각한다.

7. 결론

4대 족군 관련 논의는 그 자체에 대만의 다민족·다언어·다문화를 내포하는 정치적 논술이다. 이를 광범위하게 운용하는 사람도 있지만, 이에 대해 부정적인 평가를 하는 사람도 있다. 사실 이는 대만사회의 최대공약수이므로 우리는 그 의미를 중시하지 않을 수 없다. 다족군사회에 직면하여 혹자는 '신대만인'의 개념을 제창하는데, 그 기본이념 또한 대만이 다민족 사회임을 인정하고 나아가 4대 족군은 반드시 공존을 통해 발전을 추구해야 함을 강조하는 데 있다. 만약 모두가 '대만은 다민족사회이고 모두 평등하게 공존해야 한다'는 데 찬성한다면 대만섬의 주민을 대만인이라 부

---

4) 이와 관련한 문제는 王甫昌 「臺灣 「族群想像」之起源: 「本省人」/「外省人」族群意識形成過程」,『當代臺灣社會的族群想像』, 臺北: 群學 2003 참고.

르는 것은 자칭이든 타칭이든 지극히 당연한 것이다.

오랜 역사적 발전을 거쳐오면서 형성된 현재의 대만인의식은 이제 족군으로서의 정체성 인식이 아니라 국가정체성 인식이다. 그러므로 대외관계에서 대만은 언제나 중국의 도발에 직면한다. 물론, 대만인의식이 고정불변하는 것은 아니다. 국제정세의 변화에 따라 국가정체성 인식의 측면을 지니는 대만인의식 역시 다시 변할 수 있고, 다시 중국을 조국으로 받아들일 수도 있다. 왜냐하면 족군의식이나 국가정체성 인식이란 가변적인 것이기 때문이다. 이 점은 대만의 역사발전과정에서 이미 증명되었다. 최근 많은 학자들이 대만의 한족사회가 역사적으로 장기간 핑푸족과 혼거하며 형성되었다는 점을 강조하는데, 이러한 주장은 중국을 향한 구분짓기에 지나지 않는다. 사실 이와 같은 주장은 민주화 이후에야 비로소 광범위하게 유행하였는데, 이는 민족주의자(國族主義者)의 일종의 선택적 기억으로, 어느 단계에 가면 또한 선택적으로 잊혀질 수 있는 기억이다.

요컨대, 중국대륙 한족과의 차이를 강조하기 위하여 대만인과 핑푸족의 융합의 역사가 주목을 받게 된 것이다. 대만인의식을 지니고 있는 사람들은 대개 이주·개간의 역사에서 한족과의 관련을 약화시키고 남도문화의 요소를 강조한다. 대만이 다민족·다문화의 사회라는 담론은 최근 이미 주류가 되었음을 우리는 알아야 한다. 그런데 이러한 주류가 어떻게 형성되었는지 그 역사적 맥락 또한 반드시 이해해야 한다. 대만의 민주화와 자유화는 2·28사건으로 형성된 성적갈등을 점점 완화시키게 되는데, 이와 동시에 이른바 '4대 족군'의 담론이 부각되었다. 그리고 이 새로운 족군관계가 어떻게 등장하게 되었는지 그 역사적 맥락에 관해서는 반드시 '두개의 문화권, 삼대 구역, 사대 족군'이라는 세개의 키워드를 통해야만 비로소 충분히 이해할 수 있다. 만약 대만의 족군관계를 충분히 이해할 수 있다면 대만의 전체적인 윤곽을 파악할 수 있을 것이라 믿는다.

[번역: 안소현]

민주화와 본토화의 이중주[*]

양태근

　대만을 이해하는 데 있어 시기적으로 1980년대 이후를 상징적으로 대표하는 개념이 바로 본토화(本土化)라고 할 수 있다. 본토화는 대만의식이 실제 정치·사회제도 등 각 분야에 초래한 직접적인 변화를 의미하는 것으로, 이 본토화의 역사적 맥락을 파악할 수 있다면 우리는 대만사회가 가진 복잡다단한 정치구조와 성격을 좀더 명확하게 이해할 수 있을 것이다.

　이러한 대만의식과 본토화의 요구를 이해하기 위해서는 우선 일제시기 중국인일 수도 없고 또한 일본인도 될 수 없었던 역사적 환경 속에서 대만의 주체성을 찾기 위한 대만인들의 노력이 대만의식의 성장과 본토화의 첫걸음이었음을 이해할 필요가 있다. 1945년 일본의 패전으로 대만은 조국 중화민국에 귀환된다. 그러나 공산당과 격전을 치르고 있던 국민당의 고압적인 통치와 수탈 등으로 대만인들의 불만이 고조되다가 1947년 2월 28일 외성인들과 국민당이 파견한 대만성정부에 대한 항의과정에서 격

---

* 이 글은 양태근·구패훤 「민주화와 본토화의 이중주—대만의식과 대만 사회운동의 성장과정」, 『중국근현대사연구』 제55집(2012.9)을 수정 보완한 것이다.

렬한 충돌이 발생하게 된다. 이에 대한 국민당의 대대적인 대만 지식인 숙청작업으로 인해 대만인들은 국민당정권과 외성인을 가해자로 인식하게 되었으며, 이는 결국 일부 대만인들이 일제 식민지배와 국민당 독재를 동일시하는 결과를 낳았다. 특히 장 제스(蔣介石, 1887~1975), 장 징궈(蔣經國, 1910~88)를 거치며 국민당 장기독재가 진행되던 시절, 학교에서 대만어를 사용할 수 없게 하는 등의 강압적인 통치와 정책적 억압은 대만인들 사이에 심지어 일본의 식민지배가 국민당의 식민지배보다 나았다는 인식을 만들어내게 된다. 이렇게 내재되고 표출되지 못하던 대만의식이 1970년대 향토문학을 통해 재발견된 것은 대만 사회와 역사의 분수령이라고 볼 수 있을 것이다. '향토'와 '본토'는 대만문학에서 일제 식민지배와 국민당 독재통치를 통해 억압되어온 대만에 대한 새로운 발견과 대만의식의 주체적 성장을 실질적으로 보여주었으며, 그들이 추구한 대만의식의 성장은 곧이어 대만 민주화의 진행과 더불어 본토화라는 실질적인 성과를 이루어내게 된다. 그러나 '과연 대만의식과 본토화의 귀착점이 어디인가?'에 대해서는 여전히 대만 내부에서 논의가 진행 중이다. 이러한 논의의 중심에는 본성인과 외성인이라는 충돌점이 존재하며, 이 문제의 해결이 결국 대만사회가 화해와 화합의 길로 갈 수 있는가를 판가름할 것이다.

물론 1980년대 이후 대만을 이해하기 위해서는 대만이라는 지역적 특수성에 대한 이해를 기반으로 대만 내부와 외부에서 진행된 민주화 요구와 본토화 요구, 즉 '대만인의 대만'이라는 사회·문화·정치적 요구 역시 살펴봐야 한다. 또한 이러한 민주화와 본토화가 국민당 내부에서 진행될 수밖에 없었던 당시 국제 및 국내 정치상황에 대한 다양하고도 동시적인 고찰 역시 필요하다고 하겠다.

그러나 무엇보다 중요한 것은 '대만 스스로 어떤 길을 개척해나갈 것인가?'라는 질문에 함축적으로 내재된 그들의 미래이다. 그들의 힘들었던 역사보다 앞으로 걸어가야 할 길이 더욱 중요하기 때문이다. 이 글에서는 진정한 민주화의 가치 실현이 이러한 논의들을 더욱 의미있게 만들 것이라고 본다. 그런 의미에서 이 글은 대만의 정치·사회 전반에서 진행된 민주화운동과, 본토화를 향해 가는 과정에서 필연적으로 발생하는 본성인과 외성인의 분열과 충돌, 그리고 대만의 미래를 향한 노력의 과정들을 이해해보려고 한다. 1970년대 레이 전(雷震)의 민주화와 새로운 국가 건설을 통한 본성인과 외성인의 화합 주장이나, 다양한 가치의 포용을 바탕으로 새로운 대만 문학과 문화를 재창조하자는 예 스타오(葉石濤)와 최근 천 팡밍(陳芳明)의 주장은, 민주화와 본토화가 어떻게 함께 조화를 이룰 수 있는지를 잘 보여준다. 또한 이들과는 대척점에 서서 미국 같은 제국주의문화의 영향과 본토화를 비판해온 천 잉전(陳映眞)의 활동은 우리에게 대만사회의 다양한 목소리를 들려준다. 마지막으로 정치적으로 본토화와 민주화를 이용했던 일부 정치인들과, 이들에 대한 비판과 반성을 주도하면서 '진보적 본도〔進步本上〕'와 정의로운 민주를 추구하기 위해 노력하는 지식인들을 통해 우리는 대만의 현재뿐만 아니라 미래에서도 여전히 민주와 본토라는 목표가 열린 선택지라는 것을 이해할 수 있을 것이다.

이러한 논의를 진행하기에 앞서 민주화와 본토화에 대한 분류작업이 필요하다. 대만사회 내부에서 억압되었다가 분출한 민주화와 본토화 요구가 사회·문화운동으로 작동한 측면과, 대만 정치권에서 정권 유지와 일부 당파의 이익을 위해 이용된 측면을 시기적으로 주의 깊게 나누어 보아야 한다는 것이다. 향토문학·본토문학의 주장과 민주화 요구들이 자발적인 운동이었다면, 이러한 사회·문화적 저변 확대를 바탕으로 정치권으로 확대된 본토화 주장과, 이를 받아들인 정책적 집행시기는 나누어 볼 필요가 있다. 비록 정책적 본토화의 집행이 리 덩후이의 금권주의, 천 수이볜의 개인 부패 같은 정치적 실패로 그 의미가 바래기는 했지만 실질적인 영향은 지대했다는 사실 또한 구분해서 볼 필요가 있을 것이다. 사회적 운동으로서의 '향토'와 '본토'가 정치적으로 이용되면서 그 순수성이 정치인들에 의해 이용되고 굴절되었던 것은 대만 본토화 진영의 천 팡밍, 우 루이런(吳叡人) 등의 지식인들에 의해 비판과 반성을 요구받았다. 이렇듯 지식인들이 정치인들에게 비판과 반성을 요구하고, 특히 이러한 자기반성을 통해 '진보적 본토'를 추구하고 있는 현재 대만의 현실은 민주와 진보의 사회적 역량이 새로운 사회·문화적 변화를 어떻게 만들어가는지에 대한 실질적이고 구체적인 사례일 것이다.

1. 대만 미래 자결원칙과 민주화해의 기대

1) 유엔 퇴출과 대만 자결원칙의 제출

1971년 10월 25일 유엔 2758호 결의문[1]은 장 제스 정권을 그들이 불법적으로 중국을 대표하여 점유하고 있는 유엔과 관련된 모든 지위에서 축출하고 중화인민공화국의 권리를 승인하였다. 이러한 국가적 위기상황하에 1971년 12월 29일 대만 기독교장로교회는 국민당 정보당국의 압박에도 불구하고 「국시에 대한 성명과 건의(對國是的聲明與建議)」[2]를 발표한다. 이 간략한 성명의 주요 내용은 첫째, 닉슨 대통령의 중국 방문을 앞두고 중공과 담판을 통해 대만의 장래를 결정하려는 것은 대만을 팔아먹는 것과 다를 바 없으며, 어떠한 나라도 대만인의 장래를 대만인 대신 결정할 수 없고, 대만인의 장래는 대만인이 결정해야 한다[自決]는 것이었다. 둘째, 국제정세의 변화에 따라 대만의 가치를 높이기 위해서 20여년 전 대륙에서

---

1) 이와 관련한 원문 "Restoration of the lawful rights of the People's Republic of China in the United Nations"는 이곳에서 볼 수 있다. http://www.un.org/documents/ga/res/26/ares26.htm

2) 원문은 http://www.laijohn.com/PCT/Statements/1971-fate.htm에서 볼 수 있다.

뽑힌 중앙민의대표들을 대만 실정에 맞게 새롭고 전면적인 선거를 통해 뽑아야 한다는 것이었다. 이 문안의 작성은 당시 대만 성공회, 루터교, 감리교, 천주교 등 여러 교단이 함께 논의하였으나 결국은 다들 참여를 포기하고 장로회 단독으로 발표하게 된다. 이 문건은 당시 대만인의 우려, 즉 과거 청조가 대만을 일본에 넘긴 것처럼, 또 일본이 대만을 국민당정부에 넘긴 것처럼 대만인들의 의지와는 상관없이 그들의 운명이 중화인민공화국과 미국에 의해, 혹은 국민당에 의해 결정될지도 모른다는 우려를 보여준다. 또한 두번째 요구에서 보듯 대만지역 내에서 자유선거로 기존의 만년국회(萬年國會, 국민당이 대만으로 퇴각하기 전 중국대륙에서 선거로 뽑힌 국회의원들이 전란 중이라는 명목으로 선거 없이 계속해서 의원 자격을 유지하는 국회)를 폐지하자는 것은 민주선거를 통해 법리적으로 대만의 독립을 요구하는 것과 궤를 같이한다고 볼 수 있다. 결국 이러한 요구들은 모두 대만인의 자결권과 민주화를 통한 독립의 길을 상정하고 있음을 알 수 있다.

2) 민주화를 통한 본성인과 외성인 화해의 기대

이 시기 대만인들의 우려에 대해 1960년대에 잡지 『쯔유중귀(自由中國)』를 통한 당 건립 시도로 10년간의 수감생활을 마치고 1970년 9월에 출옥한 레이 전은 1972년 1월 '중화대만민주국'(Democratic State of China-Taiwan)이라는 새로운 국가의 건립을 제언한다. 그는 새로운 국가의 명칭이 한편으로 중화민국을 계승하고 또 한편으로 일본침략에 대항하던 대만민주국(臺灣民主國)의 명칭을 계승한다면, 향후 대만인의 대만독립 주장을 미연에 방지할 수 있을 뿐만 아니라 중화인민공화국의 위협에도 대응할 수 있다는 주장을 담은 「망국에서 생존을 모색하며〔救亡圖存獻議〕」를 장제스, 장 징궈 등에게 보낸다. 그의 이러한 주장은 바로 대만역사에서 처음으로 외성인과 본성인이 민주화와 반대당 건설에 합의하고 함께 노력하였

82

던 시절, 대만 민주화운동진영이 민주화라는 보편타당한 원칙에 입각하여 대만인과 외성인의 분열을 막아보려는 진솔한 화해의 제언이었다. 이 편지에서 레이 전은 야당과 신문사 설립의 자유를 포함한 전면적인 민주화를 촉구하였으며 정부 부정부패 척결, 군사경비 절감 및 전면적인 경제건설을 주장하였다. 그러나 레이 전은 두개의 중국, 즉 중화인민공화국과 중화대만민주국의 병립을 지지하면서도 이른바 대만독립을 주장하는 '대만공화국'에 대해서는 반대의 입장을 명확히 밝히고 있다. 만약 대만독립을 주장하면 대만은 대륙인과 대만인으로 나뉘어 서로 다투게 되고 결국은 중국공산당에게 합병될 기회를 만들어줄 것이기 때문이라고 주장했다. 레이 전의 이와 같은 인식, 특히 대만인과 대륙인으로 나뉘어 다투게 된다는 관점은 2·28사건 이후 대만 내부에 존재하던 본성인과 외성인 문제를 지적한 것으로, 1980년대 이후 대만의 본토화와 민주화가 진행되면서 본성인과 외성인, 독립파와 통일파로 분열되는 내부적 분쟁을 볼 때 선견지명이라고 할 수도 있을 것이다.

그러나 그가 고민했던 민주화 요구와 '중화대만민주국'이라는 타협안은 반공대륙(反攻大陸)이라는 미명 아래 장 제스–장 징궈로 이어진 국민당 일당독재체제 유지의 목표와는 부합할 수 없었다. 또한 대만독립을 요구하는 대만인들에게도 이러한 타협안은 결코 받아들여지기 쉽지 않았을 것이다. 즉 대만인의 사회적 요구에 부응하지도 못했고 또한 당시 정치권력의 요구에도 어긋났던 레이 전의 주장은 결국 실패할 수밖에 없었다. 이러한 실패는 타협과 절충이 결코 용납되지 않는 당시 정치·사회적 상황의 결과였을 것이다. 그러나 이러한 주장이 우리에게 시사하는 것은 1970년대 초 이미 대만인의 대만독립 주장이 상당히 중요한 정치·사회 문제로 인식되고 있었다는 사실이다. 이러한 사회적 요구가 강압된 당시 대만사회에서 영향력을 확대하면서 본토화와 민주화에 대한 요구로 합류되고 고조되었다고 보아야 할 것이다.

2. 대만의식의 확산과 본토화

1) 향토문학과 대만의식

1960년대 『쯔유중궈』와 레이 전 등이 주도했던 민주화운동을 대륙에서 국민당과 함께 철수해 온 자유주의운동과 대만 본토 정치인물들의 결합이었다고 본다면, 70년대는 민주화운동의 주도권을 대만 출신들이 가지게된 시기라고 평가할 수 있다. 1970,80년대 이르러서 우선 국민당에 대항하던 당외(黨外, 정당조직이 불법인 시기 국민당 반대운동권을 가리킴), 메이리다오(美麗島, 동명의 잡지사를 통해 정당 조직을 기도하였으나 관련자들이 체포되어 공개심판된 사건으로 향후 대만 민주화운동의 가장 중요한 이정표가 됨), 민진당(民進黨, 민주진보당. 국민낭 반내운동의 수많은 정파들이 결합하여 탄생시킨 야당으로 2000년에 천 수이벤을 통해 정권 획득에 성공함)을 통해서 우리는 대만의 본토화와 민주화, 그리고 대만독립운동의 연관성을 볼 수 있다. 본토화와 대만독립운동은 민주화라는 거부할 수 없는 흐름 속에서 함께 성장하였다. 이러한 대만의식의 성장과 저변의 확대에는 '향토문학' 논쟁이 효시적인 역할을 하게 된다.

향토문학과 관련해서 예 스타오가 1965년 발표한 「대만의 향토문학(臺灣的鄉土文學)」을 대만에서 향토문학에 대한 관심과 호응을 새롭게 이끌어낸 시발점으로 보는 것은 커다란 무리가 없다. 그러나 이와 함께 우리가 관심을 기울여야 할 것으로 1967년 1월 천 잉전이 『원쉬에지칸(文學季刊)』에 발표한 「탕쳰의 희극(唐倩的喜劇)」이 있다. 천 잉전은 당시 대만에서 유행하던 현대주의의 배후에는 미국식 가치관이 있으며 이러한 지식생산의 통로를 통해 대만이 미국을 대표로 하는 서구문화의 부속품이 되어가고 있음을 강력하게 비판했다. 이를 통해 우리는 문학영역에서 한편으로는 대만 내부 자신에 대한 탐구와 또 한편으로는 세계적 구도에 대만이 하부구조로 편입되는 것에 대한 고뇌가 진행되었음을 알 수 있다.

하지만 실질적으로 향토문학이 가장 커다란 주목을 받게 되는 것은 1977년 5월 예 스타오가 『샤차오(夏潮)』에 「대만향토문학사도론(臺灣鄕土文學史導論)」을 발표하고, 천 잉전이 이에 대해 같은해 6월 『타이완원이(臺灣文藝)』에 「향토문학의 맹점〔鄕土文學的盲點〕」을 발표하면서부터이다. 이로써 이른바 '향토'에 대해 서로 다른 입장들이 본격적으로 충돌하게 된다. 예 스타오는 대만의 향토문학은 마땅히 대만을 중심으로, 대만의 입장에서 세계를 바라보는 작품이어야 하고 작가가 확고부동한 '대만의식'을 가지지 않으면 대만문학은 '망명문학(亡命文學)'이 될 것이라며 대만의식의 중요성을 강조했다. 하지만 이에 대해 천 잉전은 대만인의식은 일본제국주의 침략으로 생성된 시민계급 의식이며 이러한 의식을 계속 발전시켜 나간다면 결국은 대만 자신의 문화민족주의로 발전하면서 중국에서 분리되어나갈 것이라고 비판하였다. 이러한 충돌을 현시점에서 돌아보면 대만의식의 발전방향에 대한 천 잉전의 분석은 정확히 대만의식의 발전방향을 짚어내고 있음을 알 수 있다. 이러한 논쟁은 결과적으로 당시 대만이 처한 외교적 고립과 망국의 위기 앞에서 지식인들의 중국의식과 대만의식의 혼재상황을 그대로 보여주었다. 대만의 생존이 가능해야만 중국의 미래가 가능하다는, 그래서 적어도 당시의 지식인들에게는 대만의식과 중국의식이 서로 보완하고 보충되는 것으로 여겨졌다는 것은 중국의식의 하부구조로서 대만의식을 인지한 것으로, 향후 대만의식의 성장으로 야기될 분쟁이 적어도 이 시기에는 아직 두드러진 주요 의제는 아니었음을 알 수 있다.

그러나 이러한 논쟁의 가장 중요한 의의는, 당시 중화민국이 미국 주도하에 유엔에서 축출된 것이 계기가 되어 촉발된 반서구화(反西化)와 반제국주의운동의 일환으로서 '뿌리찾기'운동으로 시작된 향토문학이 1930년대 일제시기 대만 향토문학의 기억과 결합하면서 '진정한 대만은 무엇인가?'라는 질문을 던지게 한 것이었다. 결국 향토문학이 80년대 본토화, 대만인의 신분과 역사, 그리고 독립으로 이어지는 연결고리를 만들었다고 볼 수 있을 것이다.

1970년대 대만사회는 국제적 고립과 국가 존립의 위기로 인해 다분히 민족주의적·애국주의적인 색채가 농후해진 환경 속에서 새롭게 대(大)중국주의와 대만민족주의의 사상적 충돌과 조합을 둘러싼 다양한 지식·문화·사회적 스펙트럼을 드러내기 시작한다. 향토를 둘러싼 개념 정립과 비판 등을 통한 논쟁의 확산과 분열의 복잡다단한 과정은 향후 대만의식과 중화의식의 대립, 독립파(獨派)와 통일파(統派)로 나뉘는 대만사회의 수많은 문화적·정치적 분화를 미리 보여주었다고 하겠다.

2) 본토문학 논쟁과 정책적 본토화의 시작

향토문학 논쟁을 거치면서 대만사회는 드디어 향토 본토·대만외식 같은 문제의식이 사회 전반으로 확대되는 전기를 맞이하게 된다. 이러한 대만본토의식의 전면적인 발전에 메이리다오 사건의 공개재판이 가장 주요하게 영향을 미쳤음은 의심의 여지가 없다. 그러나 대만문학이 80년대에 확고한 영향력을 가지게 된 것은 대만문학이 중국문학의 '주변문학'일 뿐이라는 논의에 대한 비판과 반대를 통해 대만문학 개념의 확산과 저변의 확대를 가져왔기 때문이다. 『원쉬에제(文學界)』1982년 1월호에 게재된 예 스타오의 「대만소설의 전망(臺灣小說的遠景)」에서 언급된 것처럼 "전통, 본토, 외래에서 온 각종 문화와 가치의 정합을 통해 풍부한 독창성(originality)을 갖춘 소설을 기대"하는 식의 논의는, 1984년 천 잉전과 천 팡밍의 중국의식과 대만의식 논쟁을 거치면서 거대담론으로 발전한다. 이 논쟁은 결과적으로 대만의식의 자주성과 본토화가 되돌릴 수 없는 대만사회의 발전방향임을 여실히 보여주게 된다. 그러나 천 잉전은 반제국주의 좌파사상에 기반한 중국의식을 내세우며, 대만의 대만의식이 분리주의적이며 결과적으로는 제국주의의 하부구조로서 자본주의적인 발전방향으로 흐르고 있다고 냉철한 비판을 가하였음을 기억할 필요가 있다.

1980년대 대만의식과 대만본토문학 관련 논쟁들이 일어난 때는 대만의 문학과 정치, 사회의 분위기가 본토화라는 거대한 흐름으로 바뀌어간 시기와 겹친다고 볼 수 있다. 이러한 논의는 결국 대만의 국가위상 및 국제지위와 밀접한 관계가 있으며, 민주화의 점진적인 진행과 더불어 대만의식과 본토화 요구는 점차 80년대 이후 대만사회를 정의할 수 있는 영향력을 가지게 된다. 이러한 변화는 대만사회에 내재하던 이른바 본성인과 외성인이라는 뿌리 깊은 구조적 원인에 기인한 것으로, 2·28사건을 비롯하여 국민당의 강압적인 독재를 통해 억압되어 있던 것이 점진적인 민주화를 계기로 분출하기 시작한 것으로 보아야 할 것이다.

80년대 초반 메이리다오 사건 등으로 민주화과정이 잠시 주춤하였지만, 1986년 9월 28일 민진당의 성립(과 국민당의 암묵적 용인), 1987년 7월 15일 계엄령 해제, 국가안전법 실시, 11월 2일 중국관광 및 친척방문 허용 등 일련의 민주화조치를 통해 대만은 전면적인 민주화시대로 진입한다. 1988년 1월 1일 언론사 설립 금지명령 해제까지 기본적인 민주화 요구를 대대적으로 수용한 국민당은 1월 13일 장 징궈의 갑작스러운 사망으로 당시 부총통이던 본성인 출신 리 덩후이가 총통직에 취임하게 된다. 1970,80년대 대만의 경제성장과 정치민주화 요구를 수용한 장 징궈의 갑작스러운 죽음은 절대권력에 갑작스러운 공백을 낳았으며 그간의 장 징궈 나름의 민주화계획의 중단을 가져왔다. 한편, 국민당 내부에 자신의 권력기초를 제대로 갖추지 못했던 리 덩후이 총통은 자연스럽게 본성 출신 초대 총통이라는 지위를 십분 이용하여 지속적인 민주화를 진행하였고, 1996년 대만 최초 민선 총통에 당선되면서 성공적인 대만 민주화와 전면적인 본토화작업에 박차를 가하게 된다. 이러한 정책적인 본토화작업은 사회운동으로서의 본토화와 구별되는 것이지만, 그 영향력 면에서는 상당히 중요한 역할을 한 것도 주지의 사실이다. 또한 이러한 본토화작업은 당시 민진당의 수많은 민주화 요구를 수동적으로 수용하면서 동시에 진행된 것으로, 이를 바탕으로 90년대에 들어 정책적 민주화와 본토화의 시기가 도래한 것으로 볼 수 있을 것이다.

3. 본토화와 민주화의 이중주: 진보적 본토와 민주의 미래

1) 민주화와 독립 그리고 신분

1980, 90년대 민주화 물결이 대만사회에 넘쳐나면서 대만사회는 수많은 변화를 겪게 된다. 이 절에서는 다음의 사건에 주목하여 논의를 시작하려 한다. 본도회와 민주화의 진행과정 중에서 정 난룽(鄭南榕, 1947~89)을 언급할 수밖에 없는 것은 이 사건이 대만 민주화와 본토화 진행이 가진 문제점들을 극명하게 보여주기 때문이다. 정 난룽은 당외운동 시절부터 급진적인 대만독립운동을 진행하였으며 리 아오(李敖), 천 수이볜과 함께 1984년 3월 12일 창간된 주간(週刊) 『쯔유시다이(自由時代)』를 운영하며 대만 민주화운동에 중요한 역할을 수행하였다. 1988년 12월 10일 쉬 스카이(許世楷)의 「대만공화국헌법초안(臺灣共和國憲法草案)」을 『쯔유시다이』에 게재하고 결국 이 사건으로 인해 반란죄로 기소된다. 정 난룽은 이에 대한 항의로 검찰조사에 불응하며 『쯔유시다이』 사무실에서 장기간 투쟁 중에 결국 1989년 4월 7일 자신을 구속하기 위해 나타난 경찰들과 대치하다 분신 자결한다.

정 난룽은 대단히 급진적인 대만독립을 주장하였다. 처음부터 민진당에 가입하지 않았고 민진당에서도 그의 급진적인 대만독립 주장과는 거리를 두었다. 심지어 민진당 신조류(新潮流) 계통의 우 나이런(吳乃仁)은 외성인 출신 정 난룽을 국민당의 첩자라며 비판하기도 했다.[3] 이러한 이유로 정 난룽의 투쟁과 분신 과정에서 민진당은 어떠한 도움도 주지 않았지만, 그의 자결 후에는 자신들의 행태를 반성하며 정 난룽을 민진당의 정신당원(精神黨員)으로 추모하게 된다. 당시 정 난룽의 미망인이자 민진당 집권 후 행정원 부원장을 지낸 예 쥐란(葉菊蘭)은 "그의 죽음은 언론자유의 문제이면서 독립건국의 문제이기도 했다. 많은 이들이 그에게 있어서 '대만 건국열사'와 '언론자유를 위한 희생' 중에 무엇이 더 중요했냐고 묻겠지만, 나는 그 두가지가 나뉠 수 있다고 보지 않는다"[4]라며 그를 추모한다.

이것은 결국 우리에게서 '민주화와 대만독립, 어떤 것이 더 중요한가?' 같은 논의를 이끌어내게 되고, 더 근본적인 문제, 즉 본성인과 외성인 문제를 제기한다. 민진당이 애초에 정 난룽과 거리를 둔 것은 그의 혈통, 즉 신분이 외성인이었다는 점이 핵심일 수 있다는 사실을 간과해서는 안된다. 앞서 언급한 레이 전은 대만독립의 길을 걷게 되면 본성인과 외성인의 분쟁으로 인해 결국은 중국공산당이 어부지리를 얻을 것을 우려했다. 이것이 현실화되어가는 것은 아닐까? 민주화라는 기본 명제가 이른바 대만의식, 본토화, 대만독립과 건국으로 향하게 되면 결과적으로는 대만을 대만의식과 중국의식으로 나누어버리지는 않을까? 심지어 본성인으로 구성된 본토정권의 수립은 이제 반대로 중국의식을 가진 소수의 외성인과 본성인, 그리고 선후의 차이는 있지만 결국 중국에서 이주해 온 사람들인 하카인(客家人) 본성인, 외성인과는 달리 민족적으로 구분되는 대만 원주민인 남방계 소수민족들에게까지 대만의식을 강요하게 되지는 않을까? 이러한 의문과 우려는 결국 대만독립을 주장하는 일부 급진파들이 '푸젠계 쇼비니즘'(福佬沙文主義, 사실상 본성인 쇼비니즘)으로 비판받는 중요한 원인이 된다.

---

3) 江蓋世『我走過的臺灣路』, 臺北: 前衛 1998, 94~95, 150면.

4) 葉菊蘭「他不曾離開這個圈子」, 臺北二二八紀念館 編『鄭南榕的生與死活動手冊』, 1998.

이에 대해 당시 당외운동과 민진당의 원로인 황 신제(黃信介)는 민주화와 대만독립의 관계에 있어 "대만독립을 제창할 필요가 없다. 민주를 이루어낼 수만 있다면, 총통과 중앙민의대표 전부를 정기적으로 직접선거로 뽑을 수 있다면, 이미 대만독립을 이룬 것과 같기 때문이다"[5]라고 정리한다. 즉 민주화가 충분히 이루어진다면, 비록 법리적이고 선언적인 대만독립을 실현하지는 못하더라도 실질적인 민주정부를 가지게 되면, 그것으로 이미 독립국가를 건설한 것이라고 본 것이다. 그러나 과연 이러한 형식적인 민주화의 실현이 본성인, 외성인, 원주민 같은 신분과 혈통의 문제를 해소할 수 있을까?

2000년 야당인 민진당이 정권교체를 이루면서 형식적으로 민주화가 이루어졌음에도 신분과 혈통에 기반을 둔 본성인과 외성인, 원주민 등의 문제뿐만 아니라 민주화의 심화문제(민주화를 주창하던 민진당의 부패척결을 포함한) 등은 여선히 대민사회가 풀어가야 할 과제로 남아 있다. 즉 형식적인 민주체제 건설보다 사회 전반의 공정성 확보와 민주의식 제고가 향후 대만 정치와 사회의 가장 근본적인 문제로 대두했음을 기억할 필요가 있다.

2) 정책적 대만 본토화의 진행

대만에서는 독재권력에서 민주정당으로의 정권교체가 리 덩후이라는 중간매개체적 정권[6]을 통해 비교적 순조롭게 진행되었다. 본성인이며 공

---

5) 黃華「我永遠感念的堂兄恩師」,『民主老先覺: 黃信介紀念文集』, 臺北: 民進黨中央黨部 2000, 130~31면.
6) 리 덩후이 정권의 이와 같은 성격을 긍정적으로 평가하면서도 민진당 주석을 지냈던 쉬 신량(許信良)은 리 덩후이 총통이 민진당이 제시한 개혁주장을 훔쳐 자신의 업적으로 만들었다고 비판하고 있다. 許信良『挑戰李登輝』, 臺北: 新新聞 1995, 88, 70면.

산당 참여전력이 있던 리 덩후이는 국민당 내부에서 장 징궈에 의해 최고 권력에 다가갈 수 있었으며 자신의 총통임기 중에 여섯번의 개헌작업을 통해 성정부를 폐지하고 민선 총통선거를 통해 총통에 당선되기도 했다. 리 덩후이는 이러한 민주화와 개혁 과정에서 민진당의 요구에 수동적으로 대응하면서 자신의 권력기반을 공고히 하기 위해서 이른바 '검은돈 세력(黑金)'이라고 불리는 지방토호 세력들과 손을 잡는 등 여전히 구시대적 행태를 보였다. 그럼에도 본성인 출신이라는 점에서, 또한 민진당 등이 주장하는 민주화 요구를 수용하였다는 점에서, 집권 후반에는 대만독립노선에 좀더 가까워졌다는 점에서, 또한 평화적으로 야당인 민진당으로 정권교체를 이뤘다는 점에서 일부 민진당과 대만독립운동 진영에서 긍정적인 평가를 받고 있다.[7] 더군다나 국민당을 탈퇴하고 대만단결연맹을 통해 민진당과 대만독립노선에 적극적인 호응을 보내기도 하는 등, 그의 정치행보는 결국 대만의식의 강화와 본토화에 귀결되었다.

대만에서 정책적으로 실행된 일련의 본토화 관련 논의는 적어도 1988년 리 덩후이 총통시대부터 2008년 천 수이볜 총통의 퇴임까지 20여년간 비교적 집중적으로 진행되어왔다고 할 수 있다. 물론 장 징궈 시절 이른바 대만화 역시 광의의 본토화라고 볼 수도 있겠으나 본토화의 파급효과와 영향을 볼 때 리 덩후이와 천 수이볜 총통시절로 좁혀 보는 것이 좀더 적당할 것이다. 이러한 본토화는 민주화의 정치적 요구와 함께 대만사회가 중국의식에서 벗어나 대만의식을 받아들이는 데 절대적으로 기여했음은 의심의 여지가 없다. 이와 관련한 예로 대만 국립정치대학 선거연구센터(政大選研中心)에서 장기적으로 진행하고 있는 대만인과 중국인, 독립과 통일 혹은 현상유지 등과 관련한 의식조사에 따르면, 자신을 대만인이라

---

7) 심지어 천 수이볜은 리 덩후이에 대해 12년 집정기간 동안 대만의 첫번째 민주화업적을 볼 때 "대만 민주개혁의 아버지"라고 평가하기도 했다. 陳水扁『世紀首航』, 臺北: 圓神 2001, 71면.

고 여기는 비율이 지속적으로 증가하고 있다는 것을 알 수 있다. 2007년에는 자신이 대만인이라고 응답한 사람이 43%, 중국인이라고 응답한 사람은 겨우 5.4%였고, 2010년 6월에는 각기 52%, 3.8%였다. 또한 대만인이기도 하고 중국인이기도 하다고 응답한 사람 역시 2007년 44.7%에서 2010년 40.4%로 줄었다.[8] 이러한 정치적·사회적 변화를 지켜보면 황 신제가 언급한바 대만독립을 주창할 필요 없이 실질적인 민주화를 완성하면 그것이 대만독립과 같다고 보는 견해가 어떻게 실질적인 대만독립노선으로 귀결될 수 있는지를 확연히 이해할 수 있다. 즉 민주화를 통해 대만인의 대만의식이 자연스럽게 제고되면 결국 실질적인 독립을 이루게 된다고 보는 것이다. 물론 리 덩후이와 천 수이볜 총통을 거치면서 대규모로 진행된 본토화 정책이 결과적으로는 대만의식 고취와 대만민족주의 확산을 통한 실질적인 대만독립을 향하고 있다는 사실 역시 이와 궤를 같이한다고 볼 수 있을 것이다.

대만 본토화와 관련한 정책들을 보면 우선 1990년 리 덩후이 총통의 6년 임기가 확정되고 그 정치적 지위가 안정권에 접어들면서, 리 덩후이 총통이 언급한 것처럼 조용히 조심스럽게 진행되었다. 내정부(內政部, 내무부), 교육부, 문건회(文建會, 문화부) 등이 각 방면에서 본토화 관련 정책을 시행했는데 그 주요 안건으로 내정부에서는 호적법 개정을 진행하여, 신분증에 호적란을 폐지하고 출생지로 바꾸어 신분증으로 외성인과 내성인을 판별할 수 없게 하였다. 교육부에서는 대학 1학년 필수과목이었던 중국통사를 선택과목인 본국사(本國史)로 바꾸어 해당 교수가 중국사와 대만사를 선택하여 임의로 강의를 진행할 수 있게 하였다. 또한 가장 커다란 성과를 낸 것으로 평가받는 문건회에서는 천 지난(陳其南)의 주도하에 '지역공

---

8) 이 조사내용은 다음 기사를 참조하였다. 「陸委會民調: 過半民衆拒絶統一」(http://www.chinesejustice.com/content/article.php?did=2093&pid=69167&tpl=page&lang=sh).

동체 건설'〔社區總體營造〕을 진행, 지역공동체 건설과 발전전략하에서 잊혀졌던 지역의 역사와 풍물, 문화를 재건하고 이를 통해 지역사회의 응집력 형성과 경영 및 발전방향을 모색하게 된다. 이러한 대규모 사업은 일본 '새 거리 만들기 운동〔造街運動〕'의 영향을 받은 것으로, 기본적으로 지방문화 재건에 커다란 영향을 끼쳤으며 대만 주체성을 발굴하는 데에도 커다란 영향을 끼치게 된다. 이러한 지역사회 재발견과 재발굴 작업 등은 바로 대만의식의 강화를 위한 것이었으며 과거 억압적인 교육제도 아래 진행된 중국민족주의 교육의 잔재를 제거하고 향토의식의 재건을 통해 지역공동체를 진정으로 민주적이고 특색있는 새로운 국가 건설의 기초로 삼으려는 노력의 일환이었다. 이러한 노력은 자연스럽게 일제 식민지시대 대만 출신 지식인과 문화인, 문학가 들에 대한 재평가로 이어져서 일본 식민지지배를 다른 각도에서 볼 수 있는 기회를 제공하게 된다. 이러한 노력이 비교적 수면 아래서 커다란 비난에 부딪히지 않고 진행된 것에 비해, 1997년『대만 이해〔認識臺灣〕』라는 중학교 사회·역사·지리를 함께 담은 교과서로 촉발된 논쟁은 정책화된 본토화 작업이 얼마나 커다란 사회적 충돌의 초점이 될 수 있는지를 잘 보여준다. 이 교과서에 대해, 특히 일제 식민지배시대에 대한 서술이 상당히 긍정적인 것에 대해 일본에서는 일본의 대만통치에 대한 긍정이라며 자세히 소개하게 된다. 이와 관련하여 대만 내부의 비판의 목소리는 우선 대만의 본토화가 친일적인 모습을 보이는 것을 지적한다. 이러한 비판은 상당수 중국민족주의 혹은 중화의식 정통론에 기반을 두고 있다고 하겠다. 또한 정책적 혹은 정치적 강요라는 측면에서 대만 본토화에 대해 강력한 비판도 제기되었다.

비록 본토정권이 리 덩후이의 금권정치라든가[9] 천 수이볜의 개인부패

---

9) 리 덩후이 집정기간에 대한 강력한 비판을 제기한 황 광궈(黃光國)는 리 덩후이가 재벌과 자본가로부터 받아들인 자금을 바탕으로 지방의 정치파벌들과 연합하여 민주를 가장하여 법치를 넘어서는 독재적 민주를 시행했다고 비판했다. 금권정치에 대한 자

등의 문제로 전반적인 민주화운동에 큰 상처를 주었지만, 적어도 대만의식, 본토화의 진행에 있어 괄목할 만한 성과를 내었음은 의심의 여지가 없다. 사실 본토화의 가장 큰 성과는 정치적으로 대만독립을 향한 직접적인성과보다는 대만사회 내부에서 진행된 실질적인 변화에서 훨씬 더 깊이와저변을 가지고 있으며, 이것이 바로 대만을 이해하기 위해서 본토화를 주의 깊게 보아야 할 이유이기도 하다.

3) 대만 '진보적 본토'의 가능성

대만의 역사 재평가 같은 첨예한 문제들을 대만이라는 국가를 건설하려는 새로운 민족주의운동이라고 볼 수도 있을 것이다. 실제로 각종 민족주의 이론이 대만의 현실에서 깊이있게 토론되고 회자되고 있다. 정책 측면에서 이러한 이론들이 이미 대만 국가건설이라는 목표를 향해 진행되었음을 우리는 본토화 정책 등에 대한 이해를 통해 좀더 명확히 확인할 수 있었다. 그러나 2006년부터 터져나온 천 수이볜 개인과 가족이 연루된 부정부패 사건과 민진당 고위 당간부들이 연루된 각종 비리로 인해, 국민당의마 잉주(馬英九)가 새롭게 총통으로 당선되고 2012년 연임에 성공하였다. 그렇다면 장기적인 민주화운동의 결실이자 본토정권이라고 할 수 있는 민진당의 몰락과 그들이 타도의 대상으로 여겼던 국민당이 재집권하게 된현실을 우리는 어떻게 이해해야 할까? 대만 민주화와 함께 진행된 본토화가 대만독립과 대만민족주의를 통한 국가건설이라는 목표를 완성하지 못하고 좌절된 것으로 보아야 할까? 또한 가장 근본적인 문제 중의 하나라고볼 수 있는 본성인과 외성인의 뿌리 깊은 충돌은 이러한 변화 속에서 향후

세한 논의는 다음을 참조할 수 있다. 許甘霖 「民粹金權主義? 黨資本, 金錢遊戲與政治動員」, 1999.12.30. 논문은 아래 주소에 공개되어 있다. http://www.ios.sinica.edu.tw/ios/seminar/sp/socialq/xu_gan_lin.htm

어떠한 모습을 보이게 될까?

이와 관련하여 천 수이볜의 비리에 대한 비판을 통해 새로운 본토화의 기치를 내건 '진보적 본토'와, 마 잉주가 2008년 총통선거를 앞두고 제출한 대만담론(臺灣論述), 2012년 연임 성공 후 발표한 연설과 그의 취임연설문을 통해 향후 대만의 민주화와 본토화는 어떤 방향성을 가질지, 또한 어떠한 미래를 창조해낼 수 있을지를 살펴보기로 한다.

2006년 7월 15일, 15명의 친민진당 계열로 분류되던 재야 혹은 사회운동가들이 천 수이볜과 민진당의 부패를 비판하며 총통의 사퇴를 요구하는 기자회견을 열었다. 당시 성명서 발기인 중의 한사람이었던 우 루이런은 이 자리에서 대만 민주화과정에서 민진당 집권 후 집권세력이 급속히 부패하면서 민진당에게 바랐던 '정의' 실현에 실패하였음을 통렬하게 비판하였다. 또한 민주화 심화의 기로에 서 있는 대만사회는 제국과 자본 사이에서 약자일 수밖에 없다고 보았으며, 때문에 대만이 의지할 수 있는 유일한 희망은 힘은 바로 도덕이라고 강조했다. 대만의 처지가 위기일수록 본토라는 것에 기대어 편협한 민족주의를 통해 자신의 잘못을 감추려 하지 말고 인류보편의 가치인 진일보한 자유와 민주의 실현을 추구하여야 한다고 지적했다.[10] 우 루이런은 본토가 민진당의 부패를 감추어주는 수단이 아님을 강조하면서 향후 대만의식과 본토의식의 진로는 결국 진보적 본토의 가능성을 통해 새로운 희망을 찾아내야 한다고 지적했다. 민진당을 지지하던 학자들이 본토화라는 이름으로 자신의 부패를 감추려는 집권 민진당의 행태에 대해 전면적인 비판을 가한 것은 이른바 민주화의 내부비판 기제가 대만사회에서 제대로 작동할 수 있음을 보여주었다. 그러나 이러한 비판행동은 그들 자신에게도 커다란 상처였다. 자신들이 지지하고 믿

---

10) 吳叡人「追求更民主的『進步本土』路線」,『中國時報』 2006.7.16. 이외에 관련 보도는 다음을 참조할 수 있다. http://mag.udn.com/mag/news/printpage.jsp?f_ART_ID=41632

은 세력에게 배신당한 아픔은 커다란 상실감을 가져다주었을 것이다. 그러나 수십년간의 대만 민주화운동 역사를 통해 본다면 이것은 일시적인 좌절일 뿐이며 결국은 대만 민주화운동과 본토화의 방향성에 대한 반성의 기회를 제공하고 향후 새로운 민주화와 본토화의 진보를 향한 계기를 마련해준 것이라고 할 수 있다.

이와 같은 심리적 고통을 두고 최근 『대만신문학사(臺灣新文學史)』를 출간한 천 팡밍은 다음과 같이 본토화와 민주화에 대해 정리한다. "이른바 본토라는 것은 이 섬 위의 한 종족만을 가리키는 것은 아니다. 이른바 민주라는 것 역시 특권의 대명사일 수 없다. 문학사의 관점에서 본다면 본토화와 민주화는 서로 동일한 중요성을 가진 가치로서 양립할 것이다. 모더니즘이 발흥한 이후 대만문학의 발전이 지금 같은 성황을 이루게 된 것은 서로 다른 종족과 서로 다른 성별과 서로 다른 가치의 서사방식이 합류한 결과이다. 대만문학이 이렇게 발전한 것은 토양을 가리지 않고 물길을 나누지도 않고 차이를 인정하며 다양한 다원적 가치를 받아들인 때문이니 본토문학이야말로 민주정신의 최고 표현일 것이다."[11] 그는 문학이야말로 상처를 치유할 수 있는 곳이며 어떠한 정치적 억압도 이러한 문학을 억압할 수 없다고 보았다. 이러한 그의 논지는 당연히 그가 몸담았고 지지했던 민진당이 본토화라는 이데올로기에 얽매여 대만의 다양성과 포용성을 대만민족주의라는 이름으로 억압하려던 사실에 대한 정중한 비판이다. 앞서예 스타오가 "전통, 본토, 외래에서 온 각종 문화와 가치의 정합을 통해 풍부한 독창성(originality)을 갖춘 소설을 기대"한 것과 맥을 같이한다고도 볼 수 있다. 또한, 우 루이런이 민진당을 비판하면서 레이 전이 당시 국민당과 공산당의 대결구도에서 과감히 민주개혁을 요구한 것을 인용했듯이, 민주화는 한번으로 완결되는 완성품이라기보다는 끊임없이 견제하고 자아

---

11) 陳芳明「序言: 新臺灣新文學新歷史」, 『臺灣新文學史』, 臺北: 聯經 2011, 8면.

반성을 통해 새로워져야 하는, 완성을 향해 가는 과정임을 확인할 수 있다.

4. 대만 민주사회의 미래

2008년 5월 20일 마 잉주는 총통 취임연설 중에 자신처럼 새롭게 대만으로 이민 온 세대들을 받아준 대만에 깊은 감사의 뜻을 전했다. 또한 "민주 기치 아래 중화민국이 대만에서 새롭게 생명을 얻었다"며 "대만정신"을 바탕으로 "대만을 위주로, 인민의 이익을 위하여" 정책을 펼칠 것을 약속하고 "대만민주 만세" "중화민국 만세"를 외쳤다. 2012년 2월 재임에 성공한 마 잉주는 기존의 대만담론을 재확인하며 대만의 주체와 새로운 역사를 위해 최선을 다하겠다고 다짐하였다. 이러한 대만 본토화에 대한 약속은 대만에서 대만의식과 본토화가 여전히 진행형이며, 다양한 사상과 민족성에 대한 논의로 함께 만들어나갈 과제임을 보여준다.

그러나 2012년 5월 20일 제13대 총통 취임을 마친 마 잉주는 양안의 현재와 미래를 다시 한번 정리한다. "독립하지도 않고, 통일하지도 않으며, 무력을 사용하지도 않는다〔不獨, 不統, 不武〕" "서로 주권을 인정하지도 않지만, 서로 통치권을 부정하지도 않는다〔互不否認主權, 互不否定治權〕." 또한 현재 양안관계는 "하나의 중국인 중화민국의 둘로 나누어진 지역들이 각자 통치권을 행사하고 있는〔一國兩區〕" 상황임을 헌법을 빌려 설명하였다. 양안관계에서 현상유지를 바라는 마 잉주 총통의 취임연설은 1992년 "하나의 중국, 서로 다른 설명〔一個中國, 各自表述〕"에 대한 합의로 회귀한 것처럼 보인다. 당연히 리 덩후이 총통의 '양국론'(兩國論, 두 국가론)[12]과 천

---

[12] 리 덩후이 총통은 1999년 7월 9일 독일 언론과의 대담에서 1991년 헌법 수정 이후 양안은 이미 하나의 중국 내부의 합법정부와 반란세력, 혹은 중앙정부와 지방정부의 관계에서 벗어났으며 국가와 국가, 적어도 국가와 특수한 국가 간의 관계가 되었다고 언급했

수이볜의 '한곳의 한 국가〔一邊一國〕' 주장보다는 후퇴한 입장이다.

마 잉주 총통의 지지도가 4년 전의 66%에서 현재 23%로 하락한 것은 무엇을 의미하는 것일까? 선거승리 이후 미국산 쇠고기 수입허가, 기름값과 전기료 상승논의 같은 민감한 정책적 영향도 있겠지만 대만사회가 원하는 것이 현상유지가 아님을 보여주는 것은 아닐까? 2008년 대만담론을 통해 대만 본토화에 대한 적극적인 진일보를 다짐했음에도 결국은 1992년 '하나의 중국' 그러나 '서로 다른 정의'로의 회귀는, 중국 언론들이 중화인민공화국의 통일대업이 절호의 기회를 가지게 되었다고 평가하듯, 대만사회의 구성원들에게는 대단히 위험하게 보인 것은 아닐까? 더욱 아쉬운 것은 취임연설의 핵심인 '일국양구(一國兩區)'라는 논지는 이미 국민당 명예주석 우 보슝(吳伯雄)이 올해 3월 22일 후 진타오(胡錦濤) 중국 국가주석과의 회담에서 제기한 것으로, 마치 대만의 총통이 자신의 취임연설문의 핵심 관점을 중국에서 허가받고 온 듯 대단히 굴욕적인 모습으로 비쳤다는 것이다. 미국과 중국이라는 강대국 사이에서 대만은 어떠한 선택을 강요받고 있는 것일까? 총통의 취임연설문에서 4년 동안 미국으로부터 183억 달러의 무기구매를 통해 국방을 강화했다고 언급하는 현실을 대만사회는 어떻게 받아들여야만 하는 것일까? 수많은 비판에도 불구하고 대만의 미래는 대만 스스로 결정한다는 대만 미래 자결원칙에 대해 어떠한 언급도 없는 이 취임연설문이야말로 어쩌면 현재의 대만이 처한 험난한 국제정치 현황을 가장 사실적으로 보여준다고 할 수 있을 것이다. 한편 이는 또한 대만독립을 주장하던, 혹은 그러한 주장에 동정적인 지지와 기대를 하던 많은 사람들에게는 아쉬움으로 남을 것이다.

1972년 대만이 유엔에서 퇴출되는 정치적 난관에서 레이 전은 대안으로서 민주화와 새로운 국가 건설을 주장했다. 사실 1970년대 이후 대만은 국

다. http://taiwanpedia.culture.tw/web/content?ID=3910.

제정치적 고립 속에서 민주, 인권 같은 인류의 보편적 가치를 주창하고 이에 귀기울이면서 본토화와 민주화를 향한 성공적인 걸음을 내디딜 수 있었다. 또한 대만의 일부 지식인들은 천 수이볜 등에 의해 정치적으로 이용되고 있던 본토화에 대해 비판과 반성을 제안하면서 진보적 본토의 가능성을 보여주기도 하였다.

1970년대 이후 진행된 향토화와 본토화라는 사회적 운동을 본토화의 첫단계라고 본다면, 정책적 실천은 두번째 단계라고 할 수 있을 것이다. 그러나 한편 이 시기 이 운동은 정치권에 의해 이용되면서 비록 가장 실질적인 영향력을 발휘하였으나 동시에 순수한 운동으로서의 동력을 상실한 시기라고도 볼 수 있다. 마지막으로 정치적 굴절에 대한 반성을 기반으로 한 지식인들의 자발적인 '진보적 본토'의 요구를 우리는 대만사회의 새로운 사회적 운동으로서의 재출발로 보아야 할 것이며, 이러한 이유 때문에 향후 대만의 모습이 더욱 기대된다고 할 수 있겠다. 비록 마 잉주의 행보가 양안의 화해를 바탕으로 한 적극적인 경제발전과 민주화에 방점을 두고 있는 것으로 보이나, 대만의식과 본토화의 지속적인 성장 속에서 대만사회는 내부에서 스스로 자신의 출로를 만들어나갈 수 있을 것이다.

이제 민주화와 본토화를 통해 자아의 재발견과 인류보편의 가치를 누려온 대만사회가 서로 다른 의견을 이해하려고 노력하는 포용력 있는 민주사회를 향해 걸어나갈 수 있을까? 이러한 질문에 대한 답은 예 스타오와 천 팡밍 등이 주창했던 다양성의 포용이라는 가치를 앞으로 대만사회가 얼마나 충실히 추구해갈 것이냐에 달려 있다. 자신의 미래는 스스로 결정한다는 대만 미래 자결권리 역시 이러한 노력과 함께 성장하고 뿌리내릴 수 있지 않을까? 대만사회에서 민주화와 본토화는 완성되지 않은 열린 선택지로 남겨져 있다. 또한 선택이 가능하려면 그만큼 지난한 노력 역시 필요할 것이다. 대만의 현실적 고난과 위기를 헤쳐나가려는 노력들은 결국 우리의 지속적인 관심이 요구됨을 웅변하고 있다.

양안관계, 제3의 모델은 없는가*

'양안 경제협력기본협정'과 역사적 전망

문명기

1. 서론

2010년 6월 29일 중국 충칭(重慶)에서 대만해협교류기금회 이사장 상빙쿤(江丙坤)과 대륙해협양안관계협회 회장 천 윈린(陳雲林)이 서명하고 9월 12일 대만 입법원이 의결함으로써 정식 발효된 '양안 경제협력기본협정'(Economic Cooperation Framework Agreement, ECFA)은 양안관계의 역사에 있어서 중요한 의미를 가지는 사건이라는 점은 비단 필자 혼자만의 판단은 아닐 것이다. 특히 1986년 계엄령 해제와 대만사회의 민주화·자유화로 촉발된 대만민족주의의 발흥 이후 대체로 긴장국면에 처해 있던 양안관계에서 ECFA가 중대한 전환점 중의 하나라는 데는 국내외 언론매체가 이구동성으로 동의하고 있다.

1980년대 이래의 양안관계만 일별하자면, 1987년 대만인의 대륙 친지방

---

* 이 글은 『동아시아문화연구』 제51집(2012.5)에 실린 「'양안경제협력기조협의'(ECFA)를 통해 본 양안관계의 역사적 전망」을 독자를 위해 제목을 바꾸고 압축한 것이다.

문이 허용되고 소위 '92년 합의(九二共識)'가 '하나의 중국' 원칙을 공유한다고 천명함으로써 오랜 대결국면에 전기가 마련되었다가 1999년 리 덩후이의 '(특수)양국론'과 2001년 천 수이볜의 '한곳의 한 국가' 발언(두 발언 모두 대륙과 대만이 별개의 '국가'임을 강조하는 주장이다) 등으로 경색국면으로 접어들었다. 이후 양안교류에 상대적으로 적극적인 중국국민당(이하 국민당)의 마 잉주가 2008년 총통선거에서 승리함으로써 평화국면으로 접어들게 된다. 마 잉주의 관계개선 노력과 대륙의 대만정책 변화가 맞물려 이루어진 성과의 하나가 ECFA인 것이다. 2012년 1월 마 잉주가 재선에 성공함으로써 적어도 당분간은 평화적 환경 속에서 교류가 심화되리라는 전망이 우세한 것도 사실이다.

이러한 1980년대 이래의 양안관계는 흔히 '정치적 소원과 경제적 결합(政治疏離, 經濟融合)'으로 표현된다. 양안이 정치적으로는 갈등하면서도 경제적 상호의존은 심화되어왔다는 것이다. 그리고 ECFA는 이러한 정치와 경제의 '괴리' 현상에 모종의 변화를 초래할 단서로 작용하리라는 전망도 제기되고 있다. 즉 ECFA가 자유무역협정(FTA) 체결로 이어질 경우 형성될 대만에 대한 대륙의 경제적 영향력(economic leverage)이 '통일'을 포함한 정치적 변화로 연결될 수도 있지 않겠느냐는 것이다. 이는 역으로 (최소한 일부의) 대만사회가 추구하는 독자적 정치공동체의 성립 여부와 직접 연결되는 흥미로운 문제이기도 하다.

다만 양안관계와 ECFA를 다룬 최근의 대부분의 논저는 대상시기가 1980년대 이후에 국한되어 있어서 양안관계에 작용하는 '역사적 규정력'이라는 요인이 그다지 부각되지 못한다는 인상을 받게 된다. 이에 필자는 상대적으로 장기적·구조적인 관찰이 필요한 역사적 요인까지 고려하는 시각에 입각하여 양안관계를 회고·전망하는 기회를 가지고자 한다. 또한, ECFA 이후 양안관계의 전망에 대해서는 통일 아니면 분립이라는 식의 양자택일적 관점을 취하는 연구가 적지 않은데, 이러한 연구경향 역시 역사적 요인을 충분히 고려한다면 재검토될 여지가 있는 시각이다. 이러한 기존연구의 한계 또는 문제점을 다소나마 수정·보완하는 것이 이 글의 기본적인 목표이다.

이를 위해 우선 ECFA의 주요 내용과 배경을 간략히 정리하고 ECFA의 정치적 함의를 이해하기 위한 방편으로 ECFA 전후의 대만 정치상황을 살펴보기로 한다. 나아가 ECFA 탄생에 작동한 '내재적 동력'과 '대만의 선택지'라는 요인을 살펴봄으로써 최근의 양안 경제관계에 대한 이해를 심화하고자 한다. 마지막으로 양안 경제관계를 장기적·역사적인 관점에서 조망한 후 이를 바탕으로 향후의 양안관계에 대해 필자 나름의 초보적인 전망을 제시해보겠다.

2. ECFA의 주요 내용과 배경

ECFA는 말 그대로 양안 경제협력의 틀(framework)에 관한 협정이어서 이 자체가 FTA와 동일한 것은 아니며 추후의 본격적인 협상을 규정하는 기본협정으로서의 성격이 강하다. ECFA 체결 당시 장 빙쿤이 "ECFA는 첫걸음에 불과하다. 이후 많은 단계가 필요하며 현재도 최소 세개의 협의가 더 필요하다. 관세감면, 써비스업 개방 및 투자합작이 그것이다. ECFA는 틀이자 시작에 불과하다"라고 말한 데서 알 수 있듯이 FTA에 도달하기 위한 출발점으로서의 의미가 강하다.

다만 ECFA 발효 후 6개월 내에 FTA체결을 위한 본협상 개시를 명문화했고, 조기수확프로그램(early harvest program)을 활용해 몇몇 부문에서는 FTA와 동일한 효과를 거두게 된 것도 사실이다. 즉 모든 산업부문에서 합의 도출이 필요하고 따라서 체결까지 상당한 시일을 요하는 FTA와 달리, 합의가 이루어진 부분에 대해서만 선별적으로 협정을 체결하여 해당

산업부문에 혜택이 빨리 돌아가도록 한 것이다. 조기수확프로그램에 따라 관세인하 적용을 받는 품목은 다음과 같다.

ECFA의 조기수확프로그램 항목(괄호는 품목수)

중국의 대만에 대한 자유화 품목	대만의 중국에 대한 자유화 품목
농산품(18), 기계(107), 석유화학(88), 방직(136), 자동차부품(50), 기타 (140) 총 539개 품목	석유화학(42), 기계(69), 방직(22), 자동차부품(17), 기타(117) 총 267개 품목

이 표를 보면 중국의 개방정도가 훨씬 광범위함을 알 수 있다. 즉 대륙이 개방하는 품목은 총 539개로 대만의 대륙 수출의 약 16.1%, 액수로는 138.3억 달러를 차지하는 데 반해, 대만이 개방하는 품목은 267개로 대륙의 대만 수출의 약 10.5%, 액수로는 28.6억 달러에 그쳐서 대만에 상당히 유리한 협상결과이다. 또한 노동력 이동 및 농수산물 등의 개방은 포함되지 않았는데, 이는 대륙 노동자의 대만 유입을 불허한다는 대만당국의 원칙을 대륙이 수용한 결과임과 동시에 대만에 경제적 혜택을 제공함으로써 대만을 변화시킨다는 대륙의 변화된 대만정책의 반영으로도 해석할 수 있다.

아울러 ECFA 이후 대만의 경제적 효과에 대해서도 다양한 예측이 제시되어 있는데, 가장 긍정적인 수치를 제시한 중화경제연구원에 따르면 ECFA 이후 대만의 GDP는 0.55%, 해외로부터의 투자와 자본유입 역시 5.79%와 19.25%의 성장을 기록하게 된다. 중국 역시 GDP는 0.36~0.4% 성장할 것으로 추산했다. 여기에 더해 중국·아세안 FTA(CAFTA)에서 배제되어 있는 대만이 ECFA를 발판으로 동남아시아 시장에도 참여하게 됨으로써 부수적인 효과도 얻을 것으로 관측된다.

협상기간이 짧았던 것도 특색이라면 특색이다. 당시 국민당 주석 우 보슝과 중국공산당의 후 진타오가 경제협력을 논의하기로 합의한 2009년 5월부터 2010년 6월 ECFA 서명에 이르기까지는 13개월밖에 걸리지 않았다. 이는 침체된 대만경제의 돌파구를 가능한 한 빨리 마련하려는 마 잉주 정부의 입장과, 양안관계의 평화적 발전이라는 목표를 설정한 대륙당국의 이해가 맞아떨어진 결과일 것이다. 하지만 ECFA의 제안과 협상 과정에서는 대만이 먼저 ECFA 협상을 제안하는 등 마 잉주 정부의 적극성이 두드러져 보이는데, 마 잉주 정부가 이렇게 적극적이었던 이유는 무엇일까. 또 대만의 적극적인 제안에 화답한 대륙당국의 의도는 어디에 있을까.

일단은 2008년 출범한 마 잉주 정부의 경제성적표가 초라했던 점이 작용했다. GDP 성장률 6%, 1인당 국민소득 3만 달러 이상, 실업률 3% 이하라는 소위 '633공약'을 내걸고 총통선거에 승리한 마 잉주는, 2008년 리먼 쇼크와 뒤이은 세계경제 침체로 인해 공약 자체를 폐기해야 했다. 또 2000년 이후 장기간에 걸친 임금격차 확대와 소득분배 악화로 집권 국민당의 인기가 하락하고 대만 야당인 민진당의 경제 실정(失政)에 대한 공격을 피하기 어려웠다. 뿐만 아니라 집권 이후 대륙과 항공·해운·우편·관광·식품안전 등 16개에 달하는 경제협정을 체결했음에도 경기호전의 신호는 미약한 상태여서, 침체일로에 있는 대만경제에 돌파구가 필요했을 것이다.

하지만 더욱 근본적으로는 대만경제가 세계경제에서 주변화되고 있다는 위기의식이 ECFA의 최대동기 중 하나이다. 2010년 1월에 발효된 중국·아세안FTA는 대만의 1, 2위 무역파트너인 중국과 동남아시아 시장에서 대만이 보유한 경쟁력의 약화나 상실로까지 이어질 수 있다는 위기감을 확산시켰다. 아시아 최대의 자유무역지대로서 역내 11개 국가의 연간 무역총액이 4.5조 달러에 달해 유럽연합(EU)과 북미자유무역지대(NAFTA)에 버금가는 시장이 된 '10+1'에 대한 수출이 전체 수출의 65% 정도를 차지하는 대만으로서는, 중국·아세안FTA 창설로 만들어진 6~7%의 가볍지 않은 관세장벽을 돌파해야 하는 난제에 직면한 것이다.

뿐만 아니라 '10+1'이 머지않은 장래에 일본·한국을 포함한 '10+3'으로 확대될 예정이기 때문에 동아시아 주요 제조업국가 중 대만만이 동

(남)아시아 경제통합 대열에서 낙오할 것이라는 위기감이 증폭되었다. 특히 대만의 최대 경쟁국인 한국이 유럽·미국 및 인도·중국과 FTA를 체결했거나 협상을 진행하는 등 역내 경제통합에 적극적인 점 또한 ECFA 체결에 자극제가 되었다. 이밖에도 1990년대 이래 대륙에 진출한 대만상인 타이상(臺商)의 투자조건의 개선 필요도 생각할 수 있고, 대륙의 동의 없이는 각종 국제기구 참여가 난망한 상황에서 역으로 ECFA를 통해 국제기구 진출의 장벽을 낮추자는 계산도 없지 않았을 것이다.

그렇다면 대륙은 어떤 배경하에서 대만의 선제적 제안을 수용한 것일까. 이 점을 분명히 이해하기 위해서는 대륙의 대만정책의 기조변화를 이해할 필요가 있다. 1990년대와 2000년대 초는 리 덩후이와 천 수이볜의 '독립' 경향과 대륙의 강경대응으로 인해 정치적 대립이 선명하게 드러난 시기였다. 하지만 2004년 16기 4중전회 이후 중국공산당은 양안관계에 있어서 '신사유(新思維)'의 실천에 돌입하게 된다. '신사유'의 핵심은 무역과 삼통(三通, 항공·해운·우편의 개통)을 포함한 경제교류 활성화와 대규모의 경제적 이익 공여를 통해 대만의 독립 움직임을 저지하고 평화적 통일로 유도한다는 것이다. 즉 대만에 실질적인 경제혜택을 제공하여 국민당을 지원함으로써 민진당의 정치적 입지를 약화시킨다는 전략이다. 민진당을 타깃으로 한 국공합작인 셈이다. 때문에 ECFA는 "경제협력에 관한 협의이므로 정치적 함의는 있을 수 없다"라는 대륙당국과 국민당의 누차의 해명에도 불구하고 대만의 ECFA 반대세력으로부터 정치적 저의를 의심받기도 했다.

하지만 우리의 시야를 동(남)아시아 전체로 확대해서 본다면 대륙의 동기를 더 풍부하게 이해할 수 있다. 이제 명실상부한 대국으로 자리매김한 중국의 지역전략 차원에서 ECFA를 이해할 수도 있다는 것이다. 2001년 아세안 10개국과 10년 안에 FTA를 체결하기로 합의한 후 중국은 중국위협론을 불식하기 위해 다양한 노력을 전개했다. 예컨대 베트남·미얀마 등 아세안 국가의 농업·교통설비 확충을 지원한다든가, 베트남·라오스·미얀마 등의 부채감면을 지원하는 '아시아 부채감면계획'〔亞洲減債計劃〕 등의 노력을 통해 패권보다는 평화적 공동번영을 추구하는 이른바 대국외교에 박차를 가해왔다.

이렇게 볼 때 대만과의 ECFA가 단순한 통일전선 수준의 정치적 고려를 넘어서 대국으로서의 책임·의무를 자임하는 발상과 연결되어 있다는 이해도 일리가 없지 않다. 동시에 경제자원 운용을 통해 정치적 영향력을 발휘한다는 의미의 '경제치략'(經濟治略, economic statecraft)을 실천한다는 '신사유'의 구체적인 표현이기도 하다. 요컨대 전략의 성공 여부와 무관하게 대륙이 자신들의 경제적 손실과 자국 기업에 끼칠 부정적 영향을 모르지 않으면서도 대만의 요구조건을 대폭 수용하면서 ECFA를 실현한 것은, 양안관계를 넘어서는 지역정치 차원의 고려까지 포함된 전략적 접근의 결과일 것이다. 다만 대륙의 주관적 동기와 별개로, 대륙이라는 거대경제체제와의 시장통합 가능성에 직면한 대만의 입장에서는 ECFA의 파장을 따져보지 않을 수 없었을 것이다. 정치적 이해득실을 달리하는 대만 양대 정당의 ECFA를 둘러싼 정치에 대해서는 다음 절에서 살펴보자.

3. ECFA의 정치학: 대만의 경우

잘 알려져 있듯이 1980년대 말 이후 대만의 정당정치는, 1947~86년 계엄령 해제기간 동안의 당국체제(黨國體制)하에서 대만 유일의 정당이었던 국민당과 1980년대 말 정당 결성이 허용된 결과 탄생한 민진당을 중심으로 양당 구도를 형성해왔다. 2000~8년에는 민진당의 천 수이볜이 집권한 데 이어 2008년 이후부터는 국민당의 마 잉주가 집권하고 있다. 국민당이 대체로 외성인(지역적으로는 중·북부)을 지지기반으로 하고 상대적으로 보수적이면서 양안교류에 적극적인 반면, 민진당은 본성인(지역적으로는 중·남부)을 지지기반으로 하고 상대적으로 진보적이면서 양안교류에는 소극적이다.

이러한 양당의 차이는 ECFA 과정에서도 여실히 드러났다. 2005년 4월 후 진타오와 국민당 주석 렌 잔(連戰)이 '양안의 평화적 발전에 관한 공동선언[兩岸和平發展共同願景]'을 발표한 이래 국민당은 '양안 공동시장'의 창설에 적극적이었다. 2008년 대선 당시 마 잉주는 '포괄적 경제협력협정'(Comprehensive Economic Cooperation Agreement, CECA) 체결을 공약의 하나로 내걸기도 했다. 반면 민진당 후보 셰 창팅(謝長廷)은 이를 '대만시장을 대륙에 종속시키려는 것[一中市場]'이라고 공격하면서 ECFA 체결은 대만'주권'을 팔아먹는 행위라고 비난했고, 이 문제가 2008년 총통선거의 핵심쟁점의 하나를 형성하게 된다.

마 잉주 취임 이후 ECFA를 추진하면서 쟁점으로 떠오른 문제는 크게 두가지였다. 첫째는 ECFA가 대만경제에 미칠 영향의 문제였다. 예컨대 친국민당적인 중화경제연구원의 연구결과는 ECFA 이후 대만 GDP가 1.65~1.72% 상승하고 취업인구도 25만 7천~26만 3천명 증가할 것이라고 관측한 반면, 민진당에 가까운 대만경제연구원은 GDP의 감소는 물론 전기전자업 등에서 12만명의 실업자가 발생할 것이라고 예견했다. 또 하나의 쟁점은 ECFA가 초래할 변화가 경제영역에 머물 것인가, 아니면 정치영역에도 변화를 초래할 것인가, 만일 그렇다면 대만'주권'에는 어떤 영향을 미칠 것인가의 문제였다. 국민당은 ECFA는 경제협정일 뿐 정치문제와는 무관하다는 입장인 반면, 민진당은 유럽연합의 사례를 들어 경제적 통합은 정치적 통합으로 이어질 수밖에 없고, 따라서 ECFA는 중차대한 정치문제임을 강조했다.

대만 내 여론은 ECFA 지지가 반대보다 다소 많기는 했지만 일방적인 지지는 아니었다. 예컨대 대만의 대표적 시사주간지 중 하나인 『위안젠(遠

見)』에 따르면 2010년 3월에는 46.2%가 ECFA 지지, 35.9%가 반대, 17.9%가 유보를 표명한 반면, 체결 직후인 2010년 7월에는 47.1%가 지지, 33.9%가 반대, 19.1%가 유보를 표명하고 있다. ECFA에 대한 기대가 크지만 부정적 영향에 대한 우려도 적지 않았음을 말해준다.

이러한 적지 않은 반대여론을 발판으로 민진당은 ECFA 비준과 관련하여 입법원의 심의와 의결을 요구했고, 국민당은 체결 후 입법원 의결을 거칠 것임을 분명히 했다. 다만 ECFA 체결을 전후한 시점의 의석분포는 국민당이 81석, 71.7%인 반면, 민진당은 27석, 23.9%에 불과했다. ECFA 반대를 위한 장내투쟁은 한계를 가질 수밖에 없었다. 때문에 민진당은 장외투쟁, 그중에서도 국민투표운동을 전개한다. 대만의 현행 국민투표법에 따르면 국민투표 발기인의 숫자가 해당 시점에서 마지막으로 치러진 총통선거 선거인 수의 5/1,000, 즉 0.5%, 약 8만명을 넘어야 했다. 이에 국민투표 추진을 위한 서명운동을 전개한 민진당은 15만명의 서명을 확보하여 이를 중앙선거위원회에 제출했다. 하지만 주로 국민낭 인사가 장악하고 있는 중앙선거관리위원회가 조직한 국민투표심의위원회는 ECFA 국민투표안을 부결하였다. 이로써 국민투표를 통한 ECFA 체결 저지는 무위로 끝나게 된다.

그후 2012년 1월에 치러진 총통선거에서 마 잉주가 민진당 후보 차이 잉원(蔡英文)에게 80만표라는 적지 않은 격차로 승리했다. 이로써 ECFA는 마 잉주 정부가 당초 기대한 대로 유지·확대될 개연성이 훨씬 커졌다. 그렇다면 ECFA가 발효된 지 2년 가까이 지난 시점에서 ECFA의 경제적 효과가 기대에 미치지 못함에도 불구하고 대만사회가 마 잉주와 국민당을 재신임한 선거결과는 어떻게 해석할 수 있을까? 이 문제를 양안 경제교류의 내재적 동력과 제한적인 대만경제의 선택지라는 시각에서 이해해보자.

4. 경제교류의 내재적 동력과 대만경제의 선택지

양안간의 선명한 정치적 소원과 갈등에도 불구하고 1980년대 이래 대만경제의 전개방향이라는 각도에서 볼 때 ECFA 체결은 자연스러운 결과였는지도 모른다. 양안무역은 특히 1990년대부터 빠른 증가세를 보였고 2003년에는 500억 달러를 돌파, 미·일·아세안을 제치고 대륙이 대만의 최대 무역국가로 자리하기 시작했다. 또 2006년에는 1,000억 달러를 돌파하는 등 양안무역은 급격한 증가세를 보여왔다. 대만의 경우 전체 수출에서 대륙 수출의 비중이 40%를 넘어섰고, 20여년의 양안무역으로 대만이 획득한 무역흑자 누적액은 7,000억 달러에 이른다.

대륙 수출의 급증과 대규모 무역흑자 실현이 2000년대 대만경제의 주된 버팀목이 되어왔다는 평가가 과장만은 아닌 이유이기도 하다. 동시에 대륙 입장에서는 상대적으로 발전한 자본·기술 및 경영인력의 충당을 통해, 지속적 경제성장을 위한 해외투자 및 기술지원을 상대적으로 저렴한 비용으로 제공받게 되었다. 달리 말해 ECFA는 국·공 양당의 정치적 결단의 결과만이 아니라 양안경제의 상호의존이라는 내재적 동력의 결과이기도 하다는 것이다. 따라서 논리적으로 양안관계는 (이러저러한 돌발변수에 의해 부침을 겪는다고 해도) 심화·확대될 것이라고 보아야 할 것이다.

예컨대 2012년 총통선거 과정에서 민진당 후보 차이 잉원이 ECFA 존폐 문제를 쟁점화하는 것의 불리함을 간파하고 ECFA 즉각폐기라는 당초 입장에서 ECFA의 부정적 결과를 보완하겠다는 입장으로 물러섰다는 사실은, 민진당 역시 양안 경제교류가 대만경제에 가지는 의미를 이해하고 있음을 방증한다. 뿐만 아니라 2008년 이래 마 잉주 정부가 대륙과 체결한 16개에 달하는 경제협정 중에는 천 수이벤 정부가 체결하려던 것도 적지 않았는데, 정치적으로 대륙과 갈등하면서도 대만의 경제적 현실은 외면할 수 없었던 민진당의 고민을 읽을 수 있는 대목이다.

2005년 후 진타오와 롄 잔이 발표한 공동성명이 ECFA 체결의 중요한 계기였음은 잘 알려져 있지만 당시 야당지도자 신분이었던 롄 잔의 대륙 방문이 집권 민진당의 암묵적 양해하에 실현되었다는 점은 소홀히 다루어지고 있는데, 이 공동성명의 성사는 대만독립을 추구한다는 정치적 명분과 경제교류 심화라는 현실적 필요가 부조화를 이루는 상황에서 정치적 명분을 유지하되 경제교류의 과제는 롄 잔에게 '대리' 수행하게 한 민진당의 고민의 산물이었음도 기억할 필요가 있다.

여기에 더해 대륙 외에 대만경제의 돌파구를 열어줄 대안이 마땅치 않다는 점도 대만경제의 대륙 의존을 심화시킨 중요한 요인이다. 경제교류가 본격화되기 이전 대만경제는 주로 구미와 일본을 무역파트너로 삼았다. 하지만 대만화폐(新臺幣, NTD)가 큰 폭으로 절상되고 폭발적으로 증가한 양안 경제교류로 인한 경제종속에 대한 우려가 맞물리면서 대만은 교역·투자 상대국의 다각화를 시도하게 된다. 그 결과 추진된 것이 동남아시아로의 자본 진출을 더욱 독려하는 리 덩후이 정부의 '남진정책'이다. 하지만 1990년대 말 한국 IMF사태와 동일한 시점의 동남아시아 금융위기와 경제문제에 대한 과도한 정치적 접근으로 인해 남진정책은 좌초한다. 이후 아세안 국가들은 중국을 무역파트너로 삼기 시작했고 그 결과가 전술한 중국·아세안 FTA의 성립이다.

뿐만 아니라 2000년대 이후 미국·유럽·일본의 장기적 저성장은 대만의 수출을 감소시켜 대만 역시 동반 저성장을 겪게 된다. 때문에 대만의 대다수 기업들은 저렴한 양질의 노동력을 보유하고 해외투자 유치에 적극적이며 광대한 내수시장을 갖춘 대륙을 대만경제의 대안으로 삼게 된다. ECFA 반대운동에 나선 민진당이 경제문제를 경제적 접근으로 풀지 못하고 '대만 주체성'이나 '주권침해' 등의 정치적 구호로 대체하려 한 것은, "그렇다면 ECFA 반대 이후 당신들이 제시할 수 있는 대안은 무엇인가?"라는 대만 경제계의 의문에 마땅한 답변을 내놓기 어려웠기 때문이기도 하다.

요컨대 두 경제체의 상호의존 심화라는 내재적 동력, 그리고 대륙 외에 마땅한 돌파구를 찾기 힘든 대만경제의 상황이 맞물리면서 양안 경제교류가 심화·확대되어갔다는 필자의 관찰이 크게 틀리지 않다면, 향후 대만에서는 어느 정당이 집권하든 간에 양안 경제교류에 대한 소극적 자세나 과도한 정치적 접근은 자칫 대만사회 내부의 반발에 직면할 가능성이 크다. 특히 대륙에서 생활하는 타이상이 100만명을 훌쩍 넘은 현시점에는 더욱 그러하다. 따라서 1990년대 리 덩후이 정부의 남진정책 등에서 보이는 '역주행'이 발생할 가능성은 크지 않다고 보는 게 상식적일 것이다. 그렇다면 ECFA를 계기로 질적으로 다른 국면에 들어선 것으로 판단되는 양안 경제관계는 역사적으로 어떻게 위치지을 수 있을까.

5. 역사적으로 본 양안 경제관계

2008년 총통선거에서 마 잉주의 양안 공동시장 창설 제안은 ECFA 체결로 그 실현에 한층 가까워졌다. 이는 대만민족주의를 정치적 자산으로 삼아 집권에 성공한 민진당의 2000년 이래의 대륙정책으로부터 '일탈'한 것이기에 한국사회에는 의외의 사태로 비칠 수도 있다. 하지만 양안 경제관계를 장기적으로 관찰해보면 이는 '익숙한 과거'로의 회귀를 의미할 가능성이 높다.

청조가 반청세력인 정성공 집단을 굴복시키고 대만을 청제국의 판도에 편입한 1683년 이래 양안교역은 활발히 전개되었다. 대륙(복건·광동)과 대만 간에 지역적 분업체계가 형성되어 있었기 때문이다. 대만은 대륙에 쌀·설탕 등의 농산물을 공급하고 대륙으로부터 면직물·도자기 등의 수공업품을 가져다 썼다. 1860년 대만 개항 이후에도 서양자본의 침투가 있긴

했지만 양안 경제관계는 크게 위축되지 않고 기존의 상호의존을 유지했다. 1895년 청일전쟁의 결과 일본의 식민지가 된 이후로는 일본자본의 독점구조가 성립했지만, 적어도 양안무역에 관한 한 대만 토착자본은 위축되지 않고 활발하게 활동했다.

한편 17세기 말 이래의 약 400년간 정치적으로 양안이 통합된 기간은 228년, 분열된 기간은 144년으로 분열된 기간도 짧지 않았다. 하지만 경제적 통합기간은 식민지시대와 1980년대 말 이후를 포함하면 분열기간보다 압도적으로 길다. 1949~87년의 전면적인 경제적 단절이야말로 오히려 예외적 현상이었던 셈이다. 다시 말해 정치적 분립의 시기라고 해도 양안은 경제·무역에서만큼은 상호의존적이었다. 정치적 통합이나 분립에 구애되지 않고 양안 경제관계는 지속적으로 유지되었던 것이다.

실제로 청대의 거의 전시기를 통해 대만과 대륙은 미곡과 향은(餉銀, 대민 행정에 소요되는 재정을 청대 대만의 상급 행정단위였던 복건성福建省이 보조한 것)을 매개로 상호의존 관계를 맺고 있었고, 민간무역 부문에서도 이 관계는 지속되었다. 개항 이래 수출지향적인 상품작물(차·장뇌·설탕)의 호황 등으로 인해 대륙으로의 미곡수출이 개항 이전에 비해 크게 줄었다는 통설과 달리, 해관 통계에 포착되지 않는 정크선 등을 이용한 미곡수출에 힘입어 개항 이후에도 개항 이전 수준을 유지하고 있었다거나, 대만 농산품과 대륙 수공업품 간의 교환관계가 식민지시대 초기까지 강하게 유지되었다는 지적 등이 있음을 보면 양안의 긴밀한 경제적 결합은 비교적 분명한 역사적 사실이다.

이러한 상호의존 관계가 청대와 식민지시대, 그리고 1980년대 이후를 포함해 항상적·지속적으로 나타난 근본적인 원인은 어디에 있을까. 선진적 농업기술을 보유한 이민의 유입 등에 힘입은 청대 초기 이래의 개발 결과 대만은 높은 수준의 농업생산력을 가지게 되었고, 식민지시대 이래로는 농업자본의 공업부문 이전과 효과적인 경제계획을 통해 상당한 수준의 공업화를 달성해왔다. 다만 대만은 협소한 면적(한반도의 약 1/6로, 경상남북도를 합한 크기), 편중된 천연자원, 그리고 협소한 내수시장 등으로 인해 자기완결적인 경제체와 거리가 먼 것이 사실이다. 한국 역시 대외의존형 경제구조를 가지지만 대만은 한국보다 훨씬 의존도가 크다. 때문에 예컨대 반도체·IT 등에선 세계적 경쟁력을 갖추었면서도 자동차·조선 등 소위 연쇄효과가 큰 산업분야는 육성 자체를 포기하는 등 산업간 불균형이 심하다.

대만경제사의 이러한 특징은 다른 경제체에 대한 대만경제의 의존을 심화시킨 최대 요인이다. 청대에는 대만의 농산품과 대륙의 수공업품이 교환되었고, 식민지시대에는 대만의 설탕과 일본의 공업제품이 교환되었다. 1945년 이후에도 그 대상이 일본 외에 미국·유럽 등으로 넓어졌을 뿐 대외의존적 성격 자체에는 근본적인 변화가 없었다. 따라서 ECFA에 반영된 양안 경제교류의 내재적 동력과 대만경제의 제한된 선택지라는 패턴은 역사적으로 관찰하는 경우 '일탈'이 아닌 '과거로의 회귀'에 가깝다고 볼 수 있다. 민진당 집권 이후 도드라진 '독립'의 추구로 대륙과의 경제교류에 소극적인 시기도 있었지만, 이것은 그야말로 예외적인 현상이다. ECFA 이후의 대만사회는 ECFA 체결의 결과 나타날 다양한 측면의 대륙발 충격을 어떻게 흡수하는가(또는 흡수하지 못하는가)라는 문제에 직면해 있는 것이다.

6. 결론: 양안관계의 초보적 전망

그렇다면 ECFA를 계기로 양안관계는 어떻게 될 것인가. 다시 말해 ① 양안이 가까운 장래에 정치적으로 통합될 것인가 ② 분립이 장기지속될 것인가, 그도 아니면 ③ 대만의 '독립'이 가까운 장래에 실현될 것인가. 이

에 대해 필자에게 굳이 택일적 해답을 요구한다면, ② 분립의 장기적 지속
가능성이 현재로서는 가장 크다고 판단한다. 물론 ECFA로 인해 양안관계
의 평화적 발전→평화적 통일이라는 단계론적 전략을 구사하는 대륙의
대만전략이 유리한 국면을 맞이한 것은 사실이다. 하지만 대륙의 단계론
적 통합전략을 저해 또는 견제하는 요인 또한 적지 않다.

　예컨대 ① 마 잉주 정부가 ECFA 체결에 적극적이라고 해서 정치적 통
합에도 적극적일 것이라고 추측하는 것은 성급한 논단이다. 마 잉주는 통
일/독립 문제를 정면으로 언급하지 않으면서 소위 삼불정책(三不政策, 통일
도 하지 않고 독립도 하지 않으며 무력사용도 하지 않는다)에 따라 양안의 현상을 유
지하겠다는 입장이다. 특히 삼불정책의 첫머리를 '불통(不統)'이 장식하
고 있는 점에 유의할 필요가 있다. 이러한 그의 근본입장은 2008년 12월 29
일 『경향신문』에 마 잉주가 직접 기고한 특별기고문에도 고스란히 드러나
있다. "양안의 화해·상생과 대만해협의 **영구적 평화**는 우리가 추구하는 목
표다. 대만이 아태지역 평화정착의 역할을 수행하겠다는 약속을 실천하기
위해선 대만해협의 **영구적 평화**는 필수적이다(이상 강조는 필자)." 이는 현재
대만사회의 주류 민의를 반영한 결과이기도 하다.

　2009년 5월 대만 국립정치대학 선거연구센터가 실시한 여론조사에 따
르면 현상유지를 원하는 쪽이 56.4%, 독립을 원하는 쪽이 25.4%, 통일을
원하는 쪽이 8.3%에 불과해 대만사회의 과반이 현상유지를 선호하고 있
다. 마 잉주는 양안관계가 "특수한 관계이지만 국가와 국가의 관계는 아
니"라고 하여, 국가와 국가 간의 특수한 관계라고 했던 리 덩후이의 양국
론과는 선을 그으면서도, 양안 당국의 관할범위에 관해서는 중화민국 헌
법에 명시된 대로 '대륙지구(大陸地區)'와 '대만지구(臺灣地區)'로 호칭함
으로써 중앙-지방의 관계도 아님을 분명히 하고 있다. 또한 미국으로부터
의 무기구입에 대해서도 대륙과 현격한 입장 차이를 드러내며 '전쟁을 예
방하되 전쟁을 피하지는 않으며, 전쟁에 대비하되 전쟁을 추구하지는 않

는다[止戰而不懼戰, 備戰而不求戰]'는 태도를 고수하는 마 잉주 정부를 볼 때, 대륙 입장에서는 정치적 통합에 이르는 길이 녹록지 않음을 알 수 있다.

② 또한 양안관계의 또다른 당사자인 미국정부의 양안정책에 큰 변동이 없는 한 현상유지가 생각보다 오래갈 수 있다. 미국의 이익에 가장 부합하는 양안관계는 '통일도 독립도 하지 않는[不統不獨]' 상태이고 따라서 양안의 현상을 가능한 한 길게 유지하는 것이 미국의 기본원칙이라고 본다면, 미국으로서도 현재 단계에서는 국민당(대만), 공산당(대륙) 및 미국이 모두 만족하는 '윈-윈-윈[三贏]'을 지향할 것이라고 보는 게 안전하다.

③ 뿐만 아니라 대만은 홍콩·마카오와 다르다는 점도 인식할 필요가 있다. 대만도(臺灣島)와 펑후열도(澎湖列島)는 1895년 일본에 할양되었다가 카이로선언(1943)과 포츠담선언(1945)에 근거하여 제2차 세계대전 직후 중화민국에 이양되었다. 따라서 조차(租借)의 형식을 빌렸기에 언젠가는 '반환하기로 되어 있던' 홍콩이나 마카오와는 분명히 구별된다. 즉 국제적으로 '하나의 중국' 원칙이 통용된다고 해서 대륙이 대만에 대한 주권을 자동적으로 보장받는 것은 아니라는 것이다. 대만의 경제사학자 린 만훙(林滿紅)이 적절히 비유했듯이 어떤 사람(＝중화민국)이 원래 두채의 집(＝대륙과 대만)을 가지고 있다가 한채(＝대륙)의 소유권(＝주권)을 상실했다고 해서 나머지 한채(＝대만)의 소유권마저 상실했다고 간주할 이유는 없다. 특히 1945년 이래 대만은 독자적인 통화발행제도와 관세제도를 수립하고 장기적으로 독자의 '국민경제'를 운영해온 역사적 경험이 있다. 뿐만 아니라 1990년대 이래 자신들의 총통과 입법위원, 시장·현장 등을 직접 선출한 경험은 대만인들에게 대만이 ('별개의 국가'는 아닐지라도) '별개의 정치체'라는 인식을 뿌리깊이 심어놓았다.

④ 이렇게 스스로를 독자적 경제체이자 정치체로 장기적으로 향유하는 가운데 형성된 '대만 정체성'은 (특정 정치세력의 이익을 위해 과장된 측면이 없지 않지만) 비교적 굳건한 실체를 지니는 감각이자 인식이다. 국

립정치대학 선거연구센터가 2008년 12월에 실시한 정체성 조사에서 스스로를 대만인이라고 답한 사람이 48.4%, 중국인이라고 답한 사람이 4.1%에 불과했다는 점(나머지는 대만인임과 동시에 중국인이라고 대답하거나 무응답), 그리고 후 진타오 시대의 변화된 대만정책에도 불구하고 대륙에 대한 부정적 이미지는 크게 개선되지 않았다는 점 등은 대만사회의 자기인식이 단기적인 정치·경제적 유동에 따라 가벼이 마모되지는 않을 것임을 시사한다.

⑤ 이 '대만 정체성'과 동전의 양면처럼 연결되어 있는 것이 대륙에 대한 대만사회의 불신과 공포의 감각이다. 총독부정치로 상징되는 일제 식민통치가 배태한 일본인에게 차별받는 대만인으로서의 정체성과, 총통부정치로 상징되는 국민당의 권위주의통치 및 정치·경제적 이익의 외성인 독점구조에 대한 반감에서 비롯된 '대만의식', 그리고 거대경제체이자 '하나의 중국(中國)' 원칙을 변경할 의사가 없는 거대정치체 대륙에 대해 느끼는 일종의 공포감은 단기간에 해결될 성질의 문제가 아닐 것이나.

대만의 저명한 정치학자인 우 나이더(吳乃德)가 대만인의 정체성 인식에는 '감성적 정체성의 흡인력'이 '이성적 판단에 따른 이익의 매력'보다 더 크게 작동한다고 보는 것도, 그리고 대륙의 대표적 대만사학자 중 하나인 천 쿵리(陳孔立)가 양안관계의 질적 도약을 위해서는 '신뢰감(信心)의 수립'이 병행되어야 한다고 역설하는 것도 이 때문이다. 식민지시대 이래 누적되어온 대만사회의 (중국이든 일본이든) '외래' 통치자들에 대한 애증과 불신의 감각은 100년 이상에 걸쳐 장기적·역사적으로 형성된 것이기에 그 해법 역시 장기적·역사적이어야 하지 않을까. 사정이 이러하기에 후진타오 이래의 '신사유'에 기초한 '대륙판 햇볕정책'의 성패는 다음 세대 또는 그다음 세대에서나 서서히 윤곽을 드러낼지 모른다. 아니면 통일과 분열의 이분법을 넘어서는, 평화적 상태의 정치적 분립과 경제적 융합이 장기간 병존하는 양안관계의 '제3의 모델'이 성립될 수도 있을 것이다.

116

제3부

비교의 시각

대만 '향토문학'의 동아시아적 맥락[*]

백지운

1. 실종된 원작, 은폐된 거울

한국에서 대만문화는 대중적 관심을 받은 적이 거의 없다. 냉전기 동아시아 역내 사회주의세력의 방어기지로 수립된 양국의 우호관계가 탈냉전시대에 이르러 단교(1992)로 종결된 것은 역사의 아이러니다. 물론, 단교 이전이라 해서 양국이 상호이해에 기반한 참다운 우호국이었다고 하긴 어렵다. '자유중국'이라는 이름으로 더 친숙했던 대만은 중공(中共)에 빼앗긴 중국의 대리자(surrogate China)일 뿐, 그들의 삶 자체가 우리의 시야에 진지하게 들어오지는 못했다. 그러나 '역설적' 의미에서 대만 '열'이 한국 문화계에 의미심장하게 일었던 때가 있었다. 대체로 1980년대 초에서 후

---

* 이 글은 「동아시아 속의 향토문학」이라는 제목으로 『중국현대문학』 제58호(2011.9)에 게재되었던 것이다. 이후 일반독자를 위해 본론 중 전문적 내용을 줄이고 결론을 보강한 「대만 '향토문학'의 동아시아적 맥락」이 『창작과비평』 154호(2011년 겨울)에 수록되었다. 이번에 이 책에 수록하면서 창비 수정본을 기반으로 몇군데 오류를 고치고 문장 및 장 제목을 새로 다듬었다.

반 사이, 어떤 특정한 지적·문화적 분위기 속에서 대만과 한국이 잠시 만났다 결별한 것이다. 그 짧은 해후는 그후 시나브로 잊혀져갔지만 그대로 망각에 방치할 일은 아니다.

'열'이라고 하기엔 너무나 비자각적이었던 이 문화현상의 발단은 1983년 창작과비평사에서 출간된 황 춘밍(黃春明)의 중단편집『사요나라, 짜이젠』이었다. 1970년대 당시 대만문단의 주류였던 모더니즘에 대한 강력한 비판자로 등장한 '향토문학' 계열의 작가 황 춘밍의 작품집이 소설가 이호철(李浩哲)과 소장 중문학자이자 평론가인 성민엽(成民燁)의 뛰어난 번역으로 한국 독서계에 소개되었다. 대만문학에 대한 정보가 거의 없던 한국 문단에, 민중적이고 토속적인 언어로 대만사회의 모순을 예리하게 파헤친 이 소설집이 전달한 파장은 작지 않았던 듯하다. 그 단적인 예가 이 책에 수록된 단편「두 페인트공〔兩個油漆匠〕」이 1980년대 한국의 대표적 민중극단 '연우무대'에 의해 연극으로 상연된 사실이다. 서울대 연극반 출신 오종우(吳鍾佑)에 의해「칠수와 만수」로 각색된 이 연극은 1986년 초연 딩시 평단과 관객 양측에서 호평을 받으며 서울에서만 397회 공연에 무려 5만명의 관객을 불러모으는 등 공전의 히트를 쳤고, 문성근(文盛瑾)과 강신일(姜信一)이라는 대스타를 배출했다. 이어, 80년대 '코리언 뉴웨이브'를 이끈 박광수(朴光洙) 감독의 데뷔작으로 영화화되었고(동아수출공사 1988), 당대 최고의 배우 안성기(安聖基)가 주연을 맡았다. 대종상 신인감독상, 각색상, 로카르노 국제영화제 청년비평가상(3위) 등을 휩쓸었으며 제39회 베를린국제영화제에 출품되기도 했다.

40대 이상의 한국인이라면 대다수가「칠수와 만수」를 보았거나 최소한 들어 알고 있지만, 그 원작이 대만소설임을 아는 사람은 의외로 드물다.[1]

---

1) 2007년 연우무대 30주년을 기해「칠수와 만수」재공연을 알리는『연합뉴스』(2007.3.29)의 기사는「칠수와 만수」가 "자타가 공인하는 1980년대 한국 최고의 창작극"이라 전하고 있다.

대만에 대한 무지와 무관심 탓도 있겠지만, 이 작품이 당시 한국사회 소외층의 울분을 생생하게 표현하는, 너무나 한국적인 텍스트로 재탄생한 것 또한 주요한 원인 아닐까. 그것이 가능했던 것은 1970,80년대 한국과 대만 사회의 구조적 유사성 때문이었다. 1970,80년대 대만과 한국은 안으로는 군부독재, 밖으로는 대미·대일 종속외교를 발판으로 삼아 눈부신 성장신화를 향해 질주하고 있었다. 대만 원작과 한국 연극 속의 주인공들은 이 떠들썩한 잔치에 초대받지 못한 손님이었다. 약간의 변형도 있었다. 대만 동부 산간 출신의 가난한 원주민 '아리'와 '원숭이'는 한국으로 건너와 기지촌 양공주 누이를 둔 '칠수'와 비전향장기수의 아들 '만수'가 되었다. 순박한 시골 잡역부를 한순간에 죽음으로 몰아가는 매체의 비정함을 통해 자본주의의 탐욕적 속도를 고발했던 원작에서 나아가, 「칠수와 만수」는 분단과 냉전의 아픔까지 아로새긴 한층 정치적인 텍스트로 재탄생한 것이다.

그런데 황 춘밍의 한국 도래 이면에는 또다른 문맥이 있었으니 바로 1970년대 지식계에 불었던 제3세계열이었다.[2] 먼저, 『사요나라, 짜이젠』이 당시 창작과비평사가 기획, 간행한 '제3세계총서'의 일환임을 기억할 필요가 있다. 알렉스 헤일리(Alex Haley), 가싼 카나파니(Ghassan Kanafani), 하림 바라카트(Halīm Barakāt), 응구기 와 시옹고(Ngũgĩ wa Thiong'o) 등 아프리카·라틴아메리카·중동 문학작품을 망라한 이 총서는 1976년부터 1988년까지 총 16권이 간행되었고, 『사요나라, 짜이젠』은 그중 제6권이었다. "대만문학이 황 춘밍에 이르러 제3세계문학으로서의 보편성을 획득"했음을 천명한 표지 문구나, "뚜렷한 작가의식에 기초한 제3세계적 특색"

---

2) 『창작과비평』 53호(1979년 가을)의 '제3세계 특집'은 이런 지적 분위기를 잘 보여준다. 이 특집의 기조논문 「제3세계와 민중문학」에서 백낙청은 4·19 이후의 참여문학론이 민족문학론으로 심화되는 과정에 '제3세계문학'이 결락되었음을 반성적으로 자각하면서, 제3세계 민중의 관점에서 외국문학을 주체적으로 수용할 때 당면한 리얼리즘론-민족문학론을 보완할 수 있다고 말했다.

이 "분신과도 같은" 한국문학에 깊은 공감을 불러일으킬 것이라는 옮긴이의 말은, 당시 '제3세계'가 황 춘밍을 읽는 중요한 코드였음을 보여준다. 식민지와 냉전, 군사독재, 외세의존적 경제발전 등 근현대 동아시아가 겪은 굴곡의 심층을 유사한 행보로 지나왔음에도 이상할 만큼 서로를 돌아보지 않았던 한국과 대만에 『사요나라, 짜이젠』의 출현은 보이지 않던 끈을 가시화하는 귀중한 찰나였다.

그런가 하면, 황 춘밍의 소설집이 한국으로 오는 과정에서 일본 지식인이 했던 매개적 역할 또한 간과할 수 없다. 한국어판 『사요나라, 짜이젠』이 저본으로 삼은 『さよなら·再見』(田中宏·福田桂二 옮김, 東京: めこん 1979)은 일본에서 최초로 번역된 대만현대소설집이었다. 이 책의 출간을 주도했던 타나까 히로시(田中宏, 1937~)는 일본-아시아관계사 연구자이자 제3세계, 그중에서도 재일코리언, 재일중국인을 중심으로 한 아시아연대에 정력적인 활동을 펼친 인물이었다. 추측건대, 한국어판 『사요나라, 짜이젠』이 출간된 구체적 계기는 1981년 일본 카와사끼(川崎)에서 열린 제1회 AALA문화회의였던 듯하다. 여기에는 황 춘밍은 물론 타나까도 참여했는데, 그 회의 기록이 1983년 창작과비평사 '제3세계총서' 『민중문화와 제3세계』로 출간되었다. 『사요나라, 짜이젠』「역자해설」에서 이호철이 황 춘밍의 발언을 자세하게 소개하고 있는 것으로 보아,[3] AALA문화회의가 황 춘밍의 존재를 한국에 인지시키는 한 계기였음은 분명해 보인다.

제1회 AALA문화회의가 왜 일본에서 개최되었는지, 그 구체적 배경에 대해서는 알려진 바가 적다. 자본주의진영과 사회주의진영을 각각 제1세계와 제2세계로 보는 서구식 제3세계론이나, 미·소를 제1세계로 보고 나머지 부국(富國)을 제2세계로 보는 마오 쩌둥(毛澤東)의 '삼개세계론(三個

---

3) 여기서는 "1982년 토오꾜오에서 열린 심포지움"이라 되어 있는데, 이는 1981년 카와사끼의 오기(誤記)이다. 黃春明, 이호철 옮김 『사요나라, 짜이젠』, 281~82면; 일본 아시아·아프리카 작가회의 편, 신경림 옮김 『民衆文化와 第3世界』, 227~29면 참조.

世界論)' 어느 쪽도 일본을 제3세계로 분류한 경우는 없었다. 다만, AALA 문화회의의 전신인 AA작가회의에 일본이 상임이사국으로 참여했던 점을 보아 당시 비동맹진영 내부의 복잡한 힘관계를 예측할 수 있거니와,[4] 김지하·김대중 구출운동 등 1970,80년대 일본 기층의 광범위한 제3세계 민중 연대활동[5]이 일본에서 AALA회의가 부활하는 기틀을 닦았을 것이라 생각된다. 기조발표에서 하리우 이찌로오(針生一郎)가 민중문화운동을 통한 일본과 제3세계의 관계 회복을 강조했던 것[6]이나, 이 회의에서 처음으로 한국이 비동맹운동 관련 회의에 초대받은 것 또한 이런 배경과 무관하지 않을 것이다.

이상의 문맥에서 보건대,「두 페인트공」이 「칠수와 만수」가 되어 1980년대 한국 민중문화의 상징으로 떠오른 것은 결코 우연한 현상이 아니었다. 크게는 1955년 반둥회의의 문화적 산물이라 할 AA작가회의의 후신 AALA 문화회의로 표상되는 제3세계 연대운동의 흐름 속에서, 작게는 식민지시기 아시아에 지은 죄를 제3세계 민중연대로 대속하려는 일본 지식인들을 거쳐, 1980년대 때마침 성숙기에 오른 한국 민족·민중문화의 토양 위로 결실을 맺은 것이다. 그러나 이처럼 동아시아에 미만했던 민중문화의 열기 속에 한국과 조우했던 대만문학은 애석하게도 원작자의 실종으로 인해 합당한 이름을 얻지 못한 채 잊혀져갔다. 역설적으로 양국에서 독재정권이 물러나고 민주화가 시작된 1987년을 기점으로 양국관계는 더 멀어져, 마

---

4) 비동맹운동이 AA작가회의 그리고 AALA문화회의로 이어지는 과정의 속사정에 대해서는 최원식 「다시 살아난 불씨 ─ 제2회 인천AALA문학포럼에 부쳐」(제2회 인천 AALA 문학포럼 기조발제문 2011.4.28) 참조.

5) 이께가미 요시히꼬(池上善彦)는 당시 토오꾜오가 아시아의 주요한 인물과 문화정보들이 교류하는 주요한 창구로서 일종의 '피난도시'적 기능을 지니고 있었다고 말한다. 「戰後日本の左派におけるアジア連帯」, 亞洲現代思想計畵討論會 발표문 2010.11. 참조.

6) 針生一郎 「민중의 문화가 세계를 바꾸기 위하여」, 일본 아시아·아프리카 작가회의 편 『民衆文化와 第3世界』, 13~19면.

침내 1992년 한중수교 직후 단교에 이른다.

2. 동아시아가 만난 향토문학

대만문학이 한국과 만나는 접점으로 가는 길목에 또 하나 주목을 요하는 지점이 있다. 한중수교를 앞둔 1989년, 중앙일보사에서 출간한 '중국현대문학전집'이 그것이다. 허세욱·김시준·유중하·성민엽 등 당시 중국현대문학계의 원로와 소장으로 구성된 편집진의 기획 아래 총20권으로 구성된 이 전집 중 제16권과 17권이 대만문학에 할애되었다. 16권에는 바이 셴융(白先勇)의 「대북 사람들(臺北人)」이 홍콩소설 자오 쯔판(趙滋蕃)의 「반하류사회(半下流社會)」와 함께 수록됐고, 17권에는 천 잉전(陳映眞)의 「야행회차(夜行貨車)」를 비롯하여 작가 11명의 단편이 실렸다. 무엇보다 이 선집은 당시 대만문단의 상반된 두 흐름을 보여주고 있어 흥미롭다. 초창기 대만유학파이자 중문학계의 원로인 허세욱(許世旭)이 모더니즘 문학의 거두 바이 셴융을 택한 데 반해, 소장파 연구자 유중하는 대만 모더니즘의 맹목적 서구추종을 비판하며 현실참여적 문학을 주장한 향토문학 계열로 선집을 구성했던 것이다.

먼저 짚어두고 싶은 것은, 제17권 『야행화차』의 한국 출간이 1977~78년 사이 고조에 오른 '향토문학 논쟁'을 통해 대만문학이 동아시아 지식계의 시야에 진입했던 상황과 긴밀하게 연관되어 있다는 사실이다. 『야행화차』의 수록작품을 선별하는 과정에는 대륙에서 나온 『대만소설선』 1, 2, 3권(北京: 中國人民文學出版社 1979, 1981, 1987)과 일본의 '대만현대소설선' 시리즈 1, 2, 3권(東京: 硏文出版社 1984~85)이 참고가 되었다. 대륙판 『대만소설선』은 바이 셴융 등 한둘을 제하면 대부분 향토문학 계열의 작품들로 구성되어 있다. 문혁 종결 직후 대만정책이 전향적으로 바뀌던 대륙의 정치적 분위기 속에 출간된 이 선집은, 대만문학이 과거의 서양숭배적 문화풍토를 반성하고 "향토로 회귀"하고 있음을 칭찬하면서 사실상 대만문학을 5·4 운동 이래 대륙의 리얼리즘 문학전통의 일부로 편입시키고 있다.[7] 일본판 '대만현대소설선'의 편자 마쯔나가 마사요시(松永正義)의 회고에 따르면, 대륙판 『대만소설선』의 실제 편자 우 즈춘(武治純)에게 직접 들은바, 당시 대륙은 향토문학 논쟁을 통해 대만문학에 관심을 갖기 시작했고 이 선집 출판 이후 대만문학에 대한 연구가 활발해졌다. 이런 동향이 일본 중문학계에 전달된 덕도 있지만, 일본이 대만 현대문학에 관심을 갖게 된 계기 역시 1977~78년 사이 절정에 오른 향토문학 논쟁이었다.[8]

일본이 대만 향토문학에 주목하기 시작한 사회적 배경을 이해하기 위해 마쯔나가의 회고를 좀더 들어보자. 그에 따르면, 일본에서 대만연구는 1970년대 들어 독립된 학문영역으로서 전기를 맞게 된다. 여기에는 우선 당시 전세계적으로 흥성했던 '소수자 복권운동'의 영향이 컸다. 그런 분위기 속에서 일본의 재일조선인, 재일중국인, 홋까이도오의 에미시인(蝦夷人), 오끼나와인 등의 권익문제가 제출되었고, 또 일본의 대(對)아시아 경제침략에 대한 아시아 각지의 비판의 목소리가 높아지면서, 다시 한번 식민통치의 과거청산 문제가 사회적으로 이슈화되었던 것이다. 또한, 1970년대 이후 민주화운동을 통해 대만사회가 안으로부터 변하기 시작한 것도 중요한 요소였다.[9] 앞서 일본에서 최초로 번역된 대만소설집 『さよなら·再見』의 편자 타나까 히로시 또한 일본사회에서 아시아 연대운동을 주도한 인물이었음을 상기한다면, 이 시기 일본의 대만연구는 단순한 학술연구 차원을 넘어 운동의 성격을 강하게 띠고 있었음을 알 수 있다. 말하자면,

---

7) 臺灣小說選編輯委員會 『臺灣小說選 2』, 北京: 中國人民文學出版社 1981, 540~42면 「編輯後記」 참조.

8) 松永正義 「關于日本的臺灣文學硏究」, 『중국현대문학』 제7호(1993), 245면.

9) 같은 글 243~44면 참조.

일본 내 반성적 지식인들의 아시아 민중연대가 1970년대 대만의 민주화운동과 교차하던 중, 1977~78년의 향토문학 논쟁이 일본 중문학계의 시야에 포착되었던 것이다.

그러면 한국의 상황은 어땠을까. 1992년 10월 한국중국현대문학학회 주최로 열린 '대만 현대문학' 관련 국제회의에서 김시준은 이렇게 기조발제를 시작했다.

'대만 현대문학'은 중국 현대문학을 연구하는 우리들에게조차 매우 낯선 문학으로 알려져왔던 것이 사실이다. 그러나 1970년대 후반에 대만에서 '향토문학 논쟁'이 발생하고 그 내용이 우리에게 알려지면서 대만문학을 새롭게 인식하기 시작하였고, 이것은 우리나라에서 1960년대 있었던 제3세계문학의 민족문학 논쟁과 또 1980년대 중반부터 일기 시작한 중국대륙에서의 제3세계문학 논의와 연관되어 우리의 관심을 끌기 시작했다.[10]

이 구절은 한국이 대만 향토문학에 주목하게 된 데에 중국, 일본과 유사하면서도 다른 계기가 있었음을 보여준다. 바로 1970년을 전후하여 국내 문단의 이론과 창작의 중요한 쟁점으로 떠올랐던 '민족문학론'이다. 원고로 남아 있지 않지만 이 회의에 제출된 유중하의 발표문 제목 '60년대 문학의 지형─한국 민족문학론과 대만 향토문학론의 교차대비'[11] 또한 이 점을 짐작하게 해준다. 이후 2000년의 어느 글에서 유중하는 월러스틴(I. Wallerstein)의 '세계체제론'과 백낙청의 '분단체제론' 사이를 매개하는 중간항으로서의 '동아시아론'이라는 구조로 90년대 창비 담론지형을 정리하면서, 그 중간항의 구체적 고리의 부재를 일갈한 바 있다. 거기서 그가

---

10) 김시준 「臺灣現代文學의 歷史와 動向」, 『중국현대문학』 제7호(1993), 1면.
11) 『중국현대문학』 제7호(1993), 279면 「휘보」.

제시했던 것이 '분단된 남북문학과 양안(兩岸)문학'이었다. 1960년대 대만 문단을 횡행한 모더니즘과의 대결 속에서 1970년대 향토문학이 부상하는 과정은 순수-참여 논쟁으로부터 민족문학론이 부상하는 한국의 맥락과 매우 흡사하다.[12) '순수문학'에 반기를 들고 문학의 현실참여를 주창했다는 점, 창작방법으로서 리얼리즘을 추구했다는 점 등 양자의 유사한 구조와 맥락에 대해서는 더 진전된 연구가 있어야겠지만, 여기서는 1970년을 전후하여 한국과 대만의 유사한 사회구조가 문학장에서도 재생산되고 있었음을 확인하는 정도로 정리해둔다.

3. 향토문학을 읽는 '다른' 시선

1980년을 전후하여 대만문학이 동아시아와 만나는 상황의 특수성은, 1990년대 초반 미국에서 나온 두 연구와 비교할 때 한층 도드라진다. 리얼리즘·제3세계·민족문학·민중운동 들이 향토문학을 받아들이는 전자의 주요 키워드였다면, 후자는 그것을 모더니즘으로 읽었던 것이다.

이를테면 대만계 미 중문학자 이본느 창(Sung-sheng Yvonne Chang)은 향토문학을 모더니즘과의 대결구도 속에서 파악해온 그간의 연구경향이 "모더니즘에 대한 오해에서 비롯"된 것이라 주장한다. 그녀의 말처럼 향토문학의 발원지라 할 『원쉬에지칸』(文學季刊, 1966년 창간)의 창간 멤버 천잉전과 이 잡지가 발굴한 당대의 스타작가 황 춘밍은 사실 1960년대 대만 사회를 풍미했던 모더니즘의 기운 속에서 태어난 인물이다. 그런 만큼 의식했든 아니든 향토문학 작가들이 모더니즘으로부터 자유로울 수 없다는

---

12) 유중하 「세계문학, 민족문학 그리고 동아시아문학」, 『황해문화』 제27호(2000년 여름), 52~57면 참조.

것이 그녀의 주장이다.[13] 이에, 창은 황 춘밍 문학의 모태인 '향토성'을 모더니즘으로 재구축한다.

그런 방식(「익사한 고양이」의 작법―인용자)은 근대성에 대한 준비된 환멸을 반영하는데, 이는 대부분의 황 춘밍 평자들이 생각하는 것처럼 '리얼리즘적'인 것이 아니다. 향토문학론자들의 믿음과는 달리, 이는 향토문학만의 배타적인 특징이 아니라 (왕 원싱王文興에게서도 발견되는) 모더니스트의 핵심적 관점인 것이다. 더 중요한 것은 그의 작품들이 사회주의적 메시지가 아닌, 무엇보다 휴머니즘적 메시지를 전달하고 있다는 점이다. 왜냐하면 이들은 테크놀로지와 민주주의를 비롯한 근대문명을 인간성의 기본 가치를 위협하는 것으로 보기 때문이다. (…) 황 춘밍의 초기 작품들은 개인의 내면의 경험을 정교하게, 고도로 섬세하게 다루었으며 인간성에 대한 종국적 확신을 위한 수단으로서 비극적 초월이라는 낭만적 관념을 자주 운용했다.[14]

「익사한 고양이」(溺死一隻老猫, 1967)는 칭취안촌(淸泉村)에 수영장 시설이 들어오는 것을 반대하던 아성(阿盛) 노인이 완공식날 풀(pool)에 뛰어들어 죽는다는 내용의 단편이다. 1960년대 최고조에 오른 경제개발에 유린당하는 향촌의 풍경을 풍자적으로 고발한 이 작품은 오랫동안 향토문학의 대표적 성취로 간주되어왔다. 그런데 창은 아성의 죽음을 "자아정체성 상실에 대한 실존주의적 공포"[15]로 재해석함으로써 이 작품을 모더니즘으로 끌어온 것이다. 이런 해석은 향토문학진영의 리더 천 잉전에게도 마찬가지로 적용되었다. 「시골선생님」(鄕村的敎師, 1960) 등 천 잉전의 초기 작

---

13) Sung-sheng Yvonne Chang, *Modernism and the Nativist Resistance*, Durham & London: Duke University Press 1993, 151면.
14) 같은 책 155면.
15) 같은 책 156면.

품에 빈번히 등장하는 '고뇌하는 지식인'의 역사와 현실에 대한 개입의지는 언제나 실존적 비관 속에 잠식당하고 마는 것으로 해석되었다.[16]

제프리 킨클리(Jeffrey C. Kinkley) 역시 향토문학에 대해 유사한 시각을 제기했다. 천 잉전의 소설을 리얼리즘이 아닌 모더니즘으로 볼 것을 주장한 그의 글은 사실 프레드릭 제임슨(Fredric Jameson)의 '제3세계문학론'을 은근히 겨냥한 것이다. "공과 사의 근원적 단절(a radical split between the private and the public)"로 대표되는 1세계문학과 달리, 개인적인 것과 정치적인 것 간의 긴밀한 관련성을 3세계문학의 특징으로 부각하는 제임슨에 대해,[17] 킨클리는 천 잉전의 작품이 3세계가 아닌 1세계의 문학전통에 부합한다고 주장한다. 그에 따르면 천 잉전의 인물들이 겪는 내면적 고투는 사회적 억압이라는 보이는 적이 아닌, 존재를 위협하는 형이상학적 적과 싸우는 실존적 싸움이다.[18] 특히 흥미로운 대목은 「야행화차」(1978)의 결말에 대한 다음과 같은 해석이다.

인정하건대 이는 분명 '세계체제에 대한' 성공적인 '저항'이며, 행복한, 그리고 다소 정치적인 결말이다. 그러나 남쪽으로 가자는 말에서 연상되는 이미지, 즉 광대한 사막으로의 항해, 한밤중에 덜컹거리며 타이베이에서 남하하는 화물차들은 그런 '메시지'에 어딘가 모호한 색조를 덧입힌다. 그 기원으로 볼 때 화물열차는 에일리언 같은 외계인 침입자에 대한 오싹한 상징이 되기 쉽다. 아마도 천 잉전의 가장 흥미진진한 수완은 대만 본성인 주인공을 사회부적격자로 주조하고 또 외성인 여인과 본성인 남자의 상호구제

---

16) 같은 책 165~66면.

17) Fredric Jameson, "Third-world Literature in the era of multinational capitalism," *Social Text* 15, Fall 1986, 69면.

18) Jeffrey C. Kinkley, "From Oppression to Dependency: Two Stages in the Fiction of Chen Yingzhen," *Modern China* Vol. 16 No. 3, Jul. 1990, 251~52면.

적 결혼을 가장 불건전한 구애를 통해 성사시킨 데 있을 것이다. 이런 모티프들은 천 잉전의 초기 소설에서 비롯한다.[19]

중편 「야행화차」는 앞서 언급한 중앙일보사판 대만문학선집 『야행화차』의 표제작이기도 하다. 다국적기업의 권력구조와 그에 빌붙어 살아가는 대만인의 굴욕적 삶을 적나라하게 보여줌으로써 대만사회의 대미 종속성을 비판한 이 작품은, 마침내 미국인 사장의 면전에 사표를 내던진 주인공이 미국으로 떠나려던 애인의 손을 부여잡고 "고향으로 가자"며 울먹이는 장면으로 끝맺는다. 미국의 허상을 깨고 현실회귀의 다짐을 재확인함으로써 향토문학의 기치를 선명하게 드러낸 이 작품에 대해, 한국어판 선집의 편자는 "제3세계 민족해방"이라는 "향후 대만의 방향을 강력하게 시사"했다고 말한 바 있다.[20]

반면, 같은 결말로부터 모종의 '불길함'을 읽어내어 이 작품에 '1세계성'을 부여하려는 킨클리의 시도는 어딘가 반어적이다. 사실, 킨클리가 천 잉전의 '1세계성'을 강조한 데는 천 잉전의 작품이 도덕적·이데올로기적 중압으로 인해 문학적 성숙도가 떨어진다는 그간의 평에 대한 반발이 작용하고 있었다. 천 잉전의 소설에 사회적·정치적 분석의 요소가 들어 있긴 하지만 언제나 모호하게 처리되기 때문에 결과적으로 이데올로기가 되지 않는다는 것이다.[21] 이런 자상한 독해에도 불구하고 아이러니가 느껴지는 것은 다음과 같은 의문 때문이다. 즉, 사회와 정치에 대한 투신(投身)이 이데올로기로 환원되지 않는 작품의 예술성에 대한 찬사가 왜 "1세계적, 즉 서구 주류문학의 전통"[22]으로 귀결되어야 하는가.

---

19) 같은 글 257면.
20) 陳映眞 외, 유중하 편역 『야행화차 외』, 중앙일보사 1989, 370면.
21) Jeffrey C. Kinkley, 앞의 글 244~45면.
22) 같은 글 251면.

먼저 살펴봐야 할 것은 킨클리의 반박에 전제된바 제임슨의 '제3세계론'에 대한 모종의 곡해이다. 제임슨이 개인적 리비도를 다루는 사적인 텍스트 안에 알레고리적으로 투사된 "정치적 심급"(a political dimension)을 '제3세계문학'의 특징으로 강조한 데는,[23] 양자 사이에 깊이 파인 심연으로 인해 "'지식인'이라는 단어가 멸종된 종(種)처럼 시들어버린" 서구 지식계를 향한 비판이 담겨 있었다. 루 쉰(魯迅)의 「광인일기」에 대한 그의 분석이 "맑시즘적 전통으로부터 '문화대혁명'의 의미를 되살리자"는 제언으로 연결된 것도 그런 맥락에서이다. 그가 볼 때 문화대혁명의 핵심은 '문화'를 주관적·추상적인 것으로부터 객관적·집단적 정신의 영역으로 되돌리려는 데 있기 때문이다. 그런 관점에서, 문학적 실천이 곧 정치적인 것임을 의식하지 못한 채 좁은 전공영역에 갇혀 있는 서구의 지식인이야말로 루 쉰이 절망했던 '철방(iron room)에 갇힌 자들'이었던 것이다.[24]

반면, 킨클리는 제임슨이 '제3세계론'에 투사한 저항적 가치를 생각한 채, 1세계와 3세계를 예술적 우열의 관계로 도치했다. 천 잉전을 '성숙한 예술성을 갖춘 1세계적' 작품으로 읽어주려는 그의 선의가 미심쩍게 여겨지는 것은 이 때문이다. 여기에는 암암리에 리얼리즘에 대한 모더니즘의 우위가 전제되어 있다. 즉 '사회적인 것'을 거절하고 '개인의 실존'을 배타적으로 고수하는 것으로 모더니즘을 한정하고 그것을 다시 1세계적, '서구 주류적 문학'으로 연결했던 것이다. 결과적으로 킨클리는 제임슨이 개탄했던 1세계문학의 현실――"공과 사의 분열"――을 문학작품의 예술성을 가늠하는 척도로 다시 불러내어 그것으로 3세계문학의 가치를 증명하려고 했다. 그러나 뒤집어보면 역사적인 주제를 개인의 실존적 문제로 모호

---

23) Fredric Jameson, 앞의 책 69면.
24) 같은 책 74~77면. '철방 속의 외침'이라는 루 쉰의 비유를 제임슨이 활용한 것이다. 「광인일기」를 쓰기 직전, 루 쉰은 어느 친구에게 지금 중국인은 철방 안에 갇혀 질식해 죽어가지만 잠들었기 때문에 죽는 것을 모른다고 말했다.

하고 복잡하게 그려냈다는 킨클리와 창의 해석은 비서구 문학텍스트에 개인적 리비도와 사회적 경험이 긴밀히 연결되어 있다는 제임슨의 주장을 반복하고 있는 것 아닌가.[25]

이런 문제점들이 남지만, 킨클리와 창이 향토문학을 보는 새로운 창(窓)을 열어준 것만큼은 분명하다. 이들의 말처럼 향토문학이 자신의 탯줄인 모더니즘으로부터 전적으로 벗어나기란 불가능했을 것이다. 또한 천 잉전과 황 춘밍 작품의 '모던 필'(modern feel)은 이들을 운동적 차원뿐 아니라 예술적으로도 높이 평가하는 중요한 근거이며, 향토문학진영에서 그것을 이론적으로 충분히 밝혀내지 못한 것도 사실이다. 아울러 향토문학이 1950년대 반공이념에 기반한 순수문학과 70년대 새로운 국면에 도달한 모더니즘을 통째로 부정함으로써, 바이 셴융이나 왕 원싱 같은 성숙한 모더니즘에 대한 합당한 평가를 방기했다는 지적도[26] 경청할 대목이다. 여기에, 1968년을 전후하여 대만에서 좌와 우, 마오(毛)와 코카콜라, 천 잉전과 장 아이링(張愛玲), 혁명과 로큰롤이 사실 하나의 코드, 즉 큰 틀에서 국민당의 보수적 독재에 대한 저항의 아이콘으로 받아들여진 사회문화적 상황[27]을 고려할 때, 모더니즘의 이중성을 충분히 양지하면서 60년대 시대상을

---

25) '제3세계문학'을 개념화하려는 제임슨의 시도의 정당성에 대해서는 물론 비판의 여지가 있다. 아이자즈 아흐마드는 세계는 자본주의적 생산양식의 지구적 확산과 그에 대한 저항이라는 단일한 원리로 이루어져 있을 뿐이며, '제3세계'를 특징화하는 것은 동질성(homogeneity)에 기반하여 비서구를 타자화하는 서구주의라 비판한다. 정통 맑스주의에 기반하여 그는 제3세계문학론이건 제3세계론이건 모두 자본주의와 타협한 부르주아 이론에 불과하다고 주장한다. Aijaz Ahmad, *In Theory: Classes, Nations, Literatures*, London & New York: Verso 1992, 제1장, 3장, 8장 참조. 그러나 그런 점을 충분히 인정한다 하더라도, 제3세계(문학)론이 특정시기 동아시아 지식계에서 담당한 진보적 역할 자체를 모조리 부정하긴 어렵다. 제3세계(문학)론이 서구와 동아시아 지식계에 남긴 공과(功過)에 대해서는 별도의 연구가 필요해 보인다.

26) Sung-sheng Yvonne Chang, 앞의 책 162~69면.

27) 鄭鴻生「臺灣的文藝復興年代: 七十年代初期的思想狀況」,『思想』第4期(2007.1), 81~102면.

반영하는 산물로서 역사적 의미와 한계를 균형있게 평가하는 작업이 긴절하다. 이를 테면, 바이 셴융과 함께 모더니즘의 양대 거두로 꼽히는 왕 원싱의 『집안의 변고』(家變, 1972)[28]가 왜 당시는 물론 지금까지도 대만문학의 경전으로 자리잡고 있는지, 그것이 그려낸 '분노하는 청년'의 상이 왜 그토록 대만의 젊은 층을 열광시켰는지에 대해 향토문학은 정면대결하지 못했던 것이다. 그런 점에서 1980년대 들어 향토문학을 문단의 중심에서 거세게 몰아낸 포스트모더니즘과 '대만 본토주의 문학'의 물결은 향토문학이 당시 제대로 승부하지 못했던 모더니즘의 대반격인 셈이다.

4. 다시 마주서는 거울

향토문학과 모더니즘의 관계는 분명 우리에게 어떤 기시감을 준다. 4·19혁명을 계기로 기성 반공(순수)문학에 대한 반발로부터 순수–참여 논쟁이 벌어졌고, 김수영과 신동엽이라는 다른 경향의 두 시인을 통해 이룩된 '참여문학'의 이론적 성숙 속에서 1970년대 민족문학론이 발진했다. 1950,60년대 권위주의체제에 저항하여 문학의 사회적 책임을 제기했다는 점, 창작방법으로서 ('사실주의'가 아닌) '현실주의'를 내세우고 이념적으로 민족·민중·제3세계를 강조했다는 점, 식민지시대 좌익문학의 맥을 계승하고 모더니즘과의 대결 속에서 성장해나왔다는 점 등에서 민족문학과 향토문학은 분명 예사롭지 않은 유사성을 내포한다. 그러나 한국의 민족문학이 90년대까지 지속되었던 데 반해, 향토문학은 1977~78년 향토문학 논쟁을 정점으로 빠르게 쇠락해갔다. 훗날 어느 글에서 천 잉전은 향토문학이 단명한 주 원인으로 이론적 정교화와 창작실천의 부족을 들었다. 안

---

28) 한국어로는 송승석 옮김 『아버지를 찾습니다』(강 1999)로 출간되었다.

으로는 향토·민족·민중 같은 개념들이 명료하게 정리되지 못했고 밖으로는 모더니즘에 대한 비판과 분석이 빈약했기에, 또다시 밀려오는 서양의 박래품(舶來品) 포스트모더니즘에 제대로 대처할 수 없었다는 것이다.[29]

한국의 민족문학론이 80년대 민중문학진영과의 치열한 논쟁을 거쳐 '리얼리즘론'으로 정립되고, 90년대 포스트모더니즘의 조류에 맞서 "모더니즘과의 대결이라는 과제"[30]를 수행하는 과정에서 새로운 이론적 정립단계를 맞은 것에 비한다면, 대만의 향토문학은 한순간에 맥없이 사라진 것이 사실이다. 물론 거기에는 대만의 특수한 정치적·문화적 상황이 있었다. 1979년 가오슝(高雄) 사건으로 대다수 좌파 계열의 작가들이 투옥되면서 향토문학은 진영 자체가 와해되었다. 게다가 근 40년에 달하는 계엄의 종결과 함께 찾아온 '민주화의 봄'은 아이러니컬하게도 반중(反中) 콤플렉스와 뒤얽힌 '대만민족주의'를 길러냈다. 90년대 대만의 문화계는 '탈중국성'으로 변환된 대만판 포스트콜로니얼리즘이 주류를 이루었다. 이런 상황에서 문학생애 전반을 통해 일관되게 '조국통일'을 주장했던 천 잉전의 입지는 가파르게 위축되었던 것이다.

천 잉전 문학의 '제3세계'를 반추하는 최근의 어느 글에서, 대만 학자 천광싱(陳光興)은 황석영(黃晳暎)의 『오래된 정원』(창작과비평사 2000)을 천 잉전과 마주세운다. 오랜 장기수 생활을 마치고 나온 현우가 윤희와의 추억이 담긴 옛 은신처를 찾아가는 장면에서, 그의 가슴은 형언할 수 없는 감격으로 먹먹해진다. 그것은 마치 그에게 이렇게 말하는 듯하다.

우리는 졌다. 그러나 최선을 다했음에, 우리는 자부한다. 우리 사회가 마침내 압제의 사슬에서 벗어났다는 데, 저항으로써 '체제순응'이란 죄의식

---

29) 陳映眞「回顧鄕土文學論戰」, 薛毅 編『陳映眞文選』, 北京: 三聯書店 2009, 136면.
30) 백낙청「리얼리즘에 관하여」, 『민족문학과 세계문학 2』, 창작과비평 1985, 360면.

을 떨쳐냈다는 데, 우리는 자부한다. 우리가 이룬 것은 많지 않고 민주의 길은 아직 멀다. 그러나 우리의 참여와 창조는 오늘날 사회 곳곳에 민간의 활력을 퍼뜨렸다.[31]

    분단과 독재가 한국현대사에 남긴 상처가 대만이라는 컨텍스트로 옮겨가서도 유사한 아픔을 전달하는 이 상황은, 양국간의 숨겨진 유대를 새삼 감지케 한다. 담론으로서 향토문학은 사라졌지만 그것이 제기한 문제는 아직도 유효하다. 대만의 해방이 전중국의 해방, 나아가 전인류의 해방 속에서 가능하다는 천 잉전의 믿음은, 중국과의 오랜 대결구도 속에 파인 종족갈등과 사회분열의 소용돌이로부터 좀처럼 헤어나지 못하는 오늘의 대만사회에 여전히 유효하다. 근래의 대만문학이 이런 문제를 어떻게 풀어가고 있는지에 대해서는 따로 검토할 일이지만,「귀향」(1999)「밤안개」(2000)「충효공원」(2001)[32] 등 식민과 분단, 냉전을 아우르는 거시적 시야로 대만의 과거와 현재를 조망한 천 잉전의 중단편들은 그중 주목할 만한 성과임에 틀림없다. 특히, 국공내전 중 대륙에 남겨져 노년이 되어서야 고향을 찾지만 형제들의 냉대 속에 돌아서고 마는「귀향」의 주인공이나, 계엄시기 수많은 탄압과 학살에 가담했던 과거에 짓눌려 신경쇠약으로 죽어가는「밤안개」의 인물에는 황석영의『손님』(창작과비평사 2001)의 주인공 류요한의 형상이 편린처럼 흩어져 있다. 오랜 공백을 건너, 어느새 대만문학과 한국문학이 또다시 서로를 향하고 있는 것이다.
    향토문학과 민족문학은 분명 역사의 지나간 자취이다. 그러나 문학이 어떻게 현실에 개입하여 궁극적으로 인간해방의 과제에 기여할 것인지를 묻는 진지한 탐색은 바뀐 시대와 조류 속에서도 면면히 이어지고 있다.

---

31) 陳光興「陳映眞的第三世界」,『臺灣社會研究』第84期(2011.9), 142면.
32) 陳映眞, 주재희 옮김『충효공원』, 문학과지성사 2011.

최근 평단의 쟁점으로 떠올랐던 '시와 정치' 논의는 미적인 것과 정치적인 것의 관계를 새로운 세대의 감성지도 안에 재배치하는 시도라 할 수 있다. 즉자적 정치성을 넘어서면서도 현실개입의 의지를 놓지 않으려는 젊은 비평가들의 고민은 필경 민족문학과 90년대 '리얼리즘'의 유산 위에 있다. 문단은 아니지만, 최근 대만에서는 천 잉전의 문학과 사상을 재평가하는 작업이 진행 중이다.[33] 특히 '제3세계론'을 비롯하여 중국과 일본, 한국의 관계 속에서 천 잉전을 새로 읽으려는 대만 지식계의 시도에 대해서는 우리도 마땅히 관심을 기울여야 할 것이다. 민족문학론을 비롯한 1970,80년대 한국의 문화지형 또한 비슷한 시기 대만과 횡적으로 연계할 때 과거에 보이지 않던 새로운 맥락과 의미가 드러날지 모른다. 민족문학과 향토문학을 출발점으로 삼아 20세기 후반 동아시아를 가로질러 존재했던 특정한 문화유산의 흔적을 복원하는 과정에서, '동아시아문학'이라는 새로운 논의의 장이 열리기를 기대해본다.

---

33) 『臺灣社會研究』第78期, 第84期가 '천 잉전 특집'으로 꾸려졌다.

대만의 '신영화'와 한국

강태웅

1. 들어가며

21세기에 들어서면서 한국과 중국, 일본의 영화산업은 서로간의 교류를 증대해나가고 있다. 배우와 제작스태프의 교류는 일일이 지적하기 힘들 정도로 많아졌고, 한·중·일 자본이 공동으로 출자되어 영화가 제작되는 일도 빈번하다. 이러한 동아시아 역내교류의 증대와 더불어 자국 영화의 제작도 활발하여, 한·중·일 모두 자국 영화의 흥행수입이 외국영화의 그 것을 능가하거나 아니면 거의 대등한 수준으로 유지되고 있다. 하지만 대만의 경우 자국 영화의 흥행수입 비율이 10%를 넘나드는 저조한 수준에 머무르고 있어 한·중·일과는 사뭇 다른 면모를 보여준다.[1] 주지하다시피 한국에서 중국영화와 일본영화를 극장에서 볼 수 있게 된 지는 그리 오래 지 않다. 대만영화는 오랫동안 한국에서 볼 수 있는 유일한 이웃국가의 영화였다. 그러한 중요성이 있음에도 불구하고 대만영화에 대한 한국 내의

---

1) 강태웅 「동아시아 영화교류의 현황과 미래」, 『교차하는 텍스트, 동아시아』, 창비 2010.

관심은 그다지 많지 않다. 따라서 이 글은 대만영화의 소개를 일차적인 목표로 하면서, 한국과의 관계를 중점으로 서술하려 한다. 이러한 시각을 통해 본다면 대만영화가 정치·경제·사회 등의 다른 분야와 마찬가지로, 대중문화에 있어서도 한국과 유사성을 지니며 발전해왔음을 발견할 수 있을 것이다.[2]

한국에서 대만영화에 대한 연구가 많지는 않지만, 1980년대에 만들어진 '신랑차오(新浪潮)'라 불리는 대만 신영화(新映畵)에 대한 연구자의 관심도는 높다. 반면 이에 대한 대중적인 인지도는 그렇지 못하다. 현재까지도 대만 신영화 중에서 한국에서 정식으로 찾아볼 수 있는 영화는 VHS 형태로 발매된 적이 있는 「비정성시(非情城市)」 외에는 없다. 이 영화가 1990년 한국에서 개봉될 당시의 포스터에 쓰여 있던 '1989년 제46회 베니스 영화제 그랑프리 수상' '1990년 아카데미 최우수 외국영화부문 참가 결정' 등의 문구를 통해 알 수 있듯이, 대만 신영화는 동아시아 역내 유통과정을 통해 한국으로 소개된 이웃나라 영화가 아니라, 저 멀리 서구의 시각과 시장을 통해서 들어온 것이다. 따라서 이 글의 취지는 같이 '자유진영'에 속해 있던 1980년대 한국과 대만의 '새로운 영화'를 비교함으로써, 늦은 감이 있지만 이웃국가의 영화로 대만영화를 새로이 자리매김하려는 것이다.

---

2) 김양수도 이러한 유사성을 지적하며 대만영화 「비정성시」와 한국영화 「꽃잎」을 비교하는 논문을 저술하였다. 김양수는 「비정성시」의 배경이 된 1947년의 2·28사건이 한국의 1948년 제주 4·3항쟁과 비교대상으로 적합하겠으나 이를 다룬 영화가 없어, 1980년 5·18광주민주화운동을 소재로 한 「꽃잎」을 선택하였다고 한다. 김양수 「「非情城市」和「花瓣(꽃잎)」里反映的歷史記述與精神創傷」, 『國際中國學研究』 제8집(2005).

2. '신영화' 이전의 대만영화

대만정부가 영화에 눈을 돌리게 된 계기도 한국과 관련된다. 대만의 존립이 의문시되던 중국과의 전황 속에서 1950년 한반도에서 한국전쟁이 발발하자 미국은 대만을 '자유진영'에 포함하기로 결정하고 미군을 파견한다. 국민당은 이러한 정세의 '안정'을 바탕으로 영화사업에도 힘쓸 '여유'가 생긴다. 1950년 장 제스는 아들 장 징궈를 농업교육영화공사〔農業教育電影公司〕 이사장에 임명하고, 반공영화를 제작하게 한다. 1954년에는 일본이 통치하던 시절 일본인이 경영하던 영화회사를 접수한 대만영화사업유한주식회사〔臺灣電影事業股份有限公司〕와 농업교육영화공사가 합병하여 '중앙영화사업공사〔中央電影事業公司〕'가 탄생한다. 중앙영화사업공사는 이후 대만 영화제작의 중심적인 위치를 차지한다. 하지만 대만영화가 활황을 맞이한 것은 중앙영화사업공사라는 대규모 조직의 탄생과 그 활동에 의해서가 아니었다. 1955년 처음으로 표준의 중국어〔北京話〕가 아닌 대만어〔閩南語〕로「육재자서상기(六才子西廂記)」가 제작되었고, 1956년에는 「설평귀와 왕보천(薛平貴與王寶釧)」이 대성공을 거두어, 이후 대만어 영화제작이 유행하게 된다. 1960년대에는 한해 100편 내외의 대만어 영화가 제작되어 대만의 영화산업을 이끌어나갔다.[3]

1956년에는 '중화민국의 이익과 민족의 존엄을 해치는 영화'에 규제를 가하는 등을 내용으로 하는 '영화검사표준규칙〔電影片檢查標準規則〕'이 제정되어, 영화에 대한 검열이 공식화된다. 그리고 이러한 네거티브적인 제재수단과 더불어 포지티브적인 영화제작 장려정책도 만들어져, 지금도 대

---

3) 黃仁「臺灣における主要な映畵制作會社の槪況」, 小山三朗 編著『臺灣映畵』, 京都: 晃洋書房 2008, 135~49면.

만을 대표하는 영화제인 진마장(金馬獎)이 1962년 당국에 의하여 시작된다. 진마장에서 주목할 점은, 당시 가장 많이 만들어지고 있던 대만어 영화가 심사대상에서 제외되었다는 것이다. 그 대신이라 할 수 있을지는 모르겠으나 홍콩에서 제작된 중국어 영화가 진마장의 심사대상에 포함되었다.[4] 이러한 배제와 포섭의 원리가 작용하는 영화제를 통하여 대만정부의 영화에 대한 인식을 엿볼 수 있다. 즉 대만어 영화가 제작되는 것 자체를 막을 수는 없지만 이러한 제작경향을 정부 차원에서는 결코 긍정적으로 받아들이지 않았고, 대만의 토착성이 영화에서 발현되는 것에 대하여 부정적인 인식을 가지고 있었다는 것이다.

한국을 대표하는 영화상이었던 대종상(大鐘賞)도 대만의 진마장과 똑같이 1962년부터 정부 주도로 시작하였다. 게다가 영화제가 우수영화 제작 장려라는 포지티브적인 목적을 가짐과 더불어 이후 제작될 영화의 성격까지 관여했다는 점에서 대종상과 진마장은 유사하였다. 한국에서는 대종상이 시작된 1962년에 영화법이 제정되어, 일정 소건 이상이 되는 영화사만이 영화를 제작할 수 있었고, 제작업과 수입업도 일원화하여 국산영화 제작실적이 좋은 영화사가 외국영화를 수입할 수 있도록 제한하였다. 영화법 제정은 외국영화 수입 규제를 통한 국산영화시장 보호가 일차적인 목표였으나, 이러한 본래 목표와는 달리 외화수입 쿼터를 얻기 위해 한국영화가 졸속으로 제작되는 환경이 조성되었다. 1966년부터 외화수입이 자유화되는 1985년까지 대종상 작품상, 제작상, 우수반공영화상을 수상한 회사에 수입영화 쿼터가 우선적으로 배정되었다. 따라서 수익이 큰 외국영화를 수입하기 위해서는 영화사가 정부의 입맛에 맞는 영화를 만들어 영화제 수상을 노릴 수밖에 없었다.[5]

---

4) 張昌彦「臺灣語映畵時代」, 같은 책 198면.
5) 김미현 편『한국영화사』, 커뮤니케이션북스 2006, 173~74면.

1960년대에 활황을 보인 대만 영화산업은 1970년대에 들어서 하강세로 접어든다. 전세계 영화산업에 타격을 준 텔레비전의 보급이 가장 큰 원인이었으나, 1970년대에 들어서는 거의 제작되지 않게 되는 대만어 영화의 소멸 역시 그 원인 중의 하나였을 것이다. 한국의 영화산업도 1960년대의 활황에서 급격히 반전하여, 관객들은 한국영화에서 눈을 돌리고 말았다.

3. '신영화'와 대만사회

우리 시대의 영화는 서민대중의 일상적 슬픔과 기쁨, 노여움을 한번이라도 제대로 반영해준 기억조차 갖고 있질 못하다. (…) 정말 세계적인 영화가되길 원한다면 우리 현실의 저 밑바닥으로부터 일어나는 끈질긴 생명력을 발판으로 한 영화, 곧 근원적인 영화가 되길 먼저 희망하지 않으면 안된다. 그것이 곧 민족을 위한 민중의 영화, 진정한 의미에서의 새로운 영화이다.

이는 '코리언 뉴웨이브'를 이끌었던 장선우 감독이 평론가 시절인 1983년에 쓴 「새로운 삶, 새로운 영화」라는 글의 한 대목이다. 이 글은 당시 영화제작이 자유롭지 못하던 독재정권하의 한국에서 영화제작이 나아갈 길에 대한 모색이었다. 서민대중을 '사실적'으로 그리는 것이 '새로운 영화'이고 이것이 '세계적인 영화'로 이어진다는 장선우의 말은 마치 대만 신영화의 행보를 예언한 듯하다. 하지만 당시 한국의 영화운동을 담당하던 이들이 대만영화에 대하여 정보나 관심을 갖고 있었던 것으로 보이지는 않는다. 그들은 서구의 영화운동에 관심이 많았다. 장선우의 글이 실린 책『새로운 영화를 위하여』(서울영화집단, 학민사 1983)는 1980년대 중후반의 한국영화에 혁신을 가져오게 되는 이들이 모여 만든 이론서로, 여기에는 이딸리아의 네오리얼리즘, 프랑스의 누벨바그, 영국의 프리 씨네마 등과 라틴아메리카, 아프리카 영화에 대한 글까지 번역되어 실렸지만 대만을 비롯한 아시아 국가의 영화에 대한 글은 전무하다.

1982년과 83년에 국영 영화회사 중앙영화사업공사가 국산영화의 퇴조에 변화를 주기 위하여 제작한 세편의 영화 「시간 이야기〔光陰的故事〕」「사오비 이야기〔少畢的故事〕」「쎈드위치맨〔兒子的大玩偶〕」이 대만 신영화 시대의 개막을 알린다. 네명의 신인감독들로 구성된 옴니버스 영화 「시간 이야기」는 아버지가 버린 공룡인형을 찾기 위해 한밤중에 쓰레기장을 찾아나서는 초등학생의 모험, 성에 눈뜨는 여중생, 병에 갇힌 개구리 같은 신세에서 벗어나려고 노력하는 대학생, 열쇠 없이 집 밖으로 나왔다가 도둑으로 몰리는 사회인 등을 주인공으로 하여 대만사회의 특징을 잘 끄집어낸 '새로운' 영화로 관심을 모았다.

1983년에 만들어진 「사오비 이야기」는 주 톈원(朱天文)의 단편소설을 허우 샤오셴(侯孝賢)이 각색한 영화이다. 주 톈원은 이 영화를 계기로 대만 신영화를 대표하는 허우 샤오셴 감독의 대부분 작품의 각본에 참여를 하게 된다. 미혼모인 사오비의 어머니는 스무살이나 차이 나는 중년 남성과 결혼을 한다. 사오비가 그런 환경 속에서 극심한 반항기를 보내는 여러 에피소드들이 타이베이시 북서쪽 해안마을 단수이(淡水)를 배경으로 펼쳐진다. 영화의 절정장면에서 사오비는 자신의 잘못으로 칼에 찔린 친구의 수술비를 마련하려고 집에 있는 돈을 훔친다. 이 사실이 발각되자 아버지에게 크게 꾸지람을 들으며 두들겨맞는다. 내 아버지도 아닌데 왜 때리느냐고 반항하는 사오비에게 어머니는 놀라며 당장 무릎 꿇고 사과하라고 말한다. 그때까지 온화한 성격을 유지하던 아버지는 너의 아버지를 찾아가서 무릎 꿇으라고 한마디 던지며 그 자리를 뜬다. 다음날 어머니는 가스자살을 하고 만다. 이로써 사오비의 어린 시절은 끝이 나고 영화는 공군장교가 된 사오비가 고향으로 돌아와 동창들을 만나는 장면으로 끝이 난다. 대만 신영화의 가장 큰 특징으로 꼽히는 소년의 성장이야기를 내러티

브로 하고 있다는 점, 그리고 그러한 성장기의 끝에 군입대가 자리하고 있는 점 등 「사오비 이야기」는 이후의 허우 샤오셴 영화들(「펑구이에서 온 소년」〔風櫃來的人, 1983〕「소년 성장기」〔童年往事, 1985〕「연연풍진」〔戀戀風塵, 1987〕)에 큰 영향을 준다.[6] 또한 단순한 성장이야기가 아니라 사오비의 아버지는 대륙 출신이고 어머니는 대만 출신으로 외성인과 본성인의 결혼이라는 문제를 바탕에 깔고 있어(이 책 2부 1장 허 이린의 글 참조──엮은이), 영화에 사실성과 복잡성을 더해준다.

　「사오비 이야기」에 이어 개봉된 「쌘드위치맨」은 「시간 이야기」와 같은 옴니버스 영화이다. 세편의 이야기로 이루어진 이 영화는 보다 '새로운' 영화가 되기 위하여, 즉 보다 대만의 실정을 반영하기 위하여 '향토문학' 작가로 유명한 황 춘밍의 단편들을 원작으로 하였다. 첫번째 에피소드의 주인공은 쌘드위치맨 사진이 실린 일본잡지를 찢어 극장 주인에게 보이면서, 시험 삼아 한달만 임금 없이 써달라고 부탁하여 일을 따낸다. 주인공은 삐에로 복장을 하고 목에 극장광고판을 걸고 돌아다니지만, 광고효과는 없고 동네아이들과 장인으로부터 비웃음을 산다. 그러한 그를 반가이 맞아주는 것은 갓 태어난 자신의 아들뿐이다. 하지만 그는 아들 이름을 한자로 쓰지 못하는 문맹이다. 삐에로 복장을 하고 기차역에서 광고를 하던 그의 시선이 기차를 기다리며 책을 읽고 있는 학생들에게 향할 때, 화면은 그가 아들의 출생신고를 위하여 관청에 찾아간 장면과 교차편집된다. 거기서 아들 이름을 한자로 못 쓴다는 사실이 밝혀짐과 동시에 출생신고가 늦어 벌금을 내야 하는 불상사까지 발생한다. 화면에는 삐에로 분장을 하여 웃고 있는 주인공 얼굴이 비추어지지만, 관객에게는 그의 내면의 슬픔이 전달된다. 허우 샤오셴 감독은 스크린이 갖는 표층적 한계를 뛰어넘는 이

<hr>

6) 小笠原淳「再創造される現実(リアル)─侯孝賢をめぐる臺灣映畵の諸相」,『すばる』33권 11호(2011.11), 236~37면.

러한 탁월한 장면을 연출해냈다.

두번째 에피소드의 주인공은 일본제 압력솥을 팔러 다니는 영업사원이다. 압력솥의 상품명은 '행복'으로, 포장상자에는 한자가 아니라 히라가나로 'しあわせ'라고 표기되어 있다. 어느 마을에서 압력솥 시연을 하던 중에 불이 붙어 한바탕 소동이 벌어지는 화면과 교차하여 영업사원들이 교육받는 장면이 등장한다. 압력솥의 원리에 대한 설명을 듣고는 군대에서 공병(工兵)으로 복무했다는 주인공이 이걸 사람들이 집에서 쓴다면 지뢰와 마찬가지로 위험하다고 지적하자, 교육강사는 이 압력솥은 일본인이 발명해서 이미 10년, 20년씩 쓰고 있고 대만은 이제야 쓰는 것이라 반박한다. 강사가 또다른 곳을 찾아가 압력솥 사용법을 보여주던 중 압력솥이 터져 파편이 동료 영업사원의 목에 박힌다. 주인공은 병원에서 치료를 받는 동료를 찾아가 보고는, 병원 벽에 붙어 있는 '행복' 압력솥 광고를 갈기갈기 찢어버린다.

'사과의 맛(蘋果的滋味)'을 제목으로 하는 세번째 에피소드에서는, 아침 출근길 자전거를 타고 가던 대만인 노동자가 미군장교의 차에 치인다. 이 장면에서 감독 완 런(萬仁)은 치이는 장면을 직접 묘사하기보다 자동차 앞쪽에 꽂힌 성조기 밑에 쓰러져 있는 노동자라는 상징적인 화면을 선택한다. 미군장교는 대만인 장교와 같이 사고 노동자의 가족을 찾아 재개발을 앞두고 있는 판자촌으로 향한다. 대만인 장교가 노동자의 부인에게 표준어로 남편의 사고 사실을 전달하지만, 전혀 말이 통하지 않아 옆에 있던 첫째딸이 어머니에게 대만어로 통역을 해준다. 노동자의 부인에게는 대만인 장교의 표준어와 미군장교가 말하는 영어가 모두 다 외국어로 들릴 뿐이다. 5남매와 부인은 노동자의 병문안을 위해 미군 병원으로 향한다. 마치 천국을 형상화한 듯한 하얀색의 병원에서 두 다리를 자르는 수술을 받은 노동자가 침대에 누워 있다. 그곳에서 가족들은 먹고 싶었지만 비싸서 살 수 없었던 사과를 비롯한 많은 음식을 마주하게 되고, 노동자의 부인은 거

144

액의 보상금을 손에 쥔다. 가족들 모두 사과를 하나씩 입에 물고 행복한 표정을 지으며 영화는 끝이 난다.

「쌘드위치맨」의 개봉을 앞두고 '사과의 맛'의 내용이 중앙영화사업공사의 국영 이미지와 불일치하고, 게다가 표준어가 아닌 대만어가 극중에서 너무 많이 사용된다는 이유 등으로 당국은 영화의 일부분을 삭제하고 공개하려 하였다. 이는 '사과 삭제사건〔削蘋果事件〕'이라 불리는 검열을 둘러싼 논의를 불러일으켰고, 바로 그 논의 속에서 '대만 신영화'라는 명칭이 탄생하였다. 「쌘드위치맨」은 삭제 없이 상영되었지만, 이 사건을 통하여 중앙영화사업공사는 영화소재를 선택하는 데 있어 더욱 신중하게 되었고, 영화인들도 한층 검열을 염두에 두고 제작을 하게 되었다.[7]

4. '신영화'의 전개와 한국

대만에서 '사과 삭제사건'이 문제가 되고 있던 때, 한국에서도 영화검열 문제가 심각하였다. 「쌘드위치맨」과 같은 해인 1983년에 제작된, 이장호 감독 자신이 출연하여 투신자살하는 장면으로 시작하는 「바보선언」은 그러한 세태를 대변하는 영화였다. 이 영화는 본래 '어둠의 자식들 2부'라는 제목으로 당국에 신고하였으나 허가가 나지 않자 감독이 열몇개의 제목을 문화공보부에 제시하였고, 그중에서 '바보선언'이라는 제목이 당국에 의해 선정되어버렸다. 감독은 자포자기 상태로 대사를 대부분 삭제하고 배우들에게도 마음대로 연기하게 내버려둔 채로 영화를 완성하였다고 한다.[8]

---

7) June Yip, *Envisioning Taiwan: fiction, cinema, and the nation in the cultural imaginary*, Durham: Duke University Press 2004, 54~60면.
8) 한국영상자료원 편『한국영화사공부 1980-1997』, 이채 2005, 51~52면.

이처럼 검열을 둘러싼 팽팽한 긴장감이 존재하는 가운데, 한국의 새로운 영화들의 탄생도 대만과 마찬가지로 정부 차원의 변화에 의한 바가 크다. 중앙영화사업공사처럼 직접 영화제작에 나서지는 않았지만, 1984년 정부기관인 영화진흥공사(현 영상진흥위원회)가 '한국영화아카데미'를 만들어 영화인력을 키우는 데 직접 참여한 것이다. 1985년에는 제5차 영화법 개정으로 영화제작 자유화가 이루어져 장선우(張善宇)나 박광수(朴光洙) 같은 감독이 데뷔할 수 있는 기반이 마련된다. 이들과 더불어, 앞서 데뷔한 이장호(李長鎬), 배창호(裴昶浩) 감독이 1980년대 한국의 새로운 영화를 이끌어나갔다. 대만과 한국의 신영화는 자국 영화가 퇴조일로를 걷고 있을 때 서민에게 더욱 다가가는 소재를 가지고 피사체에 사실적으로 접근하여 국산영화에 등을 돌렸던 관객을 돌아오게 만들었고, 나아가 전세계에 그 존재감을 알렸다는 점에서 공통성이 크다. 그렇다면 대만과 한국의 새로운 영화 사이에는 전개과정의 유사성, 국가의 검열이라는 사회적 규제 외에 영화들간의 영향관계나 영화인의 교류는 없었던 것일까. 한편으로 대만 신영화가 다루는 경제발전과 빈부격차, 교육, 일본과 미국에 대한 인식 같은 문제의식은 당시의 한국관객들도 공감할 부분이 많았을 터이다.

　이장호는 「비정성시」가 제작되기 이전인 1987년 허우 샤오셴과 만난다. 일본에서 개최되는 '피아(ぴあ) 필름 페스티벌'의 '아시아 영화의 뉴웨이브' 부문에 이장호와 허우 샤오셴이 함께 초청된 것이다. 그때까지 만들어진 두 감독의 작품 중에서 이장호의 「나그네는 길에서도 쉬지 않는다」(1987)와 허우 샤오셴의 「소년 성장기」가 비교되었다. 「나그네는 길에서도 쉬지 않는다」는 분단된 상황에 살고 있는 한국인을 '나그네'라 칭하고, 고향으로 돌아가려고 휴전선을 향하는 한 노인과 그를 수발하는 간호사, 그리고 죽은 부인의 뼈를 고향 가까이 가서 뿌려주려는 한 사나이의 여정을 그린 영화이다. 「소년 성장기」는 대륙에서 건너온 외성인 가족의 이야기로, 아버지와 어머니, 할머니로 이어지는 계속된 가족의 죽음과 더불어 성

장해가는 소년을 주인공으로 한다. 서로의 영화를 이 영화제에서 처음 본 이장호와 허우 샤오셴은 그다지 비교점이 없어 보이는 이 두 영화가 '분단'상황을 공통된 소재로 하고 있고, 고향으로 돌아가고 싶어하나 그럴 수 없는 등장인물이 서로의 영화에 똑같이 등장하고 있음을 화제로 삼기도 하였다.[9]

이장호와 허우 샤오셴의 만남이 있은 다음해인 1988년, 박광수 감독의 「칠수와 만수」가 대만 신영화에 가장 많은 원작을 제공했던 작가 황 춘밍의 단편소설 「두 페인트공」을 원작으로 제작되었다. 1983년 출간된 황춘밍의 소설집 『사요나라, 짜이젠』에 수록된 작품이 연극으로 각색, 상연되다가 박광수 감독에 의하여 영화화된 것이다. 빌딩에 걸린 광고 간판을 칠하던 두 페인트공이 자살을 하려고 하는 줄 오인받아 벌어지는 한바탕 소동을 그린 원작에, 영화는 한국사회의 문제점을 끼워넣는다. 시골 출신 두 페인트공이라는 원작의 인물설정에 한층 입체감을 부여하여, 칠수는 아버지가 비전향장기수여서 갖은 불이익을 받으면서 살아온 인물로, 만수는 미군부대 근처에서 자라 미국을 동경하며 미국에 가 있는 누나로부터 초청장이 오기만을 기다리는 가짜대학생으로 연출된다.

박광수의 다음 작품으로 탄광촌을 배경으로 한 「그들도 우리처럼」(1990)도 대만 신영화와 비교될 수 있다. 허우 샤오셴의 「연연풍진」은 「그들도 우리처럼」과 같이 탄광촌을 배경으로 하고 있고, 군대를 간 사이에 애인이 변심하여 다른 남자와 결혼해버린다는 내용은 한국에서도 예전이나 지금이나 계속 활용되는 테마이기도 하다. 허우 샤오셴은 「연연풍진」에서 아름다운 산을 배경으로 탄광촌 이야기를 담담하고 유려하게 화면에 담아내려고 주력한다. 이에 반해 박광수의 영화는 보다 참여적이다. 서울에서 학생운동을 하다가 지명수배를 받은 주인공이 건설노동자의 신분증을 손에

---

9) 「座談會 アジア映畵の新しい波」, 『朝日ジャーナル』 1987.6.5. 78~82면.

넣어 탄광촌으로 도망간다. 그는 탄광회사에서 열심히 일하다가 술집여자와 사랑을 하게 되나, 그녀 때문에 부사장과 싸우게 되어 자신의 신분이 탄로난다. 술집여자와 같이 도망가려 하나 그녀는 자신을 말리는 부사장을 칼로 찔러 죽이고 경찰에 잡히고 만다. 주인공이 첫 장면과 똑같이 혼자 기차를 타고 어딘가로 향하는 것으로 영화는 끝이 난다. 「연연풍진」에서도 탄광회사 사장의 고용인에 대한 폭력과 부당한 대우 등이 그려지지만 이에 대한 저항은 없다. 둘의 차이를 보자면, 한쪽은 대만 신영화의 특징인 그 마을 소년의 성장이야기로 처리되고 있고, 다른 한쪽은 외부자, 즉 마을 사람도 아니고 노동자도 아닌 지식인층이 개입한다는 점이다. 하지만 황춘밍의 원작을 사용한 한국영화가 제작되거나, 비슷한 사회적 배경의 영화가 제작되었다는 사실은 양국의 신영화가 시기적 유사성을 뛰어넘어 영화제작의 방향성 및 작가정신 또한 공유하고 있었음을 의미한다.

5. '신영화' 이후의 대만영화

식민지시대의 끝을 알리는 천황의 라디오 방송으로 시작하는 영화 「비정성시」는 국민당이 대륙을 완전히 포기하고 대만으로 오게 되는 1949년까지를 영화적 시간으로 하여, 역사의 격랑에 휘말리는 한 가족의 고난사를 카메라가 묵묵히 잡아내었다. 이 영화는 그동안 대만에서 표현이 금기시되던 1947년의 2·28사건을 전경화하였고, 영화적 완성도가 높아 1989년 제46회 베네찌아 영화제 그랑프리 수상과 더불어 대만영화를 전세계에 알리는 계기가 되었다. 하지만 이러한 「비정성시」의 세계적인 성공은 대만 신영화의 종언을 의미하기도 하였다. 천 광싱의 지적처럼 「비정성시」는 이전까지 대만 신영화가 특기로 삼았던 소년의 성장이라는 이야기틀에서 벗어났고, 정치성을 강하게 띠고 있다. 또한 「비정성시」의 성공으로 촉발되어 대만의 영화제작자들이 해외시장을 의식하기 시작하였다. 「비정성시」 이후, 미국으로 이민 간 리 안(李安)과 말레이시아 출신으로 대만으로 이민온 차이 밍량(蔡明亮)이 1990년대 대만영화를 이끌어가는 감독이 된 것은 당연한 흐름일지 모른다. 이들이 만든 영화 「결혼피로연」(喜宴, 1993) 「음식남녀」(飲食男女, 1994) 「애정만세」(愛情萬歲, 1994)」 등은 국제적으로 성공하였지만 더이상 대만이라는 내셔널리티를 담보해주지는 못했다.[10]

1992년 대만과 한국의 외교관계는 단절된다. 그렇다고 이전의 중국영화와 일본영화처럼 한국에서 대만영화가 상영금지를 당하지는 않았다. 하지만 1980년대 양국이 신영화 제작에서 보여주었던 교류와 유대감은 퇴색하지 않을 수 없었고, 유사하게 발전해오던 양국의 영화산업도 전혀 다른 방향으로 전개된다. 대만 내의 영화 제작환경에도 변화가 있어, 그때까지 대만영화를 이끌어오던 중앙영화사업공사가 2005년 '미디어에서 당정군 퇴출(黨政軍退出媒體)' 정책에 따라 민영화되고, 영화제작을 중지하였다. 한편 계속해서 확대되어가는 중국의 영화시장에 눌려 대만 나름의 색깔을 드러내는 영화제작을 기대하기는 이제 힘들다는 예측도 나온다. 그러나 최근 가장 활발히 제작활동을 하고 있는 웨이 더성(魏德聖) 감독의 영화들이 제기하는 '새로운' 방향도 간과해서는 안될 것이다. 그는 주로 일본과의 관계를 전면에 내세운 영화를 제작하여 대만의 정체성을 묻고 있다. 「해각7호」(海角七號, 2008)에서는 1945년 8월 대만을 떠나는 배에서 일본인 교사가 사랑하던 대만 여성에게 쓴 편지가 60여년의 세월이 지나 배달되고, 이를 배달하는 대만인 우편배달부와 일 때문에 대만에 와 있는 일본인 여성의 현재의 사랑이 편지 속의 옛날 사랑과 중첩된다. 웨이 더성은 이런 사랑의 구도가 대만과 일본이라는 국가관계의 알레고리로도 읽힐 수 있

---

10) 陳光興, 丸川哲史 譯「臺灣ニューシネマ 文化運動, 國家とグローバル資本 」, 『現代思想』 29권 4호(2001.3), 82~92면.

는 영화를 만들기도 하고, 최근 연출한 「세에딕 발레」(賽德克·巴萊, 2011)에
서는 「해각7호」의 우호적인 시각과는 정반대로 1930년 대만의 선주민들이
일본인 130여명을 죽이고 2개월 동안 일본군과 대치한 '우서(霧社)사건'을
그려 화제를 모으기도 했다.[11] 이처럼 지금 제작되는 대만의 영화들이 제
시하는 문제들은, 신영화 시절과는 다르지만 비슷한 역사경험을 공유하는
'이웃국가'의 영화로서 한국의 관심을 끌기에는 충분하지 않을까.

---

11) 강태웅 「「세에딕 발레(賽德克·巴萊)」 타이완 영화의 힘」, '서남포럼 뉴스레터' 165호
(2012.5.31), http://www.seonamforum.net 참조.

대만 민주화과정과 사회운동의 변화

한국과의 비교적 관점

박윤철

1. 들어가는 말

서구학자의 거시적 분석에 의하면 동아시아 국가, 특히 대만과 한국의 국가지배체제의 형태 및 민주화과정은 상당히 유사한 것으로 간주된다. 권위주의적 국가체제, 경제발전에 따른 중간계급 및 노동계급의 성장, 이들을 주체로 하는 시민사회의 형성이 추동하는 민주화과정 등이 한국과 대만에서 거의 유사하게 관찰된다는 것이다. 그러나 미시적 관점에서 대만과 한국의 민주화과정을 살펴보면, 양자의 국가체제의 역사적 성격과 사회구조적 조건의 차이로 인하여 상이한 발전궤적을 확인할 수 있다.

먼저, 대만의 국민당정권은 구소련 및 중국의 공산당과 거의 유사한 지배체제인 준(準)레닌주의 당국체제(黨國體制, party-state system)를 국가지배체제로 채택하여 전체 사회를 국가화 혹은 국민당화하고 있었으며, 대만이 일본에서 해방된 이후 1987년까지 약 40년간 군사계엄체제를 지속적으로 유지하였다. 다음으로 한국과 상이한 대만의 사회구조적 조건을 들면, 첫째, 대만은 한국과는 달리 사회운동의 전통이 일천하고 조직화 수준이 낮았다. 둘째, 노조는 국민당의 직접적인 통제하에 있었으며 조직률도 매우 낮았다. 셋째, 외성인과 본성인 간에 족군갈등(ethnic cleavage)이 상존하여 정치적으로 균열되어 있었다. 마지막으로 반공(反共) 대치상태를 들 수 있는데, 이는 한국과 매우 유사한 상황이지만, 거대한 중국대륙의 정치적·군사적 위협은 북한의 위협에 비해 체감의 정도에서 현격한 차이를 느끼게 한다. 이러한 조건들로 인하여 대만의 시민사회는 한국에 비해 발전이 상당히 지체되었다. 1970년대 후반부터 대만에서도 의미있는 정치적 반대운동이 조직되고 사회운동이 활성화되기 시작하였으나, 그 정치·사회적 동원능력은 한국에 비해 매우 낮은 상태에 머물렀다.

대만의 사회운동은 1987년 군사계엄 해제 이후 일시적으로 상당한 수준의 사회적 동원능력을 갖추게 되어, 상당부분 아래로부터의 민주화 압력으로 작용하였다. 그러나 한국과의 비교적 관점에서 볼 때 대만 국민당정권은 민주화 초기에 여전히 강력한 통제력과 풍부한 물적 기초를 구축하고 있어, 큰 체제 위협에 직면한 적이 거의 없었다. 반면 시민사회의 성장 수준이나 사회운동 역량은 국민당을 압박하여 민주적 개혁을 견인하기에는 부족하였다. 따라서 대만의 민주화는 시민사회가 주도하는 아래로부터의 압력에 의하여 추동된 측면보다는 국가가 선점적 지배전략하에서 주도한 측면이 더 강하다. 국민당정권은 거대한 중국의 세계무대 등장으로 인한 외교적 고립을 포함하는 외부환경의 변화와 내부의 점진적 개혁요구에 선제적으로 대응할 필요를 느꼈다. 이에 국민당정권의 개혁파는 반대당의 온건개혁파와 상호이익을 공유하면서, 협상을 통한 위로부터의 민주화(negotiated and pacted transition)를 진행하였다. 다시 말하면, 대만의 민주화는 새로운 환경변화에 직면한 국가체제가 자기조정을 통해 통치의 정당성을 획득하고 권력을 지속적으로 유지하고자 하는 위로부터의 개혁, 즉 그람시(A. Gramsci)가 말하는 수동혁명(passive revolution)적 성격이 강하다는 것이다. 대만 민주화의 이러한 구조적 성격은 기존 독점지배체제가 완전히 해체되지 않고 변형적 재편을 통해 지속되도록 만들었다. 즉 대만은 민주화 이후에도 국민당정권, 자본 및 지방파벌(local faction)[1] 간의 이익교환에 기초한 연합으로 인하여 기존 구조가 재편성되는 수준에 머무르고 있다. 이로 인해 정치·사회적 독점구조의 해체를 통한 실질적 민주주의의 공고화 혹은 '민주화 이후의 민주주의'는 지속적으로 저지되었다.

이러한 사회구조적 조건은 체제개혁적인 사회운동의 활성화에도 부정적인 영향을 미치고 있다. 민주화의 진전에 따라 정치기회구조가 확대되었음에도 불구하고, 기존의 사회운동은 오히려 운동성이나 사회동원능력이 더 약화되었다. 또 새롭게 조직되는 시민단체는 체제개혁이나 민주주의의 공고화를 추구하는 시민조직이 아니라 거의 대부분 사회써비스 위주의 조직들이다. 이러한 사회운동의 체제개혁요구 상실은 민주주의 공고화에 부정적인 영향을 미치고 있다.

2. 민주화 초기 대만 국가 및 사회적 조건의 구조적 특징

대만의 국가독재 지배체제와 그 민주화과정을 한국과의 비교적 관점에서 이해하기 위해서는 먼저 민주화 초기 국가 및 사회 특징들의 차이를 관찰하는 것이 필요하다. 이를 위해 대만과 비교집단으로서의 한국과 필리핀을 유형화해 보면, 표와 같이 각각 '억압형' '저항형' 및 그 중간형태인 '중간형'으로 분류할 수 있을 것이다.

---

1) 지방파벌은 대만의 주요한 정치·사회세력 중 하나이다. 이에 대한 구체적 내용은 3절에서 논의할 것이다.

민주화시기 국가·사회의 유형

유형 변인	억압형 (필리핀)	중간형 (대만)	저항형 (한국)
국가의 억압능력	중	상	중
국가의 자기조정능력	하	상	중
지배계급의 견고성	상	하	중
조직화된 저항	하	중	상

　먼저 필리핀의 경우 국가의 억압능력이 아주 높은 것은 아니지만, 견고한 지배계급과의 블록을 형성하여 지배체제를 지속하였다. 그러나 국가의 조정능력 측면에서 보면, 내외의 변화와 그로부터의 압력을 정확히 인식하고 선점적으로 체제개혁을 하는 능력이 결여되어 있으며, 단지 기존 지배체세의 지속적 유지에만 관심이 있었다. 물론 상대적으로 조직화된 저항이 낮은 편이라 국가의 자기조정 자체가 필요하지도 않았다. 미지막으로 필리핀 역사를 살펴보면, 시민의 저항이 적지는 않았지만 대부분 '일과성 분노의 폭발'이라는 성격이 강하였고, 시민사회의 조직화된 역량에 기초한 지속적인 사회운동은 아니었다.

　대만의 경우, 일본이 남긴 식민지배기구와 중국대륙에서 이주한 국민당정권이 이식한 통치기구가 중첩적으로 시민사회를 통제하고 있었다. 또 국민당정권은 공산당식 당국체제를 채택하였는데, 이는 자본주의국가에서는 유례가 없는 것이었다. 따라서 억압능력 면에서 한국에 비해 월등한 위치에 있었다. 또 대만은 이민정권(immigrant state)[2]의 약점을 보완하고 체

---

2) 국민당정권은 1949년 중국대륙에서 공산당과의 내전에서 패배하여 대만으로 이주해 온 정권이다. 그들은 광대한 중국대륙을 통치하던 국가기구를 그대로 대만에 이식했다. 이민정권적 성격은 실제 통치에서 긍정적인 면과 부정적인 면을 동시에 보여준다. 예를 들면, 국민당정권이 대만 현지에 뿌리를 두고 있지 않다는 점은 국가자율성(state

제안정을 도모하기 위해 기층 및 지방과의 소통통로를 구축하였다. 지방의 기층사회에 이르기까지 국민당의 조직이 뿌리 깊게 침투해 있었으며 1950년대 초반부터 선거를 통한 지방자치제를 실시하고 있었기 때문에[3] 아래로부터의 욕구가 반영될 수 있는 통로들이 존재하였다. 이러한 조건들은 국가의 조정능력을 제고하였다. 따라서 국민당정권은 위기의 본질을 파악하고, 이를 선점적 전략으로 극복하고, 통치의 합법성을 유지할 수 있었다. 그러나 지배계급의 견고성 면에서 보면 대만의 지배계급을 형성한 외성인은 소수민족이었으며, 지역적으로 대부분 수도 타이베이 지역에 거주하고 주로 국가부문과 당영(黨營)부문에 집중되어 있어, 그 계급적 견고성이 낮은 편이었다. 나아가 경제발전에 따른 민간부문의 확대는 그들의 권력을 점차 축소했다. 조직화된 저항의 측면에서 보면, 대만은 경제발전에 따라 시민사회의 저항이 서서히 활성화되기는 하였지만, 시민사회의 낮은 저항과 1949년 이전(주로 1947년 2·28사건 직후)에 이루어진 엘리트들의 대량학살로 인하여 저항력을 조직화하는 데 많은 한계가 있었다.

　마지막으로 한국의 경우, 국가의 억압능력과 조정능력 면에서 필리핀보다는 높지만 대만에는 미치지 못하였다. 왜냐하면 앞에서 본 바와 같이 한국의 국가적 조건들은 대만의 그것과는 상당한 차이가 있었기 때문이다. 한국의 국가체제는 공산당식 당국체제를 채택한 것도 아니고, 다른 지역

---

autonomy)을 극대화하여 토지개혁 같은 국가정책의 성공적 실현을 가져온 반면, 대만 기층민중의 지지와 동원을 이끌어내는 데 어려움을 겪게 하였다.

3) 국민당정권은 1945년 일본으로부터 대만을 수복한 후 곧바로 지방의 기층 민의대표, 즉 이장(里長)과 향(鄕), 진(鎭) 및 구(區) 의회의원들을 직접선거로 선출하였고, 그 차상위의 현(縣) 및 시(市)와 최상위 성(省)의 의회의원들은 간접선거로 선출하였다. 국민당정권이 대만으로 이주한 직후인 1950년에는 차상위의 현 및 시의 정부수장과 의회의원, 그리고 성의회의원을 직접선거로 선출하였다. 이와 같이 대만의 지방자치 역사는 한국보다 훨씬 더 일찍 시작되었는데, 이는 지방의 문제가 중앙으로 직접 이동하는 것을 어느 정도 억제하는 제도적 장치가 되었다.

으로부터 이주한 이민정권도 아니었다. 또 민주화 이전에는 지방자치제도를 거의 실시하지 않았으며, 지방 기층사회에 국가의 조직이 직접적으로 뿌리를 내리고 있지도 않았다. 지배계급의 견고성 면에서 한국의 지배계급은 정치, 사회 및 경제 등 모든 영역을 광범위하고 뿌리 깊게 장악한 필리핀의 지배계급에는 미치지 못하였지만, 소수의 외성인으로 구성된 대만의 지배계급에 비해서는 상대적으로 강한 수준이었다. 왜냐하면 한국은 대만과 달리 일제시기부터 형성된 지배계급이 여전히 존속하고 있었기 때문이다. 또 조직화된 저항의 측면에서 보면 한국의 시민사회는 유구한 저항의 전통을 가지고 있었으며, 동시에 1970년대의 폭압적 유신체제하에서도 지속적인 대항이데올로기와 저항세력의 생산을 통해 국가·사회의 변혁을 추동할 수 있는 조직화된 저항을 유지하고 있었다.

3. 민주화 이전 대만 국가체제의 구조와 지배방식

1) 국민당의 구소련식 당국체제

민주화 이전 대만의 국가체제는 일제 식민정권의 유산이라는 측면에서는 한국과 매우 유사하지만 중국대륙으로부터의 이민정권이라는 측면에서는 매우 상이한 특징들을 가지고 있다. 국가체제는 국민당정권이 중국대륙에서 대만으로 이주하기 전 일제 식민정부의 유산인 제국주의적 사회통제 씨스템과 사회적 자원동원 체제를 고스란히 유지함으로써, 이미 '과대성장국가'(over-developed state)의 형태를 취하고 있었다. 다시 말하면, 한국과 대만은 일본에서 해방될 당시 사회적 분화와 발전이 정체된 농업국가 수준이었으나 국가체제는 발전된 제국주의의 국가체제를 이미 유지하고 있어, 국가가 시민사회를 통제하는 것이 매우 용이했다는 것을 의미한다.

국민당정권은 일본제국주의가 남긴 과대성장국가에 더하여 1949년 중국대륙의 방대한 관료조직과 그 유명한 '8대 정보조직', 즉 국가안전국·정보국·조사국·경비총부(警備總部)·헌병사령부·총정치작전부·국민당중앙당부·구국단을 추가로 이식함으로써, 시민사회에 대한 완벽한 통제력을 갖추었다. 그와 동시에 국민당정권은 중국대륙과의 대치라는 명분하에 1987년 7월 직전까지 군사계엄령을 유지하고, 동시에 헌법이 보장한 국민의 기본권까지 정지시키는 '반란진정동원시기임시조치법(動員戡亂時期臨時條款)'을 시행하였다. 또 '당이 모든 정치를 영도한다(以黨領政)'는 원칙하에 주요 정책의 제정권과 결정권은 국민당의 수중에 있었다. 따라서 정부조직은 단순히 당의 정책결정을 이행하는 하부기관의 수준에 머물렀다. 그외 사회의 거의 모든 조직에 국민당조직이 침투해 있었으며, 특히 각급 학교 내에도 국민당조직이 설치되어 교사와 학생의 당원가입을 허용하였을 뿐만 아니라 그들의 동태를 완벽하게 감시하였다.

2) 국민당정권의 물적 기초와 경제적 동원능력

국민당정권이 대만으로 이주한 후에 정권 담당자들은 기본적으로 자본주의 국가체제를 표방하고 자본주의적 경제발전전략을 채택하였다. 그러나 그들은 자신들의 물질적 기초를 직접 통제함으로써, 이민정권의 태생적 결함을 보완하고자 하였다. 해방 후 한국정부는 일제의 적산 중 기간산업을 제외한 많은 부분을 민간에 불하하여 민영화한 반면, 대만의 국민당정권은 이주 직전 및 초기에 거의 대부분의 사회적 자원을 독점하였는데, 일제의 적산은 물론 심지어 대만인과 일본인 합자회사까지 대만인 지분을 인정하지 않고 완전히 몰수하였다. 그 몰수한 재산의 많은 부분을 국영이나 공영으로 전환했지만, 적지 않은 부분은 국민당이 직접 통제하는 당영

(黨營) 재산으로 등록하였다. 국민당은 이러한 국영, 공영 및 당영 재산에 기초하여 정치적 지배체제를 공고화하였다.

3) 지방파벌의 조장과 지배

지방파벌의 존재와 그 사회적 영향력은 한국과는 다른 대만사회의 독특한 사회적 조건 중의 하나이다. 국민당정권은 대만으로 이주한 후 국민당 및 국가기구 조직의 운용만으로는 지방의 기층민중을 통제하는 데 한계를 느꼈다. 그래서 통치의 정당성을 확보하고 동시에 이민정권의 약점인 지방의 지지기반 취약문제를 극복하기 위해 상당한 수준의 지방선거를 실시하였다. 국민당정권은 지방의 선거동원을 위해 이민정권에 호응하는 본성출신 지방엘리트의 협력이 절대적으로 필요하였다. 국민당정권은 그들을 통해 지방 민중들을 대거 선거에 동원하고, 아울러 그들이 선거에 당선된 후에 중앙정권의 정책에 순응하도록 하였다.

국민당정권의 지배전략은 후원수혜관계(patron-client relations)의 기초 위에서 분할지배(devide and rule)를 하는 것이었다. 이를 위해 먼저 지방정부의 공권력과 공영 및 당영 기업을 이용하여 경제적 자원을 창출하고 이를 지방엘리트들에게 제공하거나, 지방파벌이 운영하는 사업에 특혜를 부여하는 방식을 채택하였다. 그러나 한편으로 이들이 체제에 위협이 될 정도로 성장하는 것을 막기 위하여 경쟁적인 파벌을 양성하여 상호 견제가 가능하도록 하였다. 따라서 복수 혹은 다수의 지방파벌은 국민당정권의 선별적 지원을 획득하기 위하여 충성경쟁을 벌였다. 또 국민당정권은 지방파벌이 지방적 사무를 벗어나 중앙정치에 관여하는 것을 철저히 제한하였다.

158

4) 시민사회의 와해와 사회의 국가화

　민주화 이전 대만의 시민사회적 조건은 한국과 상당히 대조적이다. 국민당정권은 대만으로 이주하기 전후로 대만본토의 사회세력을 철저히 와해했다. 먼저, 1947년 2·28사건을 통해 대만본토의 엘리트들을 거의 몰살했다. 둘째, 식민시대의 일본소유재산뿐만 아니라 일제가 불법으로 몰수한 재산과 대만인과 일본인이 합자경영한 재산까지 몰수하여 국유화하였기 때문에 대만사회 내에 단기간에 본성인 출신 자본가계급의 독자적 성장가능성은 상당히 제한적이었다. 셋째, 국민당정권은 자유주의국가에서는 보기 드문 성공적인 토지개혁을 통해 마지막 남은 사회세력인 지주계급을 철저히 와해했다. 국민당정권은 이민정권이었기 때문에 대만본토의 지주계급과 연계가 거의 없는 자주적인 위치에 있었다. 따라서 국민당정권은 한국의 경험에 비해 매우 높은 국가자율성을 유지하면서 상당히 철저한 토지개혁을 이룩할 수 있었다. 마지막으로 국민당정권은 국민당조직을 이용하여 노동조합의 설립을 조종하고, 동시에 노동조합의 인사권을 장악하는 방식으로 노동조합을 통제하였으며, 심지어 노동조합 내에도 국민당조직이 설립되어 있었다. 그러므로 대만의 노동조합조직은 한국과 상대적인 관점에서 비교해볼 때 매우 취약하고 저발전된 상태에 있었다. 그들은 1990년대 초까지도 거의 완전하게 국민당정권의 통제하에 있었으며, 다른 시민사회조직, 즉 학생조직 혹은 시민단체들과 인적·정책적 연대를 맺어본 경험이 매우 적었다. 또 대만이 가진 중소기업 위주의 산업구조의 영향으로 인하여 대단위 노조의 형성이 제한되었다.

5) 대만해협 양안의 군사적 대치와 미국 의존

　군사적으로 압도적 위치에 있는 중국대륙의 위협은 대만민중의 정치·

사회적 의사결정과 사회적 참여를 제어하는 실제적 위협이었다. 더 중요한 것은 '반공이데올기'를 통한 사회적 통제의 상시화였다. 한국에서와 같이 반공이데올로기는 정치·사회적 가치를 판단하는 기준이 되었으며, 개인적 삶의 영역까지 침투하였다. 국민당정권은 반공이데올로기의 기초 위에 앞서 언급한 8대 정보기구를 동원하여 대대적인 백색테러를 자행했다. 이러한 위협 속에서 대만인들이 체제에 도전하는 것은 지난한 일이었다. 한편, 대만은 중국대륙에 대한 군사적 열세를 보완하기 위해 미국의 군사적 보호를 당연한 것으로 받아들였으며, 동시에 정치적·경제적 의존을 통한 경제발전을 추진하였다. 이러한 미국의 보호와 묵인은 국민당이 권위주의체제를 유지하는 데 중요한 요소로 작용하였다.

4. 국민당 독재체제의 외해와 정치·사회적 변화

1) 당국체제의 와해와 지방파벌의 온존

2000년 3월 대만의식을 강조하는 민주진보당(민진당)에 의해서 이룩된 대만의 정권교체는 국민당정권이 50여년이나 지속적으로 유지해온 당국체제를 근본적으로 와해하고, 국가와 시민사회의 관계를 재설정하게 하였다. 국민당은 중앙정부권력을 상실함으로써 국가기구의 강제력에 의한 사회통제가 불가능해졌으며, 자신의 주요한 물적 기초였던 중앙정부 수준의 거대한 공영사업에 대한 직접적 통제력을 잃음으로써, 기존의 경제적 이익에 기초한 사회적 동원이 심대한 타격을 받게 되었다. 그러나 국민당이 지방정부의 다수를 점하였기 때문에 지방정부의 공영사업과 국민당조직에 의해 운영되거나 통제되던 당영사업은 정권교체와는 무관하게 지속적으로 당이 직접적인 통제를 할 수 있어, 중앙권력의 상실에도 불구하고 여전히 상당한 수준의 물적 기초를 유지할 수 있었다.

독재시기에는 지방파벌이 지방의 사무를 초월하여 중앙사무나 전국적 문제에 개입하는 것이 엄격하게 제한되어 있었으나, 민주화시기에는 국민당의 약화와 지방파벌의 정치적 위상 제고로 지역적 한계를 극복하고 점차로 중앙정계에 진출하여 중앙정치세력의 한 축이 되었다. 또 이들은 지방 수준의 이익교환체계를 초월하여 중앙 수준의 이익교환체계 속에 진입하였다. 이것은 그들이 통제할 수 있는 경제적 이익이 지역적 한계를 초월하여 전국화된 것과 동시에 재벌화되어갔다는 것을 의미한다.

2) 대만화정책과 국가정체성

독재시기 외성인 주도였던 대만사회는 경제발전, 그에 따른 민주화의 진전, 그리고 중국대륙 수복을 포기하고 대만본토에 뿌리내리려는 국민당정권의 대만화정책으로 인하여 점차 본성인 주도의 사회로 전환되었다. 국민당 내에서 외성인은 비주류로 전락하고, 반대로 본성인은 국민당의 주도세력이 되었다. 국가부문의 주요 지위 또한 외성인에서 본성인으로 교체되었다. 경제영역에서도 외성인이 주도하던 공영과 당영 부문은 상대적으로 매우 축소되고, 본성인이 주도하는 민간부문이 주류를 이루게 되었다. 또한 대만화정책에 따라 국가의 정치체제가 전중국 대표체제에서 대만지역만의 대표체제로 바뀌고, 민주화의 진전에 따라 그동안 억압되었던 대만의식이 본성인에 의하여 공개적으로 표출되기 시작하였다. 이러한 변화는 국민당정권에 의하여 자신을 중국인으로 인식하도록 강요당해온 많은 대만인으로 하여금 상당한 정체성 혼란에 직면하게 하였으며, 이는 곧바로 '국가정체성'의 위기를 야기하였다. 이러한 국가정체성 위기는 민족적 균열 및 독립·현상유지(통일) 문제 등과 중첩되어, 대만의 정치·사회적 갈등을 야기하는 중요한 근원의 하나가 되고 있다.

3) 사회계급 및 계층적 이익의 분화

자본주의 경제발전을 통해 경제적 권력을 장악한 자본가계급은 민주화 과정에서 국민당의 개혁파와 제휴함으로써 정치적 영향력을 확대했으며, 사회의 탈국가화를 위한 민영화과정에서 주도권을 행사했다. 특히 신자유 주의가 주도하는 시장의 역할 증대는 이들의 경제적 권력뿐만 아니라 정 치·사회적 권력도 날로 증대시키고 있다. 대만 경제발전의 진정한 주역인 구중산계급, 즉 중소기업주들은 대부분 본성인이기 때문에, 그들의 민족 적 성격으로 인하여 선거에서 국민당이 아닌 본성인 주도의 민진당을 지 지하였다. 그러나 그들은 민진당으로의 정권교체에도 불구하고 자신들의 이익확대에 별다른 도움을 받지 못한데다 민진당의 독립 주장은 그들이 경제적으로 의지하고 있는 중국대륙과의 관계를 악화시키기 때문에, 민진 당 주도의 정치·경제적 독점구조 재편에 부정적 태도를 취하게 된다. 또 신중산계급은 한국보다 훨씬 더 경제적 이익에 집착하기 때문에, 독점구 조의 해체보다는 정치·사회적 안정에 더 많은 관심을 가진다. 이런 상황에 서 노동자·농민계급은 여전히 낮은 의식화 수준으로 인하여 독점구조의 해체 혹은 재조정과정에서 영향력을 발휘하는 데 한계가 있다.

4) 시민사회조직 및 노동조직의 활성화

국민당정권의 자유화 바람 속에서 거의 40년 동안 지속되던 군사계엄이 해제되고 '반란진정동원시기인민단체법〔動員戡亂時期人民團體法〕'이 폐지 됨에 따라, 시민사회조직은 상당한 수준의 양적 성장을 이룩하였다. 그러 나 양적 성장에 상응하는 시민적 영향력을 발휘하는 데는 어려움이 있었 다. 물론 1980년대 후반과 1990년대 초반 국민당의 개혁파와 보수파가 건 곤일척의 투쟁을 하던 시기, 즉 민주화 실현이라는 대명제에 전력투구해야만 했던 시기에는 시민사회운동이 상당히 극렬한 수준으로 진행되었다. 그러나 이 시기에도 전국적 조직력과 동원력을 가진 사회조직은 존재하지 않았고, 단지 민주화의 절박성에 따른 지역·지방조직의 연맹 혹은 연합 형태로 운동이 진행되었다. 민주화의 절박성이 완화되자 대부분의 연맹체는 해체되고, 사회운동조직들은 지역적·지방적 조직으로 회귀하거나 혹은 유명무실해졌다.

1987년 7월 계엄령이 해제된 후 노동자의 자주적 노동조합에 대한 요구가 상당히 고양되었다. 이때 전통적 시민사회조직인 노동조합은 국민당 정권의 '국가조합주의' 틀을 벗어나 자주적 노동조합의 성장가능성을 일부 보여주었다. 그러나 이러한 민주화의 진전에도 불구하고, 전반적인 수준에서 볼 때 노동조직은 권위주의시대 국가통합주의의 틀을 완전히 깨지 못하고 현재까지도 조직 동원능력과 동원성 측면에서 여전히 의미있는 조직화 수준에는 이르지 못하고 있다. 특히 최근 대만 노동조합 지도자들은 체제에 대한 저항보다는 민주화에 따른 정치기회구조의 확대를 활용하여 체제에 편입되는 길을 더 선호하고 있다.

5) 중국대륙과의 관계

중국은 개혁개방정책을 통해 고도의 경제발전을 실현하고 그에 기초하여 상당한 수준의 정치·사회적 자유화 조치를 행하고 있어, 대만에 대한 중국의 정치적·군사적 위협은 상당히 감소한 상태이다. 그럼에도 불구하고 그 위협은 여전히 극도의 안정을 희구하는 대만 중산계급의 정치적 선택을 결정하는 중요한 변수가 되고 있다. 한편, 중국경제에 대한 의존도가 심화되는 상황에서 자본가·중산계급은 자신들의 기득이익을 지키기 위해 중국과의 지속적 우호관계를 유지하도록 요구할 것이다. 따라서 이러한 조건은 수십년간 적대관계에 있던 국민당과 공산당의 대화를 유도하고,

동시에 민진당의 기본정책인 독립정책의 변화에 직접적으로 영향을 미치고 있다.

5. 사회운동의 변화

민주화시기 한국에 비해서는 상대적으로 미약하지만, 대만의 사회운동사에서는 의미를 부여할 수 있는 수준의 운동지향적인 사회운동이 잠시 활성화된 바 있다. 그러나 전통적으로 시민사회의 저항적 활성화가 낮은 한계로 인하여 대만의 사회운동은 민주화와 더불어 오히려 쇠퇴하였다. 민주화 이전에는 생활세계에 대한 관심이 주요 목표인 사회운동(소비자운동, 장애인 등을 포함하는 소수자복지단체의 항의운동, 원주민인권운농, 교사인권운동, 학원자치운동, 부녀운동, 정치수난자 인권운동, 노병귀향운동, 노병복지 및 자력구제운동, 신약교회 항의운농[4] 등)조치 내면적으로는 권위주의정권에 대한 비판과 정치개혁에 대한 강한 열망을 담고 있었다. 그러나 대만의 사회운동은 민주화 이후 새로운 모순에 대응하는 대항이데올로기 창출을 통한 대항헤게모니적 실천을 하지 못하고, 생활세계 지향이나 실무형 사회써비스 시민조직을 발전시키는 데 머무르고 있다.

한국과의 비교적 관점에서 보면, 서로 다른 정치적 변화 속에서 대만 사회운동은 상당부분 한국과 대조되는 특징을 보여준다. 첫째, 한국의 사회운동은 여전히 정치지향성을 유지하고 있으나 대만 사회운동은 민주화 이후 기존의 정치지향적이고 거시담론적인 성격이 상당부분 약화되어 점

---

4) 신약교회는 대만교회 교파의 하나로, 그 교도들은 가오슝 지역에 있는 시안산(錫安山)에서 집단으로 경작하며 공동체를 이루었다. 민주화 이전에는 국민당 탄압에 저항하는 운동을 전개하기도 했다.

점 미시적인 사회써비스나 생활세계에 대한 관심을 증대하고 있다. 따라서 정치운동 성향의 시민조직들은 점점 약화되고, 환경문제, 의료보건, 교육, 웰빙 등을 포함한 삶의 질 개선에 관련된 소규모 시민조직들이 양산되고 있다. 둘째, 한국은 민주화에 따른 제도정치의 확장에도 불구하고 사회운동의 체제개혁적 성격이 상당히 유지되고 있으나, 대만의 사회운동은 체제개혁적 성격이 다소 쇠퇴하고 그 활동영역도 축소되는 경향을 보여준다. 따라서 사회운동이 전국민적 이슈를 창출하는 것이 어려워지며, 그 결과 국가와 대립하면서 전국민의 이익 혹은 보편적 이익을 추구하는 전국민적 동원전략은 약화된다. 셋째, 대만의 경우 한국과 달리 사회운동의 정치운동적 성격이 약화됨에 따라 국가체제를 압박하는 데 유효한 중앙집중화된 조직화 혹은 동원전략은 그 필요성이 반감했다. 전체적으로 볼 때 대만의 사회운동은 지역에 기초한 생활세계 지향적이고 소규모적인 운동형태를 띠고 있기 때문에, 한국의 참여연대나 경제정의실천연합 같은 중앙집권적 대규모조직을 꼭 필요로 하지도 않으며, 또 현실적으로 그러한 거대조직을 건설하는 것이 용이하지도 않다. 넷째, 대만의 사회운동은 체제개혁을 유도하거나 자본권력의 횡포를 제어하자는 주장 같은 실제적 투쟁을 필요로 하는 사회적 담론의 창출에 실패하고 있다. 민주화 이후 시민들의 관심은 생활세계적 문제의 해결이나 사회써비스 제공 등에 경도되고 있다. 이러한 시대적 변화 속에서 사회운동의 전투성 및 운동성은 점점 더 약화되었다. 다섯째, 대만의 사회운동은 소규모 지역적 성격으로 인하여 대형조직이 필요로 하는 전문가조직의 필요성은 그다지 높지 않고, 지역적 수준에서 시민이 자발적으로 참여하는 풀뿌리조직의 필요성이 증대하고 있다. 물론 이러한 풀뿌리조직도 소수의 전문가를 필요로 하지만, 그 전문가는 풀뿌리조직 내에서 자체적으로 성장한 경우가 많다.

6. 대만 민주화의 미래 전망

2012년 1월에 실시된 대만의 총통선거는 집권 국민당의 마 잉주 총통의 연임으로 마무리되었지만, 대만 정치·사회 변동의 기본적 요소들은 보수 혹은 진보 정권의 승리와는 무관하게 지속적으로 대만 민주화의 방향을 결정할 것이다. 첫째, 외성인과 본성인으로 구성된 민족적 균열은 지속적으로 대만의 정치적 균열의 주요한 요소가 될 것이다. 외성인이 밀집해 있고 본성인 출신 사회적 기득권층이 상대적으로 다수인 북부지역은 '남색진영(藍營)'으로 표현되는 국민당의 아성으로 고착되고 있으며, 대만의식이 강하고 상대적으로 사회적 약자가 다수인 남부지역은 '녹색진영(綠營)'으로 표현되는 민진당의 주요한 근거지가 되고 있다. 대체적으로 족군 산 길등과 남북지역 갈등이 중첩적으로 유지될 것이다. 둘째, 국민당과 상대적으로 견고한 동맹관계를 유지하고 있는 지방파벌을 와해거나 이들을 진보진영으로 포섭하지 않는 한 야당인 민진당의 정치적 확장은 상당한 한계에 직면할 것이다. 셋째, 민주화시기 역사적으로 특이하게 진보정당인 민진당의 중요한 지지세력이었던 구중산계급, 즉 중소기업주들은 경제위기 속에서 지속적으로 보수화하고 있다. 따라서 대만 민주화의 진로에는 이들의 정치적 태도를 변화시킬 수 있는 정책의 변화가 필수적이다. 이는 경제의 집중화를 제어하고 사회적 정의를 실현하는 데도 긍정적으로 작용할 것이다. 넷째, 사회적 써비스와 생활세계의 미시적 문제로 경도되고 있는 사회운동의 운동성 제고를 위해 전국적인 공공 이슈와 담론을 창출하고 조직화하는 시민단체의 활성화가 절대적으로 필요하다. 이는 단순한 시민조직의 활성화 수준을 넘어 현세주의적이고 경제적 이익에 민감한 대만인의 사회의식을 전환하는 의식개혁운동과 동시에 전개되어야 할 것이다. 다섯째, 노동부문은 복수노조 허용에 따라 독립적 전국노조의 조직화가 가능해졌으나 그 조직화는 아직 미미한 수준에 그치고 있다. 독립노조의 확대와 더불어 기업노조를 넘어 산별노조 활성화를 통한 전국적 조직화 가능성을 지속적으로 확대해야 한다. 마지막으로, 대만경제의 중국의존 심화는 대만경제를 공동화하고 대만을 경제 및 정치적으로 중국대륙에 종속시키고 있다. 의존의 심화에 따라 중국의 영향력은 확대되고, 대만 국민의 선택은 지속적으로 보수화되고 있다. 따라서 진보진영이 이러한 변화를 무시하고는 정치적 확장을 기대하기 어려운 상황이 되었다. 이런 조건하에서 중국으로부터 자주적이고 독립적인 국가를 지향하는 진보진영의 선택은 상당한 딜레마에 직면해 있다. 중국과 교류를 통해 경제적 이익을 취하면서도 대만경제의 중국종속 심화를 적절히 제한할 수 있는 정책과 사회적 담론의 창출이 절실하다.

대만의 경제발전모델

한국과의 비교

장영희

1. 머리글

1992년 단교 후 20년의 세월이 흐르는 동안 대만은 점점 한국인들에게 '잊혀져가는 존재' 혹은 '주변적 존재'로 전락했다. 그 와중에 대만이 유독 존재감을 드러낸 시기가 있었는데, 바로 1997~98년 동아시아 금융위기의 여파로 한국이 국가부도 직전으로 내몰리는 시련을 당하던 때였다. 동아시아 외환위기는 발전국가적 성장방식에 입각해 고도성장을 달성한 것으로 평가받던 한국과 대만을 극명하게 대비시킨 사건이었다. 외환위기를 겪던 1998년 당시 동아시아 국가들의 경제성장률이 한국 -5.8%, 홍콩 -5.1%, 태국 -10.0%, 말레이시아 -7.5%, 일본 -2.8%, 싱가포르 0.3%를 기록한 데 반해, 대만은 유일하게 4.6%의 견실한 성장세를 유지했다. 실업률 역시 가장 낮은 수준인 2.7%를 기록했다. 때문에 당시 대만경제의 강점과 생존력이 새삼 주목을 받았고, 심지어는 대만의 발전모델을 배워야 한다는 여론이 형성되기도 했다. 국내의 한 언론은 '대만 경제모델'을 다음과 같이 평가했다.

금융·통화위기가 동아시아를 장기간 점령하고 있는 동안에도 의연히 안정성장을 구가하며 동아시아의 기적을 대체할 새로운 모델을 창조해가는 나라가 있다. (…) 한국, 일본, 인도네시아, 태국이 마이너스 성장의 수렁에 빠져 있는 데 비해 대만은 올해 4.5%, 내년 4.4%의 견실한 성장세를 유지할 것으로 전망된다. 일본 니혼게이자이 신문은 최근 동아시아의 기적을 가져다준 '일본형 모델'이 붕괴하면서 집단주의가 아니라 개인의 기업가정신으로 뒷받침되는 '대만형 모델'이 아시아의 새로운 모델로 등장하고 있다는 칼럼을 실었다.[1]

IMF 외환위기를 겪으면서 한국이 주목한 '대만모델'의 가장 큰 특징은 중소기업 중심의 분산적 경제구조였다. 재벌을 중심으로 과도한 경제집중화가 이뤄지면서 재벌기업 하나가 무너지면 나라 전체가 휘청일 수 있는 한국경제의 취약성과 너무나도 대비되는 모델이었기 때문이다.

한편, 경제적으로 줄곧 한국에 앞서 있다는 인식을 갖고 있던 대만인들은 2000년대 들어 한국이 외환위기를 극복하고 최근 자신들을 앞서가는 모습을 보면서 부러움과 경각심을 동시에 느끼고 있는 것으로 보인다. 대만경제는 성장이 둔화되고 있는 반면, 한국은 IT산업뿐 아니라 철강, 조선, 자동차 산업의 호조로 2004년에 1인당 국내총생산(GDP)에서 대만을 추월하고, 2007년에는 1인당 GDP 2만 달러를 먼저 달성한 것이다.

대만의 중견 경제학자인 량 궈위안(梁國源)은 최근 저서에서 21세기 들어 대만경제와 대비되는 한국경제의 재도약을 '굴기(崛起)'라고 칭하면서 한국 경제발전의 동인을 상세히 소개했다.[2] 우선, 그는 한국의 경제발전에

---

1) 『경향신문』 1998.10.28. 국제부 송충식 기자 칼럼 「떠오르는 '대만 경제모델'」.
2) 梁國源 『全球經濟這樣看』, 臺北: 天下文化 2012, 196~202면.

서 국가의 역할에 주목했다. 경제발전을 위해 정부가 중장기적 방향을 제시하고 기업에 대한 적극적인 지원을 아끼지 않는 것을 높이 평가했다. 한국정부는 기업의 성장을 위해서라면 자금지원을 비롯하여 기술개발, 광고지원, 시장보호 등에 있어서 마치 자식을 양육하는 부모와 같은 태도로 가능한 범위 내에서 최대한 적극적인 역할을 한다는 것이다. 미국이나 유럽사회가 기업들의 자유로운 경쟁에 기반한 발전모델을 따르는 데 반해, 한국은 정부가 경쟁력있는 기업들을 선별하여 지원하는 모델을 따르고 있다고 본다. 두번째로, 그는 한국기업이 브랜드 파워 구축 및 기업활동의 초국적화에 성공했다고 평가한다. 글로벌 지식경제 시대에 기업이 브랜드 파워를 갖는 것이 얼마나 중요한지 절감하고 있는 대만인들은 한국이 삼성전자와 현대자동차 등 세계적 브랜드를 배출한 것에 대해 종종 부러움을 토로한다. 자국 기업들이 높은 수준의 기술력과 고효율-저비용 씨스템을 구축하고 있음에도 불구하고 부품소재 산업과 OEM방식의 생산에 주력하는 탓에 브랜드화에 뒤처진 것에 큰 아쉬움을 품고 있는 것이다.

대만경제는 1953년에서 2000년까지 연평균 8.1%의 높은 성장률을 보였다. 그러나 1990년대 이후부터 성장률이 지속적으로 둔화되는 추세를 보이고 있다. 최근 대만경제는 한마디로 실업률 증가와 총투자증가율 부진으로 인해 성장동력이 저하된 상황이다. 경제발전과정에서 한국보다 낮은 실업률을 유지해왔으나 생산기지의 중국 이전, 경제성장률 둔화, 국내 제조업의 투자부진 등으로 실업률이 크게 높아졌다. 또한 중국경제에 대한 의존도가 심화되면서 산업공동화가 진행되고 있다. 경제적 위기요인의 측면에서 우리와 비슷한 처지에 놓여 있지만, 우리가 성장동력을 유지하고 있다는 면에서는 차이를 보인다. 2011년 IMF 통계에 따르면 대만의 1인당 GDP는 20,101달러(한국 22,778달러)를 기록했는데, 구매력평가지수(PPP) 기준 1인당 GDP에서는 37,720달러(한국 31,714달러)에 달한다. 대만경제는 안정과 복지를 중시하는 경제모델로, 물가가 비교적 안정되고 복지제도가 잘 정비되어 있어서 양극화 문제가 사회적 갈등요인으로 부각되지는 않고 있다. 이 글에서는 대만과 한국의 경제발전경험을 돌아보고, 서로의 발전모델이 갖는 유사성과 차이성을 살펴봄으로써 서로에 대한 이해를 높여 미래의 발전을 모색하는 과정에 시사점을 얻고자 한다.

2. 한국과 대만의 산업화 모델: 유사성과 차이성의 변증법

제2차 세계대전이 끝난 뒤 정치적 주권을 회복한 제3세계 국가들에게 낙후한 경제상황을 극복하고 선진국과의 격차를 좁히는 일은 지난한 임무였다. 전후 개도국의 성공적 경제발전 사례가 많지 않았다는 점에서 대만, 한국, 홍콩, 싱가포르는 '아시아의 네 마리 용'이라 불리며 세계인의 주목을 받았다. 홍콩과 싱가포르는 도시국가라는 특수한 성격을 띠고 있었기 때문에 그중에서 대만과 한국은 발전 연구자들로부터 더욱 주목을 받았다. 대만과 한국의 경제발전 경험에 대한 논의는 주로 '동아시아 발전모델'이라는 틀에서 이뤄졌다. 학계에서는 라틴아메리카 등과 대비되는 동아시아 경제성장을 설명하기 위해 '발전국가'(developmental state)라는 개념을 만들어내고, 신고전주의적 관점에서 해석을 시도하기도 했으며, 발전의 문화적 요인에 관심을 기울이기도 했다. 그중에서 '발전국가론'은 국가가 경제발전과정에서 중요한 역할을 담당하는 것에 초점을 맞춘 개념으로, 일본연구의 대가인 찰머스 존슨(Chalmers Johnson)에 의해 제기되어 동아시아의 발전요인에 대한 활발한 후속 논의를 이끌어냈다. 기존의 동아시아 발전모델은 산업화에 따라 사회·경제적 제도가 공통화되는 특성을 보인다는 '산업화 수렴이론'의 발전사관에 근거하여 동아시아 지역의 급속한 경제발전을 주로 '유사성'의 측면에서 해석해왔다. 이러한 관점은 나름의 유용성과 이론적 의미를 갖지만, 각국의 차이성을 지나치게 무시한다는 비판을 받기도 한다. 대만과 한국의 경우 산업화 초기단계부터 경제발전의 이념적 토대와 산업구조에 있어서 일정한 차이성을 보인다는 논의가 이전부터 제기되어왔다.

대만은 1953년부터 경제건설계획을 세워 산업화를 추진했다(한국은 1962년에 제1차 경제개발 5개년 계획을 실시하여 1996년까지 시행했다). 제1차 '4개년경제계획'은 원래 미국의 원조를 적절히 운용하기 위해 기획된 것이었으나, 이후에 점차 전면적인 성격의 경제발전계획으로 발전했다. 1953년부터 1989년까지 실시된 경제건설계획의 경제성장률 목표치와 실제성장률, 그리고 각 시기 산업화전략의 성격을 살펴보면, 대만정부가 각각의 발전단계와 경제적 조건에 따라 적절한 목표를 설정하고 비교우위에 입각한 산업발전을 추진했음을 알 수 있다.

대만의 산업화과정은 1990년대 이전까지 크게 네 시기로 구분된다. 시기별 대표적 산업정책은 1950년대의 대방대직(代紡代織)정책, 1960년대의 가공수출 장려정책, 1970년대의 제2차 수입대제정책, 1980년대의 첨단기술 지원정책으로 특징지을 수 있겠다.[3] 산업정책 실시에 따른 1950,60년대 발전 초기에 대만정부는 국내의 자금부족을 미국의 원조와 외국자본에 의존했다. 민간 방직업자들은 생산과 가공에만 전념하고 원료, 자금, 시장 등의 문제는 정부의 통제 및 책임하에 두는 대방대직과 전자가공산업의 발전을 통해 대만은 산업의 토대를 마련했다. 1970,80년대 발전 중기에는 민간기업이 규모가 작고 모험적인 투자를 원하지 않았기 때문에 석유화학공업과 반도체산업에 대한 최초의 투자는 주로 정부에 의해 이뤄졌다. 1980년대 이후에는 전자산업이 대만산업의 새로운 발전동력이 되었다. 대만정부가 새로운 산업을 배양하고 지원하는 방식은 국영기업을 이용하고

---

3) 董安琪 「臺灣經濟決策系列三年研究報告 —— 臺灣經濟設計之研究」, 臺北: 中研院經濟所 2000.

수입대체화를 정책도구로 사용하는 것이었다. 즉 관세보호와 수출장려, 저금리 대출 등이 그 방법이었다. 산업화과정이 일단락되고 신경제(new economy) 시대에 들어서면서 대만의 산업고도화는 공립 연구기관에서 파생한 기업과 과학기술단지에 대한 지원을 통해 이뤄졌다. 즉 공공과 민간의 연구개발 보조, 조세감면 및 산업단지에 속한 기업에 우대혜택을 주는 방식으로 진행되었다.[4] 대만의 산업화는 노동집약형 경공업에서 수입대체산업 및 소비재 수출산업으로 전환했다가, 이후 점차적으로 자본집약형 및 기술집약형 산업으로 전환된 것이다.

여기서 살펴본 바와 같이, 대만과 한국은 국가주도형 산업화와 수출지향적 산업화로 성공적인 경제발전을 이뤘다는 점에서 상당한 유사성을 갖는다. 그러나 산업화과정에서 서로 뚜렷하게 대비되는 산업질서를 형성해왔다는 차이 또한 크다. 한국의 산업질서는 소위 재벌이라 불리는 대기업집단에 의해 장악되어왔지만, 대만은 중소기업 위주의 산업질서를 형성했다. 한국의 생산체제는 대량생산설비 도입, 대기업의 위계적 구조, 그리고 이를 뒷받침하는 내부 노동시장으로 구성된 전형적 포디즘(Fordism)의 형태를 띠고 있다. 반면에, 대만의 생산체제는 독특한 수평적 하청구조망으로 연결된 일종의 상호협조체제를 이뤘다. 대만 기업들은 그들끼리 가격경쟁을 하기보다 하나의 지역을 중심으로 자원을 공동으로 사용하고, 정보를 공유하며, 시장에서의 위험을 함께 나누는 양상을 보이기도 했다. 대만모델의 또다른 특징은 국제분업체제에 보조를 맞춰 산업화가 이뤄졌다는 점이다. 국제분업체제에 따라 노동집약형 산업을 강화하고 미국과 일본의 자본, 기술, 시장에 의존하면서 수출지향적 산업화를 발전시켜왔다. 대만과 한국은 '기술 추격'(technological catch-up)과정에서도 서로

---

4) 瞿宛文·安士敦, 朱道凱 譯『超越後進發展──臺灣的産業升級政策』, 臺北: 聯經 2003, 125~40면.

다른 전략을 취한 것으로 평가되고 있다. 한국은 산업화과정에서 고부채형 및 대기업 위주의 모델을 채택하면서 규모의 경제에 기반한 기술발전을 지향했다. 반면에 대만은 산업화과정에서 안정적인 자금투입과 중소기업 위주의 모델을 채택하면서 국제분업체제에서 자신의 역할을 찾는 네트워크에 기반한 기술발전을 지향했다.[5] 이근, 린 이푸(林毅夫), 장하준은 동아시아의 산업발전전략에 대해 공동으로 진행한 연구에서, 대만이 '비교우위 추종전략'(comparative advantage-following)의 특징을 보이는 모델이라고 규정한 반면, 한국은 '비교우위 도전전략'(comparative advantage-defying)의 특징을 보이는 모델이라고 평가했다.[6] 비교우위 추종전략이란 국가가 자국의 비교우위에 맞춰 경제발전을 추진하는 것이다. 이에 반해, 비교우위 도전전략은 1970년대 중반의 한국처럼 자국의 비교우위에 위배되는 산업에 투자하는 것으로, 중공업과 화학공업 등에 과감하게 투자한 것을 예로 들고 있다. 한국은 이렇게 규모의 경제에 기반하는 산업을 육성하고 보호하는 과정에서 정부가 적극적 역할을 했고, 경제발전을 위해 더 많은 외자를 끌어들였으며, 국제수지불균형의 위험도 감수하는 발전전략을 취했다.

---

5) Wang Jenn-Hwan "From technological catch-up to innovation-based economic growth: South Korea and Taiwan compared," *Journal of Developmental Studies*, Vol. 43 No. 6(2007), 1084~1104면.

6) Keun Lee & Justin Y. Lin & Ha-Joon Chang, "Late Marketization versus Late Industrialization in East Asia," *Asian-Pacific Economic Literature* Vol. 19 No. 2, Asia-Pacific School of Economics and Government, Australian National University 2005, 42~59면.

3. 대만 발전모델의 경제이념적 전환: 민생주의에서 점진적 경제자유화로

대만의 산업화와 산업구조 형성과정에 초기의 경제이념이 미친 영향은 상당히 컸다. 대만에서는 1949년 이후 국민당정부 집권 초기부터 쑨 원(孫文)의 '민생주의'가 국가발전을 위한 핵심적인 경제이념으로 작용했다. 민생주의는 국가발전전략의 중요한 틀이자 통치철학이었다. 따라서 대만의 초기 경제발전모델을 이해하기 위해서는 민생주의가 구체적인 경제정책으로 어떻게 구현되었는지 살피는 것이 매우 중요한 작업이라 하겠다. 민생주의는 '평균지권(平均地權)과 절제자본(節制資本)', 즉 '토지문제에서 지주독점 억제, 개인자본의 과도한 팽창과 독점의 방지'를 기본원칙으로 삼고 있었다. 특히 '절제자본'은 개인자본의 집중화를 억제하고 국가자본 형성에 힘쓰는 것을 의미했다.

민생주의가 추구하는 국가발전의 목표는 세가지로 귀결된다. 첫째가 국가의 부를 축적하고 국민의 생계를 돕는 것, 둘째가 경제적 평등, 셋째가 경제적 자주성이다. 앞의 두가지가 국내경제적 부(富)와 균(均)을 의미한다면, 셋째의 경제적 자주성은 국제경제체제하의 독립성을 의미한다. 민생주의는 국가자본주의, 경제우선주의, 그리고 민생우선주의적 정책으로 발현되었다. 국가자본주의적 정책은 민영 대기업의 성장을 억제하는 동시에 대형 국영기업과 중소기업으로 나뉘는 이중적 경제구조(dual economy)를 만들어냈다. 국가자본주의에 의해 만들어진 이중적 경제구조는 국가 및 국민당의 국영기업들과 중소규모의 민간기업들로 나뉘어 대만의 고도성장과정에서 독립적인 역할을 수행했는데, 국가 기간시설에 대한 국영기업의 독점은 낮은 가격에 원자재 및 생산설비를 공급하는 역할을 했고, 중소기업은 철저한 시장주의에 따라 수출시장 개척에 매진하는 역할을 했다. 이는 대만의 경제발전과정에서 나타난 독특한 모델이라 하겠다. 경제우선 및 민생우선 정책은 정치적 독재를 바탕으로 국민들의 민생문제 해결에 매진하는 경제정책이었다. 이렇게 민생주의에 입각한 경제발전 전략의 추진은 1990년대 이전 시기 대만의 고속성장을 견인하는 이론적·정책적 기반이 된다.

그런데 이러한 민생주의적 이념하에서, 실제 경제정책을 기획하고 발전을 책임진 관료(technocrat)들은 시대의 흐름에 따라 갈수록 자본주의와 민영기업, 자유경쟁 등 경제자유화의 관념에 경도되었다. 서구 유학을 다녀온 경제관료들은 자유경제사상의 영향을 깊이 받았고, 정부가 민영기업의 성장을 적극적으로 도와야 한다고 생각했다. 우리나라의 경제기획원에 해당하는 경제설계위원회와 경제건설위원회에서 1970년대와 80년대에 걸쳐 대만의 경제정책 수립과정에 참여했던 쑨 전(孫震)은 서로 다른 발전 단계와 상황에 따라 대만정부가 각각 다른 경제정책을 취해왔지만, 전후 50년간 대만경제의 기조는 '점진적 자유화'의 과정이었다고 규정한다.[7] 그는 대만을 경제자유화의 길로 이끈 외부적 영향을 다음과 같이 정리한다. 우선, 세계의 주류적 경제사상이 케인즈학파에서 프리드먼(Milton Friedman)으로 전환되면서 정부의 간섭보다 시장의 자유가 중시되었다. 둘째로 국제화폐제도가 고정환율제에서 변동환율제로 변화했다. 셋째로 1970년대에 두차례의 에너지 위기를 겪고, 경제성장과 물가상승 부분에 급격한 변동이 생기면서 정부의 정책적 대응이 효과를 발휘하기 어려웠다. 경제발전과정에서 민생주의와 경제자유화 정책이 혼재했지만, 경제세계화의 큰 흐름 속에서 대만은 점진적 자유화를 구현해왔다. 발전경제학 분야의 대가인 레이니스(Gustav Ranis)는 경제자유화에 대한 대만의 반작용과 점진주의적 태도에 대해 '실용주의'〔務實主義, pragmatism〕적인 것이라고 평가했다.

---

7) 孫震 『臺灣經濟自由化的歷程』, 臺北: 三民書局 2003, 158면.

대만이 경제발전과정에서 점진적 자유화의 길을 걸어왔다면, 한국은 급진적 자유화의 노선 위에 서 있었다.[8] 한국은 1990년대부터 시장에서 국가가 후퇴하고 재벌이 주도하는 혁신경제로 이행했다. 이병천은 당시 한국사회가 경제이념적으로 '시장'과 '개방'을 과도할 정도로 숭배하면서 무분별할 정도로 급진적인 자유화의 길을 걷게 되었다고 평가한다. 특히 90년대 말 IMF체제에 들어감으로써 점진적이고 선별적인 자유화나 제도연계적이고 내생적인 성격을 갖는 혁신경제로의 이행 기회를 상실하게 되었다고 분석한다. 그의 분석대로라면 한국은 시장 규율에 대한 숭배와 여기서 파생한 규제 완화가 제도적 실패와 국민경제의 파행성을 심화시킴으로써 사회·경제적으로 전방위적인 불균형과 양극화를 맞이하게 된 것이다.

4. 중국이라는 위협과 기회, 그리고 협력모델

개혁개방 이후 급속도의 경제발전을 통한 중국의 부상은 주변국들에게 위기와 기회의 요인을 동시에 가져다주었다. 저렴한 생산요소의 제공과 잠재시장 개발에 대한 기대감이 상승하고 있는 반면에, 국내적으로는 산업공동화 현상이 일어나 일자리 감소 및 내수시장 위축을 우려하게 된다. 특히 경제발전단계에서 중국과 큰 차이가 나지 않는 국가들은 더 큰 위협을 느낀다. 이러한 중국경제의 위협과 기회에 직면하면서 대만과 한국에는 두가지 선택지가 주어졌다. 하나는 적극적으로 협력적 태도를 취하며 중국의 자원을 활용함으로써 상호 경제격차를 벌리고 위협을 감당할 능력을 키우는 것이고, 다른 하나는 보호막을 치고 선별적 협력의 기회를 모색

---

8) 이병천 「급진적 자유화와 혁신경제 이행의 함정: 양극화와 탈민족화의 위험」, 금융연구소 발표문 2004.10.14.

하는 것이다. 대략적으로 평가한다면, 최근까지 한국은 전자의 방안을 선택했고 대만은 후자를 선택했다. 대만은 중국과의 특수한 정치적 관계로 인해 경제분야가 정치분야에 미칠 부작용을 우려했다. 산업경쟁력 측면의 자신감 부족과 국가안보상의 이유로 중국과의 적극적인 경제협력에 제한을 두었고, 그러한 정책이 합리화되는 측면이 있었다.

대만정부는 기업들의 대규모 중국진출로 인한 경제안보적 영향력을 우려하여 1996년 기업들의 대륙진출을 규제하는 의미의 '계급용인'(戒急容忍, 서두르지 말고 인내심을 갖고 접근하자) 정책을 발표하는 등 중국과의 경제협력에 소극적인 태도를 취했다. 대만과 중국의 소극적 관계는 1988~2000년 리 덩후이 정부를 거쳐 2000~8년 천 수이볜 정부까지 계속 이어졌다. 그러나 기업에 대한 정부의 중국진출 규제는 음성적인 진출을 조장하고 진출기업과 대만 현지기업 사이의 관계를 단절하는 등 대만의 산업을 더욱 악화시켰다는 평가를 받게 되었다. 천 수이볜 정부 시기부터 이미 정부의 소극적인 대(對)중국 경제정책에 대한 비판이 힘을 얻었고, 중국의 성장을 기회로 삼아 적극적으로 산업구조를 고도화하고 국제분업체계를 구축해야 한다는 주장이 제기되었다. 대만경제가 갈수록 침체되고 중국경제의 실력이 압도적으로 증대하면서 부득불 적극적 협력을 강요받는 상황에 이른 것이다. 이미 중국은 대만에 최대의 수출대상국이며, 대만은 중국에 대해 가장 많은 무역흑자를 기록하고 있었다. 또한 최대의 해외투자 대상국이기도 하다. 대만은 대중국 무역흑자로 전체 경제의 무역적자를 면하고 경제성장에 가장 큰 도움을 받고 있었다. 또한 대만이 중국에 수출하는 상품 중에는 중간재가 약 70% 이상을 차지하는데, 이는 양측의 산업상의 분업구조가 긍정적인 방향으로 진행될 수 있음을 보여주는 것이다. 자원과 시장이 부족한 대만으로서는 적극적으로 중국의 자원과 시장을 활용하면서 지역경제체제에 통합되는 것이 경제발전의 핵심 관건이었다. 결국, 2008년 마 잉주 정부가 들어서면서 대만의 대중국 경제정책은 적극적 개방과 협력관계로 변모했고, 양안 경제협력기본협정(ECFA)을 체결하는 등 중국과의 경제관계는 더욱 확대되었다. 물론 중국경제에 대한 적극적 개방과 협력관계가 대만의 경쟁력을 높이고 경제안보를 지켜낼 수 있는지에 대해서는 여전히 의문점이 남아 있다.

대만에 비해 한국은 1992년 중국과의 수교 이후 매우 적극적이고 활발하게 경제무역관계를 발전시켜왔다. 1990년대 초반 한국은 중화학공업을 중심으로 한 산업구조 고도화를 완료해 선발개도국 단계에 진입해 있었고, 중국은 막대한 노동력과 토지를 공급할 준비가 되어 있었다. 한국은 중국에서 중간재를 수출할 시장과 노동집약적 가공공정의 탈출구를 찾았다. 한중경제를 연구하는 전문가들은 한국이 중국을 허브로 하는 세계적 분업구조(global production network) 형성에 선제적으로 대응했기 때문에 중국경제의 성장이 우리 경제에 긍정적으로 작용했다고 분석하고 있다.[9] 물론 1990년대 말부터 2000년대 초 한국사회에서도 중국이 한국경제에 위협으로 작용할 것이라는 담론이 득세했다. 한국의 산업이 기술적으로 앞서가는 일본과 저가경쟁력을 지닌 중국 사이에 끼여 경쟁력을 상실할 것이라는 우려였다. 그러나 10여년의 상황을 돌이켜볼 때 경쟁력을 잃은 것은 일본이고, 한국은 적극적으로 중국시장을 경제발전의 기회로 활용했다는 평가를 받고 있다. 한국기업들이 세계의 공장으로 성장한 중국산업에 중간재를 공급하고 중국의 소비시장에도 성공적으로 진출한 것이다.

현재 대만은 ECFA 체결 이후 중국에 대한 경제의존도가 더욱 높아지는 추세에 있고, 한국도 중국과 FTA 체결협상을 개시하는 등 새로운 국면의 경제협력관계를 준비하고 있다. 대만은 안보적으로는 미국과의 관계, 경제적으로는 중국과의 관계가 매우 중요한 처지에 놓여 있다. 한국도 마찬가지로 한미동맹과 대중관계라는 삼각관계의 딜레마에 처해 있다. 두 강

---

9) 지만수『한국기업의 대중투자』, 아연중국연구총서 13, 폴리테이아 2007.

대국과의 삼각관계를 어떻게 활용하고 관리하느냐에 지속적인 경제발전 뿐만 아니라 양국의 미래가 달려 있다고 해도 과언이 아닐 것이다. 발전모델이라는 측면에서도 중국시장에 어떻게 대응하고 어떠한 형태의 경제통합을 이뤄가느냐는 중요한 함의를 갖는다.

5. 중소기업과 대안적 발전모델의 모색

대만의 경제발전 모델을 논하면서 중소기업을 빼놓을 수 없다. 수출지향적 산업화과정에서 중소기업이 수출을 주도하고 대만의 산업발전을 이끌었다는 것은 주지의 사실이다. 그렇다고 대만의 중소기업이 정책적으로 정부의 보호와 지원 속에서 발전한 것은 아니다. 오히려 치열한 시장경쟁 속에서 생존을 모색하고 그 과정에서 발전해왔다. 경제발전과정에서 한국은 민간 대기업에 공세적인 금융지원을 해주었지만, 대만정부는 상류부문에 해당하는 공기업과 선별된 외국인기업에 대해서만 우대성 지원을 해주고 나머지 중소기업에는 중립적 유인을 제공했다.[10] 최근 대만 대기업들이 첨단기술산업의 발전 및 공영사업의 독점화를 추진하면서 대만경제에서 차지하는 위상이 커지고 있지만, 중소기업은 대만경제에서 여전히 중요한 비중을 차지한다. 우선, 기업의 수적인 측면에서 중소기업은 절대다수를 차지한다. 대만 중소기업처에서 발행한 2011년 『중소기업백서(中小企業白皮書)』에 의하면, 2010년 말 대만의 중소기업 수는 1,247,998개로 대만기업의 97.68%를 차지한다. 다른 경제지표를 살펴봐도 대만경제에 대한 중소기업의 공헌과 기여도는 쉽게 알 수 있는데, 2010년의 경우 전체 경제에서

---

10) Robert Wade, *Governing the Market: Economic Theory and the Role of Government in East Asian Industrialization*, Princeton: Princeton University Press 1990, 370면.

대만 중소기업의 총 매출액, 내수시장 매출액 및 수출액은 각각 29.55%, 34.67%, 16.16%를 기록하고 있다.

중소기업은 대만의 사회안정 면에서도 중요한 역할을 한다. 중소기업이 절대다수의 일자리를 만들어내고 빈부격차를 줄여주는 역할을 하는 것이다. 2010년의 경우 중소기업은 대만 일자리의 78.06%, 819만 1천명을 제공하고 있다. 이와 동시에, 중소기업의 발전은 자본 대중화에 기여한다. 즉 사회의 자본이 과도하게 집중되는 것을 방지하는 역할을 한다. 중산계급의 수를 증대하고 빈부격차와 경제적 양극화를 효과적으로 줄여줌으로써 경제·사회적 갈등을 감소시킨다. 결론적으로, 대만의 중소기업은 경제적 기여뿐만 아니라 취업 및 사회안정에도 중요한 역할을 하고 있다고 말할 수 있겠다.

그렇다면 한국의 중소기업은 어떠한가? 한국 통계청에 따르면 2009년 기준 한국 중소기업의 사업체 수는 약 307만개로 총 사업체의 99.9%를 점하고 있다. 중소기업에서 일하는 종사자 수는 1,175만명으로 총 종사자 수의 87.7%를 차지한다. 동아시아 금융위기가 발생한 1997년과 비교했을 때 2009년 한국의 중소기업 사업체 수는 약 40만개가 증가했고, 고용창출 측면에서도 1997년과 비교하여 2009년까지 348만명이 증가했다. 반면, 2009년 기준 대기업의 사업체 수는 2,916개, 종사자는 164만 7천명인 것으로 나타났다. 즉 한국은 IMF 외환위기 극복과정에서 구조조정 등으로 대기업을 통한 고용은 감소한 반면, 중소기업이 오히려 신규고용을 창출하는 새로운 고용창출자의 역할을 하고 있는 것이다. 한국의 중소기업은 생산 및 부가가치 면에서도 대기업과 어깨를 나란히 하고 있다. 2009년 기준 국내 전체 생산액 중에서 중소기업의 생산액 비중은 47.6%였다. 부가가치 측면에서도 49.5%를 차지했다. 수출부문에서의 기여도 적지 않다. 중소기업은 한국 전체 수출의 32.3%, 1,173억 달러를 차지한다. 중소기업중앙회의 연구에 따르면 대기업 수출제품에 들어가는 부품을 납품한 경우까지 중소기업 수출로 인정할 경우 중소기업 수출비중은 53%에 이른다. 지식경제부가 선정한 세계일류상품의 65%, 359개가 중소기업제품일 정도로 수출경쟁력도 높다.

대만은 흔히 중소기업의 나라로 알려져 있다. 그러나 여기 제시된 통계들을 살펴보면 한국의 중소기업이 오히려 한국경제에서 더욱 큰 비중을 차지하고 있음을 알 수 있다. 한편, 최근 들어 한국사회에서는 대기업과 중소기업 사이의 왜곡된 관계가 한국경제의 생태계를 망치고 있다는 비판이 제기되고, 대기업과 중소기업의 동반성장이 구현될 때 지속적인 경제발전과 양극화 문제 해소에 도움이 될 것이라는 주장이 여론의 관심을 끌고 있다. 따라서 기업들이 어떻게 상생과 협력의 문화를 만들어갈 것이냐가 무엇보다 중요하며, 이것이 과거의 발전모델에서 탈피하여 새로운 대안모델을 만들어가는 지름길이 될 것이다.

6. 맺음말

대만 산업화과정에서 국가가 어떤 역할을 했는지에 대한 연구에서 퍼킨스(Dwight H. Perkins) 등은 대만의 경제발전모델에 대해 다음과 같이 이야기했다.

대만의 발전경험을 통해 우리가 얻게 되는 가장 중요한 교훈은, 빠른 경제성장 이면에는 그에 상응하는 빠른 정책적 전환이 필요하다는 것이다. 대만이 의심할 여지 없는 경제발전을 이룩한 것은 그 지도자들이 하나의 성공적인 발전모델을 찾았기 때문도 아니고, 어떤 단일한 발전모델을 견지했기 때문도 아니다. 오히려 대만의 지도자들이 여러 종류의 발전모델을 찾았고, 상황에 따라 그에 걸맞은 전환을 해온 결과라고 할 수 있겠다.[11]

발전이란 외부와 차단된 진공상태에서 이뤄지는 것이 아니다. 외부로부터 오는 수많은 변화와 도전에 신속하고 적절한 정책적 대응을 했을 때 지속적인 발전을 이룰 수 있고, 그 발전의 과정에서 내재화된 인과관계가 발전모델로 인정받게 되는 것이다. 따라서 발전모델이라는 것은 고정불변의 완성형이 아니며, 끊임없는 변화와 도전 속에서 새로 찾아낸 대안들의 변증법적 총화라 할 수 있겠다. 경제적 세계화와 글로벌 경제위기라는 강력한 도전에 직면하여 한국과 대만은 지속적 경제발전을 위한 창조적 대안들을 찾아가는 여정에서 소중한 동반자가 될 것이며 서로를 비추는 거울이 될 것이다.

---

11) Li-Min Hsueh, Chen-Kuo Hsu, and Dwight H. Perkins, *Industrialization and the State: The Changing Role of the Taiwan Government in the Economy*, 1945-1998, Cambridge: Harvard University Press 2001, 1~2면.

제4부

교류의 시각

식민지조선의 대만 인식

『조선일보』와 『동아일보』를 중심으로

손준식

한국과 대만은 여러 면에서 유사점을 갖고 있을 뿐 아니라 비슷한 역사적 경험을 공유하고 있음에도, 대만에 대한 한국인의 관심은 높지 않고 이해수준도 낮은 편이다. 선진국 대열에 하루빨리 진입하려는 강박감에 사로잡힌 한국에 있어 국제사회에서 주권국가로 인정받지 못하는 대만은 사실 의미있는 타자가 아닐 수 있다. 더욱이 거대한 중국의 경제발전과 정치적 위력 때문에 대만은 우리에게 잊고 싶은 존재인지도 모른다. 하지만 어떤 대상에 대한 인식이 "관찰자가 처한 역사적 위치에서 나오는 편견을 포함한다"[1]면, 대만에 대한 우리의 이런 인식은 약자에 대한 무관심과 우월감 모두를 내포한 소위 '우리 안의 오리엔탈리즘'[2]에서 유래한 잘못된 타자인식에 그 원인이 있을 수도 있을 것이다.

그러면 이러한 타자인식의 뿌리는 언제 어떻게 형성된 것일까? 이에 대한 의문을 해소하는 방안의 하나로 일제시대 조선인의 대만 인식이 어떠

---

1) 이옥순『식민지 조선의 희망과 절망, 인도』, 푸른역사 2006, 14면.
2) 이옥순『우리 안의 오리엔탈리즘』, 푸른역사 2002.

했는지, 그 인식의 근거는 무엇이었는지를 추적해볼 필요가 있을 것이다. 이를 위해서는 식민지 전시기 각종 신문·잡지에 실린 글과 개인의 저작 등을 종합분석해야 하지만, 우선 당시 대표적 신문인『조선일보』와『동아일보』의 대만 관련 기사만을 대상으로 일제시기 대만 인식을 살펴보기로 한다.

1. 기사 통계로 본 대만 인식

『조선일보』와『동아일보』는 1920년 창간 이래 휴간과 정간을 거듭하면서 1940년 폐간 때까지 7000호 가까이를 발행하였다. 그중 대만 관련 기사는『조선일보』가 총 880건으로 연평균 43건 꼴이고,『동아일보』는 총 993건으로 연평균 47건 꼴이다.[3] 주제별로 보면『조선일보』는 경제·정치·사회·문화 순이고,『동아일보』는 정치·경제·사회·문화 순으로, 성치와 경제의 비중이 서로 다르나 사회·문화 기사가 적고 정치·경제 기사가 전체의 80% 내외를 차지한 점에서는 두 신문 간에 차이가 없다.

연도별로 보면『조선일보』는 1927, 1934, 1935, 1933년 순으로 많고 1922, 1921, 1920, 1928년 순으로 적은데, 이 중 1920, 1928년은 창간과 휴간 및 정간 등으로 신문 발행일수가 적었기 때문으로 보이지만 1921, 1922년은 이유가 불분명하다. 1927년은 기사 수가 압도적으로 많은데, 그해 발생한 대만은행(臺灣銀行) 파산위기 사태[4]와 그 구제책 등이 연일 보도된 때문이

---

3) 손준식 「식민지 조선의 대만 인식 —『조선일보』(1920-1940) 기사를 중심으로」,『중국근현대사연구』34집(2007.6); 「『동아일보』(1920-1940) 기사를 통해 본 식민지 조선의 대만 인식」,『중국학보』61집(2010.6). 이하 구체적인 기사 통계수치와 관련 기사의 출처는 이 두 논문을 참조.

4) 제1차 세계대전 후 경제공황으로 인해 대만은행이 스즈끼상점(鈴木商店)에 대여한 거

다. 하지만 이 일로 조선이 입은 피해가 크지 않은 데 반해 기사가 유독 많은 것은 『조선일보』의 중심세력이었던 신간회(新幹會)의 항일노선과 관련 있는 것으로 보인다. 즉 당시 조선 일부 지식계층의 자치운동에 대한 반대로 태동한 신간회가 일본의 지배에 대해 비타협적 민족운동을 지향했던 만큼,[5] 일본제국의 약점과 식민지지배의 문제점을 비판하는 입장에서 이 사건을 대대적으로 보도한 것이 아닐까 추정된다. 1933, 34년은 미곡(米穀) 생산과잉에 따른 식민지 미곡통제와 관련된 기사가 많은데, 미곡은 당시 조선인의 주식이고 주요 산업이었기 때문에 일본의 정책 변화는 바로 조선의 산업과 생활에 직접 영향을 미치는 사안이었을 뿐만 아니라 같은 일본의 식민지이고 미곡산지인 대만과의 연대가 필요한 문제여서 주요하게 보도한 것으로 보인다. 1935년은 그해 4월 발생한 대만의 대지진 관련 보도가 많았다.

한편 『동아일보』는 1935, 1930, 1934, 1927년 순으로 많고 1920, 1925, 1937, 1940년 순으로 적은데 이 중 1920, 1937, 1940년은 창간과 정간 및 폐간 때문으로 보이지만, 1925년에 기사가 적은 것은 그 이유가 불분명하다. 『조선일보』에 비해 전체 기사 수가 많고 연도별 기사 수의 편차도 그리 크지 않은데, 이로써 대만에 대한 관심이 상대적으로 높고 지속적이었다고 볼 수도 있지만 기사 대부분이 단순보도이고 논설이나 해설기사가 극히 적다는 점에서 기사 수만으로 관심의 정도를 측정하기는 어려울 것 같다. 그리고 대만은행 사태를 대대적으로 보도한 『조선일보』와 달리 어떤 특정 이슈를 부각하지 않았다는 것은 그만큼 『동아일보』가 일제 식민지지배에 타협적인 "부르주아민족주의 우파의 정치적 입장을 대변하는"[6] 신문임

액의 대출금을 회수할 수 없게 되자 1927년 모든 해외지점을 폐쇄하고 일본정부의 구제법에 의지하여 겨우 대만 내 영업을 재개하게 된 것을 말한다.
5) 한국역사연구회 『한국역사』, 역사비평사 1993, 312~13면.
6) 장신 「1924년 동아일보 개혁운동과 언론계의 재편」, 『역사비평』 75호(2006년 여름),

을 반영한 것이 아닐까 추정해본다. 기사 수가 가장 많은 해는 1935년으로, 대지진 피해와 구제책 등에 관한 보도 및 체육과 군사·외교 기사가 예년보다 많았기 때문이다. 1930년에는 우서(霧社)사건[7]과 이에 대한 토벌작전 및 사건 원인, 일본 여론 등이 연일 보도되었다. 1934년과 1927년은 경제기사가 상대적으로 많은데, 1934년은 생산과잉에 따른 식민지 미곡통제정책 및 이출미(移出米) 수량에 관한 보도가, 1927년은 대만은행 사태 보도가 많았기 때문이다.

그외 성격별로 보면 두 신문 모두 단순 사실보도가 대부분이고 사설·시평(時評) 등 해설기사는 극히 적다. 『조선일보』의 경우 사설 3건, 시평 2건으로 인도의 그것에 비해 훨씬 적다.[8] 기획기사도 많지 않은데 그나마 「대만기행(臺灣紀行)」[9]과 「반란(叛亂)의 대만」[10] 등을 통해 대만 인식의 일단을 엿볼 수 있다. 『동아일보』의 경우 사설 1건에 시평으로 볼 수 있는 것도 1건에 불과해서 인도와 비교가 되지 않을 뿐 아니라 『조선일보』보다도 적다. 기획기사[11]도 그 횟수와 내용 모두 『조선일보』 수준에 미치지 못하고 있다. 이처럼 대만에 대한 논설과 기획기사가 인도에 비해 적었던 이유는 식민당국의 각종 압박하에 독립의 열망을 같은 일제 식민지인 대만 대신 인도의 민족운동과 독립문제에 투사한 결과가 아닐까 추정해본다.

266면.

7) 타이중주(臺中州) 넝가오군(能高郡) 우서(霧社)의 타이야족(泰雅族, Atayal) 일파가 식민당국의 착취와 모욕 등에 불만을 품고 일으킨 항일운동이다. 10월 27일 원주민의 기습공격으로 139명의 일본인이 사망했고 이에 대한 일본군경의 토벌 결과 644명의 원주민이 희생된, 대만 식민지지배의 근간을 흔드는 대사건이었다.

8) 이옥순 『식민지 조선의 희망과 절망, 인도』, 32~33면.

9) 박유진(朴有鎭)이란 사람이 대만을 여행하며 보고 듣고 느낀 바를 기록한 것으로 1930년 2월 15일부터 3월 20일까지 총 20회 연재되었다.

10) 우서사건 직후인 1930년 11월 4일부터 12일까지 9회에 걸쳐 연재되었는데, 제3회부터는 '臺灣의 蕃族'으로 표제가 바뀌었다.

11) 「臺灣蕃族과 朝鮮」 상, 중, 하; 「臺灣(女子)風俗畵報」 1~7; 「빠나나 이야기」 상, 하.

정치 관련 보도는『동아일보』가『조선일보』에 비해 많으나 두 신문 모두 다른 주제에 비해 연도별 기사 수 편차가 크지 않은 편이다. 항목별로는 『조선일보』의 경우 민족운동, 인사와 동정, 법률과 행정, 군사와 외교 순이고『동아일보』의 경우 법률과 행정, 인사와 동정, 민족운동, 군사와 외교 순으로 많다.『조선일보』의 민족운동 기사 비중이 상대적으로 높다는 점에서 약간 차이가 있지만, 민족운동을 제외한 나머지 항목이 모두 식민지 권력과 지배에 관한 기사라고 본다면, 식민통치와 체제에 대한 관심이 이에 저항하는 민족운동에 비해 높다는 점에서 두 신문은 대동소이하다. 다만 당시 민족운동에 대한 보도통제와 금기가 극심하였다는 점도 고려되어야 할 것이니, 전시체제로 접어드는 1937년 이후 민족운동 기사가『조선일보』는 전혀 없고『동아일보』도 1건에 불과하다.

민족운동 항목에는 대만 의회설치 청원운동, 대만문화협회, 사회주의·공산주의·무정부주의운동, 우서사건 등 대만 내외에서 벌어진 각종 항일운동이 포함되어 있다. 기사 수나 비중(크기)을 놓고 보았을 때『조선일보』는 의회설치 청원 같은 자치운동에 대해서 간단히 보도만 한 데 비해 사회주의 등 좌파계열의 항일독립운동에 대해서는 대서특필하고 있으니, 비타협적 독립노선을 취하였던 조선일보사의 입장이 반영된 것으로 보인다. 반면『동아일보』의 경우 좌파계열의 항일운동은 간단히 보도한 데 비해 자치운동에 대해서는 대서특필하였다. 즉『조선일보』에 비해 자치운동에 관한 보도가 배 이상 많고, 그 내용도 일본 신문의 논설을 옮겨 싣거나 의회설치 청원이유를 소개하였을 뿐 아니라 이 문제에 대한 평론을 게재하는 등 훨씬 구체적인데, 이는 자치운동을 주도하던 동아일보사의 입장을 반영한 것이라 생각된다. 한편 우서사건 기사도『동아일보』가 월등히 많고 지속적인데,[12] 그 진행상황을 상세히 보도하고 원인규명 및 사후

---

12)『조선일보』가 사건 발생 이틀 후인 1930년 10월 29일과 30일 양일간 보도하고 있는

대책에 관해서도 지면을 할애하고 있다. 또 이 사건에 대해『조선일보』가 '반란' '진무(振武)' 등의 표현을 사용한 데 비해『동아일보』는 '반란' 외에 '폭동' '토벌' '총공격' '점령' 등 좀더 식민당국의 입장에서 보도하고 있는 것을 통해서도 평소의 타협적 성격을 엿볼 수 있다.

경제 관련 보도는 전체 기사 수에 있어 두 신문 간에 큰 차이가 없지만, 항목별 기사 비중은『조선일보』가 금융, 무역과 유통, 정책, 기업과 산업 순인 데 비해『동아일보』는 무역과 유통, 정책, 기업과 산업, 금융 순이다. 이처럼 금융기사 비중이 크게 차이나는 이유는 1927년 대만은행 사태 보도에서 현격한 차이를 보이고 있기 때문이다.『조선일보』가 이 사건을 대대적으로 보도한 반면,『동아일보』보도는 상대적으로 매우 적은 대신 무역과 유통, 정책 등 다른 경제 관련 보도가 더 많았다는 점은 일본의 지배에 대한 두 신문의 태도와 항일운동노선상의 성격 차이를 드러내는 것으로 보인다. 연도별로는 두 신문 모두 1927, 1934, 1933, 1939년 순으로 많은데 1927년은 대만은행 사태, 1934년과 1933년은 미곡통제, 1939년은 식량난으로 인한 대만미(臺灣米) 이입 등 무역과 유통 관련 기사가 많았기 때문이다.

『조선일보』의 경우 1925년 이후 경제기사가 증가하는데 이는 대만미의 조선 이입과 관련된 것 같다. 그전에도 간혹 조선미(朝鮮米)에 대만미를 혼입(混入)한 기사[13]가 나오지만 1925년 7월 17일 대만미의 대량 이입계획을 보도한 것으로 보아 대만미의 본격적인 이입은 그후로 보인다. 또 전체 기사 중 대만은행 사태와 미곡통제 관련 보도를 제외하면 대만미의 생산과 이입, 유통 기사가 가장 많은데 이는 대만미의 작황과 이입량 등이 조선미의 이출과 가격 및 조선 내 미곡 수급에 직접 영향을 미치는 요인이었기

데 반해『동아일보』는 10월 29일부터 12월 16일까지 지속적으로 관련 보도기사를 내고 있다.

13) 최초의 대만미 혼입 보도는『조선일보』1921년 9월 8일자에 보인다.

때문이다. 한편 『동아일보』의 경우 전체 기사 중 미곡 관련 보도가 절반 이상을 차지하는데, 미곡통제 보도를 제외하면 『조선일보』와 마찬가지로 대만미의 생산·이입·유통기사가 대부분이다. 연도별로 보면 1925년 이전에는 매년 1,2건에 불과했으나 1926년 이후 점차 늘어나 1927, 1936년을 제외한 나머지 연도에는 경제기사의 절반 이상을 차지하고 있다. 대만에서 일본인의 구미에 맞는 봉래미(蓬萊米)가 개발된 것은 1922년인데, 대만총독부의 적극 장려하에 그 생산이 확대됨에 따라 그때까지 조선미에 의존하던 일본의 미곡 수급구조가 조정되면서 조선 미곡시장에도 변동을 불러왔으니, 이러한 추세를 기사 통계를 통해서도 확인할 수 있다.

사회 관련 연도별 기사는 두 신문 모두 1935년이 가장 많은데 이는 그해 4월 발생한 대지진 보도가 많았기 때문이다. 항목별로는 『조선일보』가 기상, 사건과 사고, 교통과 통신, 기타, 교육 순인 데 반해 『동아일보』는 사건과 사고, 기상이 동일하게 가장 많고 그다음이 교육, 교통과 통신, 기타 순으로 차이를 보이고 있다. 하지만 두 신문 모두 기상은 태풍과 지진에 관한 것이, 사건과 사고는 화재나 폭발, 범죄 같은 것이, 교통과 통신은 일본제국의 일원으로서 조선을 비롯한 각 지역과의 연락에 관한 것이, 기타는 대만 거주 조선인에 대한 보도가 다수를 차지한다는 점에서 서로 비슷하다. 다만 『동아일보』의 교육기사 비중이 『조선일보』에 비해 세배 가까이 되는 것이 눈에 띈다. 그 이유는 주로 1922년 공포된 교육령 개정 관련 보도를 『조선일보』가 전혀 하지 않은 데 반해, 『동아일보』는 그 개정방침과 논쟁점 및 심의과정 등에 대한 기사를 많이 실었기 때문이다. 이 점은 『동아일보』의 사주 김성수(金性洙)가 보성학교의 소유주였기에 아무래도 교육문제에 더 많은 관심을 가졌던 것이 원인이 아닐까 추정해본다.

문화 관련 기사는 『조선일보』의 경우 1930년에 집중되어 있는데, 이는 대만 여행기와 고산족(高山族)에 대한 기획기사가 연재된 때문이다. 『동아일보』의 경우 전체 기사 수에서 차지하는 비중이 『조선일보』에 비해 훨씬 낮을뿐더러 그 절반이 1931년과 1935년에 집중되어 있는데, 이는 대만 풍속에 대한 기획기사 연재와 대만에서 개최된 운동경기 관련 기사 때문이다. 항목별로는 『조선일보』가 여행, 풍습, 체육, 공연과 전람, 과학과 출판 순인 데 반해 『동아일보』는 체육, 풍습, 여행, 과학과 출판, 공연과 전시 순으로 차이가 있다. 하지만 두 신문 모두 여행과 풍습은 대부분 고산족에 대한 기획기사이고, 체육은 대만에서 개최되는 경기나 대만팀이 우수한 성적을 낸 경기에 대한 보도들이며, 공연과 전람, 과학과 출판 기사 비중이 낮다는 점에서 서로 비슷하다. 기사 수가 많지 않아서 별 의미가 없을 수 있지만, 『동아일보』의 체육기사 비중이 『조선일보』에 비해 상대적으로 높다는 점 역시 그 성격의 일면을 보여주는 것이라 생각된다.[14]

2. 기사에 나타난 대만 인식

『조선일보』와 『동아일보』의 관련 기사에 자주 사용된 표현을 보면, 대만은 날씨가 더운 상록의 아름다운 남쪽 섬나라로 여겨졌던 것 같다. 옛날에는 "남명만리(南溟萬里)의 고도로서 멀니 격하야 왕복이 두절"되었던 "물길로 수천리 우리와는 인연이 먼 이역"이었지만 "일본의 영지가 된 후로 모지(門司) 지룽(基隆) 간에 삼주야(三晝夜) 항해의 교통이 열린," 열대지방 조사를 위해 찾은 가까운 곳이 바로 대만이었다. 그럼에도 엄동에 "피

---

14) 일제하 사회주의 계열에서는 체육이 부르주아의 계급이익을 옹호하는 수단이란 인식 하에 체육을 경원시하고 체육활동에 관심을 가지지 않은 데 반해, 타협적 민족주의 세력 은 체육을 민족운동의 일환으로 생각하고 적극 권장하였다. 즉 민족개조는 신체로부터 시작되어야 하며 이는 체육을 통해 달성할 수 있다고 주장한 『동아일보』 계열이 조선체 육회 창립 후원을 비롯한 민족주의적 체육을 주도했다. 이학래 『한국근대체육사연구』, 지식산업사 1990, 141~55면.

한(避寒)하야 파초(芭蕉) 열매를 맛"볼 수 있는 대만에 내린 눈은 뉴스거리가 되었고, 서울에서 자살을 기도했던 대만 젊은이는 "북국의 설경을 보고저" 온 남국의 시인으로 그려졌다. 또 대만은 '열대과일의 왕'인 바나나를 마음껏 먹을 수 있는 부러움의 대상이었다.[15] 대만시찰 중 "춘하추동 어느 때든지 생산되"는 바나나가 "무진장으로 결실하여 있는" 광경에 가장 깊은 인상을 받은 기고자는 아예 대만을 바나나의 나라로 그리고 있다. 이밖에 대만의 폭풍우 피해기사에서도 바나나의 감수(減數) 예상이 빠지지 않고, 대만과의 정기항로 개시를 알리는 기사도 바나나의 하역 소식을 전하고 있으며, 대만과의 물자교역 전망에서도 대만의 대표적 산물로 바나나가 언급되고 있다.

한편 대만은 물산이 풍부하여 "의식에 주리는 이가 별로 없고" "문화정도는 낮으나 생활은 넉넉"해서 "조선보다 훨씬 요부(饒富)"하게 비쳤다. 이런 연유로 대만은 "일본의 자본주의적 경략(經略)에 가장 적합한 바" 있어서 일본이 쉽게 포기하지 않을 것이며 따라서 대만의 해방투쟁은 매우 곤란할 것으로 전망하고 있다. 또 대만은 각종 산업이 "극히 유망하야 장래 일본의 보고(寶庫)"로 간주되었고, 대만의 경제는 조선에 비하여 "정반대의 지위를 유지"하고 있을 뿐 아니라 일본도 금융공황 등 불안한 상태에 있으나 대만은 '하등의 동요도' 없으며 대만인 중에는 "일본 부호 이상의 재산을 소유한 자" 적지 않다고 하였다. 또 "대만을 영유함이 곳 남방중국 남양을 영유햇다는 것을 의미"하기에 "일본의 제국연장주의를 위하여" "기십만의 생명을 희생해서라도 대만을 영유할 가치가" 있으며, 따라서 일본이 대만에 자치를 허용함으로써 "대만으로 하야금 대만인의 대만으로 시설을 완성하야 일본의 웅대한 간판"으로 삼는다면 "남방중국과 남

---

15) 이와 비슷한 대만에 대한 일본인의 인상을 당시 일본유학생 황순흥(黃順興)의 회고에서도 찾을 수 있다. 陳君愷 「超越種族的藩籬之外 — 日治時期臺·日人關係的另一個面向」, 『臺灣社會文化變遷學術研討會論文集』, 臺北: 臺灣師範大學歷史系 2000, 277면.

양에 일본의 숭고한 국위"를 떨칠 수 있을 것이라 전망하였다. 이 글은 노
정일(盧正一)[16]이 대만에서 보고 들은 바를 기고한 것으로 『동아일보』의
입장을 그대로 대변한다고는 할 수 없지만, 이러한 논지의 글이 게재되었
다는 자체가 식민통치를 근원적으로 부정하지 않고 식민체제 내의 자치운
동을 주장한 『동아일보』의 성격을 반영한다고 하겠다.

　식민지조선에서는 "대만이라 하면 누구나 먼저 미개한 토인들과 생번
(生蕃)을 연상"하고 '생번' 하면 사람 목을 베는 풍습이 있는 야만인으로
생각했던 것 같다. 『조선일보』는 창간 첫해부터 일본의 대만 점령 이후 생
번 토벌로 인해 "싸우다 죽은 사람, 머리 베어 죽은 자가 약 1만 명"에 이른
다고 하여 그 잔인함을 부각하고 있다. 그후에도 대만 토인이 일본 경찰의
목을 베어 달아났다거나 대만 만인(蠻人)이 순사의 목을 잘랐다는 보도가
있고, 대만의 결혼풍속을 소개할 때도 반드시 목 자르는 기풍(奇風)을 언급
하고 있으며, 대만 여행기에서는 '번인(蕃人)의 괵수(馘首)'는 대만에 오는
사람이면 "누구나 흥미를 끄는 문제"라 하여 '괵수'의 복적에 대해 상세히
적고 있다. 또 "선혈이 임리(淋漓)한 인두(人頭)를 소지(所持)"한 생번 추장
을 찍은 섬뜩한 사진이 시선을 끈다. 이러한 생번에 대한 관심은 대만 다
녀온 여교사의 인터뷰에서도 보인다. 그리고 우서사건을 크게 보도하고
곧이어 '번족 특집'을 연재하여 그 종족 분포와 역사 및 풍속 등을 소개하
고, 일제통치 이후 번족이 겪은 고통과 저항을 설명하면서 우서사건의 원
인분석과 번족의 장래를 전망하고 있다. 우서사건은 일제의 대만지배에

---

16) 노정일은 평안도 진남포 출생으로 미국과 영국에서 공부한 후 1921년 귀국하여 연희
　전문학교 교수(강사)를 지내다가 1925년 다시 미국으로 건너가 1927년 네브래스카 주
　립대학에서 철학박사학위를 받았다. 그해 9월 귀국하여 1931년 중앙일보사 사장에 취
　임하였으나 1932년 물러난 후 더이상 특별한 활동을 하지 못한 것으로 되어 있다. 노정
　일은 당시 '직업적 친일분자' '총독의 양자'라고 할 정도의 친일적 행위로 일반민중들에
　게 지탄을 받은 인물인 만큼 이런 논조의 기고문이 별 이상해 보이지 않는다.

큰 충격을 주었다는 점에서 식민당국을 비판할 좋은 기회이기도 했지만, 그보다는 평소 생번에 대한 조선인의 호기심을 자극할 수 있는 소재였기에 비중있게 다루었던 것으로 보인다.

흥미로운 점은 이러한 생번이 사는 야만의 땅 대만이라는 인식을 동시대 일본인에게서도 발견할 수 있다는 것이다. 양 자오자(楊肇嘉)에 따르면 일본 유학길에 공학교(公學校) 교장선생의 고향을 방문했을 때 마을 사람들이 대만인은 모두 생번이고 생번은 사람 목을 베는 야만인이라는 '오해'를 하고 있음을 감지했다고 한다.[17] 이것이 단순한 개별사례인지 일본 전체의 대만 인식인지 알 수 없지만, 직접 대만에 관한 정보를 구하기 어려웠던 당시 조선에 있어 일본의 영향은 컸으리라 짐작된다. 이러한 추정을 뒷받침해주는 것으로 염상섭의 『만세전』에 나오는 조선인을 평가하는 일본인 사이의 대화에서 "젊은 놈들은 그래도 제법들이지마는, 촌에 들어가면 대만의 생번보다는 낫다면 나을까"라는 구절이 있다.[18] 비록 소설이지만 이러한 표현이 등장한다는 것 자체가 대만에 대한 그같은 인식이 조선의 식자층에 수용되고 있음을 보여준다고 할 것이다.

한편 『조선일보』가 우서사건 이전에 생번의 야만성을 부각한 데 반해, 『동아일보』는 우서사건 이후에 번족 관련 기고문과 화보 등을 집중 게재하였다. 사진과 함께 게재된 「대만풍속화보」에서는 원주민의 복장과 생활 및 주거 등을 있는 그대로 담담히 묘사하고 멸시나 차별적인 표현은 거의 드러내지 않고 있다. 목을 자르는 풍속도 번인두목을 소개하는 글에서 잠깐 언급할 뿐이다. 또 「대만번족과 조선」이란 기고문에서 대만에 거주한 적이 있는 필자는, 『허생전』의 허생이 변산(邊山)의 군도(群盜)를 위무하여 데리고 간 이상국이 바로 대만이며 거기서 약탈을 일삼던 번족들을 훈육

---

17) 楊肇嘉 『楊肇嘉回憶錄』, 臺北: 三民書局 2004, 41면.
18) 최원식 외 『20세기 한국소설 2: 염상섭』, 창비 2005, 86면.

한 결과 번족사회에 조선의 문화와 전통이 아직 강하게 남아 있는데, 이처럼 "우리와 관계가 기픈 그들"의 앞날이 과연 어떻게 될지 우려하고 있다.

기고자가 어떤 의도로 이 글을 작성했는지는 알 수 없으나 전체 문맥을 보아 일제 식민통치의 부당함을 지적하기 위한 것으로 보인다. 즉 대만은 원래 진시황과 한무제가 불로불사의 약을 찾아 사람을 보낸 신선이 살던 곳으로 한때 군도의 생활을 영위하던 번족은 허생의 개척과 훈도를 통해 그 고유의 순박한 사회성과 전통을 유지하게 되었는데, 일본의 몰이해 때문에 우서사건이 발생했고 사후처리의 부적절함으로 번족을 벼랑 끝으로 내몰고 있음을 비판하고 있다.[19] 아울러 번족과 우리의 깊은 관계 및 문화적 유사성을 강조함으로써 일제의 조선통치에 대한 불만도 간접적으로 내비치고 있다. 특이한 것은, 평소 대만 원주민에 대한 관심이 상대적으로 적고 우서사건 발생 후 일본 편에 서서 그 소탕과정을 상세히 보도했던 『동아일보』가 도리어 원주민에게 동정적인 기고문과 사실적인 화보를 게재하고 있다는 점이다. 어느 것이 『동아일보』의 입장인지, 왜 이런 모순되는 현상이 나타났는지에 대해서는 따로 분석이 필요하겠지만, 사건 발생 며칠 후 소개된 일본 각 신문의 관련 사설 중에 대만총독부의 원주민정책과 무력일변도의 토벌정책에 대해 비판적인 태도가 많이 포함되어 있는 것과[20] 혹 연관이 있지 않을까 추정해본다. 당시 조선 언론이 대만 관련 정보 내지 논조의 많은 부분을 일본에서 수용·반영하고 있음을 감안할 때 우서사건의 사후처리에 대한 태도도 그 영향을 받았을 가능성을 배제할 수 없

---

19) 필자는 일부종사의 미덕을 지키고 일부(一婦)의 모욕을 일족의 수치로 여기는 번족에게 있어 "일본 남자들이 번녀(蕃女)와 결혼하얏다가 중도에서 포기함에 노(怒)"한 것이 이번 '동란'의 한 원인이며, '마혜보'사(社)의 여자 108명이 자살한 것도 일본 토벌대와의 결전을 앞두고 내린 과감한 결단이라고 하였다.

20) 『오오사까아사히(大阪朝日)』 『오오사까마이니찌(大阪每日)』 『후꾸오까니찌니찌(福岡日日)』 『요로즈쪼오호오(萬朝報)』 등 4개 신문의 사설을 전재하고 있는데, 『오오사까마이니찌』를 제외하고는 모두 비판적인 논조이다.

을 듯하다.

식민지조선은 대만을 경쟁과 협력의 대상으로 인식했던 것 같다. 이 점은 경제, 특히 미곡 문제에서 잘 드러난다. 당초 "품질 건조 공히 불량하야" 조선미에 비해 싼 대만미가 이입되어 혼입판매될 위험을 걱정하면서도 전반적으로는 조선의 미가(米價) 조절과 공급부족을 완화하는 대만미의 이입을 긍정적으로 보고 있다. 즉 대만미는 조선의 미곡유통에 혼란을 줄 수 있는 경쟁대상이기도 하지만, 동시에 조선미의 일정량이 일본으로 이출되는 상황에서 미곡부족을 보충하는 대용품으로 받아들여진 것으로 보인다. 그후에도 저렴한 대만미의 이입증가와 부정(不正) 상인의 혼입판매 기사가 꾸준히 나오고 "품질향상과 미가저렴으로" 토오꾜오 정미(正米)시장에서 조선미를 압박하는 대만미에 대해 경계를 표하고 있지만, 일본 중심의 미곡통제안[21] 실시에 즈음하여서는 조선미와 대만미에 대한 차별 반대와 반대운동 제휴에 관한 기사를 싣고 있다. 또한 '조선미의 강적'으로 부상한 봉래미의 생산증가와 품질개량을 보도하면서 조선미의 장래를 우려하지만, 자연재해로 미가가 폭등한 1935년 가을 이후에는 대만미를 포함한 외래미의 수이입을 빈민층 구제와 쌀값 안정을 위한 부득이한 조치로 받아들이고 있다. 곧이어 전매 실시를 핵심으로 하는 '대만미곡이출관리안(臺灣米穀移出管理案)'[22]이 발표되자 그 구체적인 내용과 조선총

---

21) 1930년대 초 식민지에서 이입된 염가미(廉價米)로 인한 미가 하락으로 일본농민의 저항이 발생하자 일본정부는 과잉공급된 미곡을 사들여 미가 하락을 막았다. 하지만 일본 내 높은 미가로 인해 이입미 수량은 계속 증가해 미가보호정책이 붕괴될 지경에 이르자 일본정부는 대만·조선 총독부에 미곡생산과 대일(對日) 이출을 억제하도록 요구하였다. 1936년 통과된 '미곡자치관리법(米穀自治管理法)'은 과잉미곡을 줄이기 위해 일본·조선·대만에 감산량(減産量)을 강제로 배정했고, 식민지가 감산량의 약 80%를 떠안았다. 커즈밍 지음, 문명기 옮김 『식민지 시대 대만은 발전했는가』, 일조각 2009, 253~56면.

22) 미전매(米專賣)를 통한 가격통제로 농민의 작물선택에 영향을 주어 전작(轉作) 장려에 소모되는 막대한 예산을 줄이고 대만미 매매차익을 통해 풍부한 재정수입을 올릴 목적으로 1937년 코바야시 세이조오(小林躋造) 총독이 제안한 것으로, 일본정부 각 부처

독부의 대응 등을 상세히 보도하면서 향후 전망과 영향에 민감한 반응을 보이고 있다. 한편 심한 흉년이 들었던 1939년에는 악덕상인의 대만미 매점으로 인한 미가 교란 등을 염려하면서도, 대만미의 이입으로 각지의 식량난이 해소·완화되고 있음을 보도한다. 심지어 청주(淸州)군민의 대만미 구입을 '쾌보(快報)'라고 표현하면서 품질이나 맛이 "조선미와 다를 것이 없다"고 하였다. 이와 같이 같은 일본제국의 식민지라는 구도 속에서 대만미는 조선미의 경쟁과 협력의 대상으로 인식되었음을 알 수 있다.

그러나 쌀을 제외한 다른 경제부문에서 대만은 조선에 필요한 협력대상으로 인식되었던 것 같다. 예컨대 충남 성환(成歡)의 참외 생산조합 창립을 보도하면서 "직통항로의 개시를 보아서 상하국(常夏國) 대만에 이출을" 시도할 것이며 그 "이출에 관하야 적극적으로 연구를 결행할" 것임을 소개하고 있다. 또 대만-인천 간 정기항로 개시를 알리면서 대만 "도민의 생활 향상에 반(伴)"하여 "염간(鹽干), 어류(魚類), 청주(淸酒), 세멘트, 석감(石鹼), 장유(醬油), 목재, 비료, 소맥분 등 조선에서 이출할 만한 것이 다대(多大)할 것이며" 대만에서 생산되는 '각종 과실, 당밀(糖蜜), 감저(甘藷) 등'과 거래할 수 있을 것으로 전망한다. 아울러 이러한 상거래 개척을 위해 대만 사정을 상세히 알아야 하므로 "차제에 상업인사는 하로 밧비 대만을 시찰 연구함이 필요하"다고 강조하였다. 그후 조선 가마니의 대만 수출 교섭기사에서 장차 조선 농가에 연간 백만원의 수입이 생길 것으로 전망하면서 대만과의 물자교환 증가를 예상한 조선총독부의 직통항로 확충노력을 보도하고 있다. 그외 대만 당밀의 이입으로 조선 소주업계가 크게 활기를 띠게 되었다든지, 사탕 기근 해소를 위한 대만 사탕의 이입조건으로 조선 어비(魚肥)를 이출하기로 하였으며 이는 "조선산 어분(魚粉)의 유일한 시장

간의 이견과 국회의원간의 대립으로 실행이 지연되다 1939년 제국의회에서 통과되었다. 같은 책 270~72면.

인”독일 수출이 유럽전쟁 때문에 두절되고 “일미통상조약의 폐기문제 등으로 전도(前途)에 지장을 예기하고” 있는 때에 새로운 시장개척을 기대케 한다든지, 대만 자본의 조선 지하자원개발 진출은 “호현상(好現象)이고 크게 환영할” 일이라고 평가하는 등 대만과의 협력관계를 부각하고 있다.

대만 의회설치 청원운동에 일찍부터 관심을 표명해온 『동아일보』는 거듭된 좌절에도 불구하고 운동을 전개한 대만인에 대해 경탄하면서 조선과 대만은 일본 식민지정책의 ‘양개(兩個) 시험관(試驗管)’이며 그 통치제도는 “맥락이 쌍아(雙兒)의 관계가” 있기 때문에 ‘대만 통치제도의 결함’은 바로 조선의 현상을 말함과 같다고 하였다. 나아가 일본과 민족이 다르고 ‘인문(人文)의 정도’가 일본과 백중한 조선과 대만의 경우 “더욱히 통치난이 심각”할 것이라고 하면서 일본 정치가들에게 “세계사조의 대세에 응하야 굴기(崛起)하는 대만의 장래를 여(如)하코자” 하는지를 묻는다. 노정일도 대만총독부의 편협한 사상단속을 소개하면서 “과부의 서름을 과부가 안다는 셈으로 실로 동정(同情)의 누(淚)를 금할 수 업”다고 소감을 밝히고 있다. 이어 남중국 일대의 배일(排日)운동에 대항해온 대만적민(臺灣籍民)들이 그 “진력(盡力)에 대하야 하등의 인보(認報)가” 없을 뿐 아니라 일본 영사관으로부터 “하층 적민이라는 모욕적 대우를 밧게 되고 지나인에게는 망국노로 취급”받으며 일본인에게 ‘짱꼴라’로 학대를 받는 처지를 설명하면서 “아아 대만인도 불상하지 안습닛가”라고 글을 맺는다. 그외 1923년 말 발생한 ‘즈징사건(治警事件)’을 보도하면서 “우리는 멀니 박해밧는 민족의 심사에 그윽한 동정을 금할 수 업다”고 하였고, 야나이하라 타다오(矢內原忠雄)의 『제국주의하의 대만』(帝國主義下的臺灣, 東京: 岩波書店 1929)을 소개하면서는 “대만과 가튼 처지에 잇는 조선사람으로 읽을 가치 잇는 것”이라 안내하고 있다.

한편 1925년 다롄박람회(大連博覽會)를 참관한 『조선일보』 특파원은 박람회장의 “제일 궁벽한 뒷구석에서 동병상련의 격으로 대만관과 같이 의

리 좋게"라고 조선관의 위치를 언급하였고, 대만에서 돌아온 여교사의 인터뷰 기사 서두에 "우리와 처지가 같고 경우가 같은 열대지방 대만"을 혼자서 시찰하고 온 처녀라고 소개하고 있다. 이에 여교사는 대만사람과 일찍 사귀지 못한 것을 아쉬워하며 "그들의 환경이 우리와 같은 만큼 사상 방면으로 동일한 점을 많이 엿볼 수가 있습니다. (…) 그들은 세계 어느 나라 사람보다도 조선사람을 가장 환영한다 합니다"라고 답하고 있다. 또 「대만기행」의 필자는 "우리와 환경을 같이한 (…) 아일랜드와 인도를 보았고, 선자(先者)보다 더욱 가깝고 또 전연(全然) 동일한 세력의 밑에 있는 대만을 못 본 것이 유감"이어서라고 그 여행 동기를 설명한다. 그외 대만 사회가 "활발, 진추(進趨)의 용감한 기분이 적고 음울, 침체, 위축의 타기(惰氣)가 오직 충만한" 현상은 조선과 다를 바 없다고 분석한 글도 있다. 이처럼 일제하에서 심한 차별과 억압을 받던 조선은 같은 처지의 대만에 대해 연민과 동질감을 보이고 있다.

그러나 대만을 '우리'와 동일시하면서도 나른 한편으로는 대만에 대한 우월감을 은근히 내비친다. 예컨대 1926년 검거된 중대동지회(中臺同志會) 사건[23]에 대해 "당연한 일을 하였고 또 필연적인 형세에서 나온 (…) 약소 민족의 해방운동의 당연한 궤도를 밟음이라"라고 하면서도 "대만은 고래부터 반역아의 근거지"라는 표제하에 "이와 같이 독립운동을 일으키기는 이번이 처음이라"라고 해설을 붙이고 있다. 또 1927년 대만흑색청년연맹(臺灣黑色靑年聯盟) 보도에서는 "미개한 야만으로만 여기어오던" 대만도 "시대의 조류를 따라 여러가지로 각성함이 많은 터인데" 그들만으로 일본에 "반항하기에는 자못 승산이 적은 일"이지만, 중국혁명이 완성되고 '국제적 운동'으로 발전한다면 "대만인의 혁명운동도 다만 고도(孤島) 중에

---

23) 난징(南京)의 대만유학생과 중국학생이 조직한 항일단체로 1926년 3월 성립되었는데, 그해 7월 대만에 돌아온 주요 멤버들이 일경에 체포됨으로써 와해되고 만다. 楊碧川 『日據時代臺灣人反抗史』, 臺北: 稻鄕 1996, 96~97면.

있는 소약민족(小弱民族)의 무모한 짓으로 볼 수 없을 것"이라 전망한다. 또 1932년 말 조선을 방문한 대만총독부 내무국장 일행의 동정을 보도하면서 그 목적이 "외지(外地) 자치의 선구(先驅)를 성(成)한 조선의 실정을 조사하기 위함"이라 지적하고 연내 입안, 발표될 대만의 지방자치는 "대체로 조선을 모방한 것"이 될 것으로 예상하고 있다. 1940년 의무교육실시 계획 수립 착수를 보도하는 기사에서 쇼오와(昭和) 19년부터 의무교육 실시방침을 정한 대만총독부의 조치를 언급하면서 "조선이 어느 구석으로 보든 대만에 비유 안 될 만치 문화의 지역이니" 대만보다 늦게 실시하는 것은 '수치'라고 말하고 있다.

한편 대만의 한인(漢人)들은 "생명, 재산의 보호를 위하여" 대만에 남아 있지만 불만이 있으면 언제든지 "자신들의 출생지인 푸젠(福建), 광둥(廣東)을 향해 돌아가"면 그뿐이며, 대만 "이주민의 태반이 난세를 피하여 도대(渡臺)한 비겁한 류에 속하는 평화주의자인" 까닭에 그 사회가 무기력하다고 보았다. 즉 대만인의 민족의식 내지 정체성에 문제가 있다고 인식했기에 그 독립운동의 성공에 회의적이었던 것 같다. 이러한 대만 인식 형성에는 일본의 영향도 일부 작용한 것으로 짐작된다. 예컨대 대만독립운동사건 피고를 변호하고 조선공산당사건 피고를 변호하기 위해 조선에 온 일본인 변호사의 "대만은 운동이나 사상이 조선의 그것에 비교하여 유치"하다는 발언과 나가노현(長野縣) 소요사건의 책임을 지고 물러나는 지사(知事)에게 어떤 일본인이 "너는 대만이나 가서 폭정을 하라"라고 욕했다는 기사 등이 그러하다. 이런 내용이 조선의 대만 인식에 어느 정도 영향을 미쳤는지 알 수 없지만, 식민지체제하에서 지배자의 시각을 수용하고 이를 내면화하여 타자에 대한 우월감을 갖는 경우가 드물지 않다는 점에서 의미하는 바 있다.

이상 『조선일보』와 『동아일보』의 대만 관련 기사 수를 비교한 결과, 사회·문화 분야에 비해 정치·경제 분야에 기사가 집중되고 민족운동에 비해 식민통치·체제와 관련된 단순 보도가 많으며 미곡과 대만은행 관련 기사가 많은 점에서 두 신문이 비슷하지만,『조선일보』가 좌파계열의 민족운동과 대만은행 파산사태를 중시한 데 반해『동아일보』는 자치운동과 교육·체육에 비중을 두고 있는 점에서 일본의 식민통치에 대한 두 신문의 태도와 항일노선의 차이를 엿볼 수 있었다.

한편 대만은 바나나를 연상케 하는 상하의 남국, 생번이 사는 야만의 땅 내지 허생의 이상국으로 묘사되었고, 경제면에서 경쟁과 협력의 대상으로 평가되었다. 아울러 일제의 식민지라는 동병상련의 처지에 동정을 표하면서도 모종의 우월감을 갖는 일견 모순되어 보이는 인식을 드러낸다. 이러한 조선의 대만 인식 형성에는 지배자 일본의 영향도 분명 있었을 것으로 판단되지만 그 구체적인 경로와 정도에 대해 제대로 규명하지 못한 점은 아쉽다.

식민지시기 대만과 조선 교류의 한 단면*

최승희의 대만공연

장 원쉰(張文薰)

1945년 종전까지 똑같이 일본통치하에 처해 있던 조선과 대만은 같은 피식민지 처지였으나 양자간에 이루어진 교류는 결코 많지 않았다. 강제적으로 일본제국에 편입되었다는 운명은 일치했으나 사용언어, 문자, 민족 등이 다른데다 지리적으로도 떨어져 있다는, 즉 '북국(北國)'과 '남국(南國)'이라는 풍토적인 차이도 그 이유로 생각할 수 있겠다. 이런 상황에서 현대 조선무용의 창시자이자 조선반도뿐만 아니라 동아시아 전역에서 이름이 드높았던 '반도의 무희' 최승희(崔承喜, 1911~67)가 1936년 대만 문예계의 초빙으로 대만 순회공연을 했던 사실은 조선과 대만 교류사에서 주목할 만한 가치가 있다고 하겠다.

---

* 이 글은 「최승희와 타이완 —— 전전(戰前) 타이완의 '조선'붐」이라는 제목으로 인천문화재단 『플랫폼』 제9권 4호(2007)에 실린 내용을 필자가 수정 증보한 것을 새로 번역하였다.

1. 1936년 7월 최승희의 대만공연

1926년 3월 이시이 바꾸(石井漠)의 무용연구소에 입소한 최승희는 같은
해 11월 이시이 무용단의 대만공연에는 참가하지 않았다. 1926년의 대만
은 문학 쪽에서 '언문일치(言文一致)'가 막 제창되기 시작했으니, 하물며
현대무용은 완전히 미개척 분야였다고 할 수 있다. 당시 신문에서는 이시
이 바꾸 무용단을 "기교와 반주곡은 서양으로부터 받아들였으나 그 속에
담긴 감정은 순수한 동양적인 것이다"라고 상찬하여, 막 싹을 틔우기 시작
한 대만 신문화·문예에 자극을 주고자 하는 의도가 보인다.[1]

최승희가 이시이 바꾸 무용단의 일원으로서 대만공연을 해낸 것은 1929
년이었다. 그러나 그것은 아직 이름을 날리기 전으로, 주력 멤버는 아니었
기 때문인지 최승희 본인의 기억도 확실치 않았던 것 같다. 1936년 두번째
로 대만에 갔을 때에 1929년의 대만공연에 대해 이야기했으나 "자몽을 많
이 먹었다" "린씨(林氏)라는 부자가 집으로 불러 크게 한턱 냈다" "대만은
더워서 제법 땀을 흘렸지만 경치가 아름다운 곳이었다"[2]라는 등 피상적인
추억밖에 남아 있지 않았던 모양이다. "린씨라는 부자"란 대만에서 내로
라하는 부호로 타이베이 근교의 반차오(板橋)에 살던 린씨 집안이라고 추
측된다. 린씨 가족의 초대로 이시이 바꾸 일행은 타이베이 시내의 온천지
베이터우(北投)에 쉬러 갔다는 기록도 남아 있다.[3]

그후 최승희는 이시이 바꾸 무용단에서 두각을 나타냈고, 무용단에서

---

1) 「石井漠氏 愈々 渡臺 十九日神戸乘船」, 『臺灣日日新報』大正15年 11月 7日.

2) 梧葉生 「來る七月來臺する 舞姬崔承喜孃を囲み 東京支部て歡迎會」, 『臺灣文藝』第3券 제
   4·5合倂號(1936.4.20).

3) 동화작가 시부사와 세이까(澁澤靑花)의 회상에 의함. 金賛汀 『炎は闇の彼方に 傳説の舞
   姬·崔承喜』, 東京: NHK出版 2002, 42면.

나온 뒤 조선으로 돌아왔다가 다시 일본으로 간다. 이 과정에서 조선 전통무용의 색채가 밴 근대무용으로 주목을 끌고, '반도의 무희'로 불리기까지 커다란 도약을 이루었다. 그리고 1936년 7월 두번째 대만공연은 이미 영화 「반도의 무희」(半島の舞姬, 콘 히데미今日出海 감독, 1936년 3월 개봉)가 상연되어 한창 최승희의 인기가 높아가던 무렵에 이루어진 것이었다.

최승희를 초빙하여 대만에서 공연하도록 한 곳은 당시 대만섬 내 최대의 문예단체인 '대만문예연맹(臺灣文藝聯盟, 이하 '문연'으로 약칭)'이었다. 문연은 성립 2주년 기념으로 음악회 등을 개최하면서, 한편으로 토오꾜오지부를 통해 최승희의 무용공연을 성사시켰던 것이다.[4] 문연은 기관지『타이완원이(臺灣文藝)』1936년 3월호에 이 이벤트에 관한 정보를 게재하기 시작하였는데, 선전효과를 노렸는지 최승희가 대만에 오는 7월까지 매호 정보를 게재했다. 최승희 본인의 말을 빌리면 "아직 소녀였고 무용도 진정한 자기 예술로 성숙하지 않았던 무렵"인 1929년과는 달리, 두번째 대만 방문을 목전에 둔 1936년의 최승희는 자신의 무용연구소를 가진 인기 절정의 '무희'로서 일본 문예계를 풍미하고 있었다. 최승희의 무용공연을 선전하기 위한 이벤트는 공연이 결정된 1936년 2월 문연 토오꾜오지부가 '무희 최승희 양을 맞이하는 토오꾜오지부 환영회'를 개최한 것을 시작으로 도합 1만장의 사진이 수록된『최승희 특집호』발행 준비,[5] 최승희의 글 「나의 언어(私の言葉)」「숭고한 어머니의 눈물(尊し母の漏)」전재(轉載),[6] 문연 주재자의 상경, 최승희가 타이베이 방송국에 응한 라디오방송 원고 「나의 무용에 대하여(私の舞踊について)」전재, 문연 소속 작가의 최승희 무용 감상후기 집필[7] 등 대대적으로 이뤄지고 있었다.

---

4) 「編集後記」,『臺灣文藝』第3券 第3號(1936.2.29).
5) 결국 발행에 이르지는 못하였다.
6) 『臺灣文藝』第3券 第4·5合倂號;『臺灣文藝』第3券 第6號(1936.5.29).
7) 『臺灣文藝』第3券 第7·8合倂號(1936. 8. 28)에 게재.

문연이 최승희를 애써 대만공연에 초청했던 것은 "일본 무용계의 최고봉"이라는 최승희의 절호의 명성을 빌리는 일 외에도 "그녀의 인기 안에 깔려 있는 그 진정한 모습"에 닿음으로써, 대만에서도 "무용예술의 가장 건전한 바탕을 일구기를" 기대했기 때문이다. '양풍(洋風)' 무용과 '조선풍(朝鮮風)' 무용을 융합하여 식민통치하에서 근대적이며 민족적인 예술의 창출에 성공한 최승희는 (회화·무용·문학·희곡을 포함하여) 예술활동을 지향하는 대만의 신지식인들에게 가장 좋은 본보기였다고 할 수 있다. 일본제국에 편입되어 일본통치가 가져온 근대문화와 스스로의 민족전통 사이에서 식민지 출신 예술가와 지식인은 언제나 갈등해야 했다. 그런 의미에서 최승희는 민족문화를 발전적으로 보존하고자 하는 대만인에게 예술 쪽에서 성공한 모델을 제시했다고 할 수 있다. 그리고 "조선은 마치 최승희에 의해 존재를 알리는 듯했다. 대만도 최승희를 낳을 정도의 예술적 환경이 아쉽다"[8]라고 문연 토오꾜오지부 멤버인 류 제(劉捷)가 썼듯이, 언어와 민족적 한계를 넘어서 스스로의 존재를 부각하는 수단으로서의 예술을 조선의 최승희가 손에 넣었으며, 대만에서도 이 길을 북돋우는 것이 가능하다는 것이 이 공연에 의해 제시되었다. 말하자면 최승희의 무용공연을 통해, 일본통치 아래 각 민족의 전통을 말살하려는 동화정책에 대한 저항수단으로서의 예술을 대만인들이 느끼고 배우게 하려는 것이 초빙의 목적이었다고도 할 수 있다.

이렇게 대만측의 고려가 있던 한편, 1936년 2월 문연 토오꾜오지부가 토오꾜오에서 개최한 환영회에서 최승희는 대만인 작가 장 원환(張文環), 우 위싼(吳鬱三)에 화답하며 '조선무용, 서양무용' 등 스스로의 예술론을 피력했을 뿐만 아니라 "조선-대만 문화의 환담" 또는 "같은 입장에 있는 대만인에게 동정어린 비판"[9]까지도 아끼지 않았다. 토오꾜오에서 일본어를

---

8) 「臺灣文學當面の諸問題 文聯東京支部座談會」, 같은 책.

공통의 언어로 하여 조선인 무용가와 대만인 작가 사이에 교류가 실현되는 장면이다. 더구나 그 화제는 예술론 외에도 '조선-대만 문화'였고, "대만인에게 동정어린 비판"이라는 것은 피식민자끼리의 연대감이 생겨난 위에 가능했던 의견 교환이었다고 해도 좋을 것이다.

계속된 선전활동에 의해 대만에서 최승희의 인기는 점차 올라갔고, 무용공연에 대한 기대가 대만도민들 사이에서 높아져갔다. 최승희의 대만공연을 실현시킨 문연의 주재자 우 쿤황(吳坤煌)이 토오꾜오에서부터 동행하여 최승희 일행, 즉 최승희 본인과 5명의 문하생, 음악부, 무대감독, 조명 등 총 20명은 1936년 7월 2일 오후 3시 반쯤 타이베이 역에 도착했다. 타이베이에 도착하면 가장 먼저 대만 신사에 참배하기로 되어 있었는데, 역에서 대만 신사로 가는 길에는 주최자와 후원회, 문연 관계자, 공연장소인 다스제관(大世界館) 관계자가 맨 앞에 나와 환영했다. 관계자뿐 아니라 타이베이 시내의 까페 여급, 게이샤, 여학생, 직업부인 등 최승희의 팬이 길을 메웠다. 주최자 문연의 남성지식인들은, 자신들의 능력과 노력으로 세상에 그 존재를 알린 여성예술가 최승희를 사회진출의 의욕에 불타던 신여성들에게 우상으로 만들어 보여주고 있었다.

7월 2일에는 후원회의 초대로 타이베이 시내의 공연장소인 다스제관에 들어가 라디오방송을 했다. 첫날부터 꽉 짜인 스케줄이었다. 7월 3일 오전에는 관청을 방문했고, 오후 1시부터 타이베이 시내에 있는 유명한 찻집 메이지제과(明治製菓)에서 환영 좌담회가 열렸다. 그리고 3일 밤 7시부터 5일 밤까지는 타이베이 공연을 했고, 4일 오후 1시에는 타이베이 식물원에서 사진촬영대회에 임하고, 3시에는 시내 일반여성과의 좌담회, 5일 오후 1시부터는 일반 유지의 환영 다과회 등 거의 휴식 없는 스케줄을 소화했다. 타이베이 공연이 끝나면 신주(新竹) 공연을 포함해 전도(全島)를 순회

---

9) 梧葉生, 앞의 글.

하기로 되어 있었다.

　최승희의 대만공연 프로그램은 신문광고 "웅장하고 아름답다! 가인이 그리는 도약의 무용시(壯麗! 佳人が描く跳躍の舞踊詩, 『臺灣日日新報』 1936.7.3)"에 의하면 당시 타이베이 시내 굴지의 극장 다스제관에서 밤 7시에 시작하는 공연으로, 다음과 같이 소개되어 있다.

제1부
1. 아이들의 세계
2. 칼춤
3. 두개의 코리언 멜로디
4. 그놈의 양팔 오뚜기
5. 마음의 흐름

제2부
1. 봄빛을 받으며
2. 에헤라 놓아라
3. 애가(哀歌)
4. ○作(○은 판독 불능─필자)
5. 아이의 세계
6. 희망을 껴안고

제3부
1. 인도 애상곡
2. 황금손가락의 춤
3. 호니보오 선생
4. 오리엔탈

5. 조선풍 듀엣

전체 16곡 중 「칼춤」「두개의 코리언 멜로디」「에헤라 놓아라」「조선풍 듀엣」은 모두 조선의 민족색이 짙은 곡으로 최승희의 대표작이라고도 할 수 있는 작품이다. 그외에 "순일본적 정조"가 가득한 것으로 「그놈의 양팔 오뚜기」나 「호니보오 선생」이 있고, 서양풍이 강한 「마음의 흐름」「봄빛을 받으며」도 함께 편성되어 있었다. 근대적 무용 안에 민족전통을 잘 살려낸 최승희의 특징을 유감없이 발휘한 프로그램이었다. 미디어로부터도 "곡목으로서는 상당한 수준의 충실함과 진실함"이라고 평가받았다.[10]

2. 대만문학에 투영된 최승희

최승희의 대만공연은 "예상 이상의 성공을 거둔" "대성황"이었다. 그리고 "대예술가를 맞이하"였기 때문에 "머지않아 훌륭한 인물"이 태어나리라는 희망을 대만섬의 문예계에 전해주었다. 1930년대 중반의 대만에서는 무용계의 최승희를 비롯하여 『카이조오(改造)』로 데뷔한 장혁주(張赫宙), 『썬데이 마이니찌(サンデー毎日)』의 대중소설 현상공모에 일등으로 당선된 김성민(金聖珉), 베를린 올림픽에서 마라톤 세계기록을 세운 손기정(孫基禎) 등 조선인이 이룬 세계적 성공으로 인해, 조선을 목표로 삼는다는 조선 붐이 일어나고 있었다. 많은 대만인이 이러한 자극을 통해 예술과 사회 활동에 더욱 고무되었다.[11] 최승희의 대만공연은 조선인의 성공에 대한 대만인의 동경과 라이벌의식이 구현된 이벤트였는데, 대만문학도 최승희의

---

10) 『臺灣日日新報』 1936.6.27.

11) 『臺灣文藝』 第3卷 제7·8合倂號.

매력적인 이미지를 투영했다.

최승희를 초빙한 문연 토오꾜오지부의 주력 멤버 중 이후 대만문학의 대표적 작가가 된 장 원환이 있다. 1907년 대만에서 태어난 장 원환은 1927년경 일본으로 유학, 토오꾜오에서 프롤레타리아 문학운동에 참여했으며, 1938년에 11년간의 일본유학을 마치고 대만으로 돌아왔다. 갓 결혼한 아내를 데리고 돌아온 장 원환은 곧 생계를 책임져야만 했고, 그 첫 작업이 한문소설 『사랑스러운 원수』(可愛的仇人, 阿Q之弟 지음, 臺北: 臺灣新民報新社 1936)를 일본어로 번역하는 것이었다(일어판 제목 'あいすべきあだびと').

『사랑스러운 원수』는 1935년 신문에서 160회에 걸쳐 연재되고 1936년 2월에 단행본이 출판되어 원작과 일본어 번역본을 합치면 1만부 이상의 판매부수를 자랑한 전전(戰前)의 베스트셀러이다. 번역이라는 작업은 충실함이 요구되지만, 장 원환은 이 번역에서 애써 원작자의 의도를 무시하고 변경을 기했다. 장 원환이 고친 것 중 가장 주목할 만한 것은 『사랑스러운 원수』의 남자주인공 핑얼(萍兒)의 외도 상대를 일본여성에서 조선여성으로 변경한 대목이다. 왜냐하면 핑얼의 외도 상대인 키미꼬(君子)에 대한 개작은 작품 전체의 구성에 아무런 변화도 가져오지 않기 때문에, 독자를 의식해서거나 혹은 작품의 분위기를 정비하기 위해서 가필했다고는 말할 수 없기 때문이다.

핑얼은 어릴 적부터 친하게 지낸 애인인 리루(麗茹)가 있지만 토오꾜오 유학 중 잠시 키미꼬라는 여성과의 연애에 빠진다. 결국 핑얼은 얼마 지나지 않아 리루에게 돌아오고 둘은 부부로 결합한다. 『사랑스러운 원수』 원작에서 키미꼬는 본래 자산가의 딸로 고등여학교 졸업생이나, 부친이 파산하여 여급을 거쳐 댄서가 되는 여성이다. 키미꼬는 부유한 대학생이라는 핑얼의 신분을 생각해 금전적 타산 때문에 그를 적극적으로 유혹한다. 그리고 핑얼은 키미꼬와의 육체관계에 빠져 리루의 존재를 잠시 잊는 것이다.

그런데 장 원환은 번역에서 키미꼬를 츠끼지 소극장(築地小劇場)에 출연하기도 하는 조선인 댄서로 묘사하고 있다. 키미꼬는 "꽤 견식을 가진 여성"으로, 게다가 "식민지에서 흘러온 여성"인지라 "펑얼은 미끄러지듯 마음이 끌려갔던 것"[12]이다. 조선의 여성무용가라면, 곧 떠오르는 것은 최승희였으리라. 장 원환과 최승희의 교류에 관한 자료는 최승희의 대만방문 직전 문연 토오꾜오지부 주최의 환영회 정도뿐이나, 그때에 "같은 입장에 있는 대만인에게 동정어린 비판"[13]을 아끼지 않고 한 최승희에게 장 원환이 호의를 품고 그녀의 이미지를 키미꼬에게 투영하여, 펑얼의 연심을 자극하는 존재로 만들었을 가능성이 전혀 없다고 할 수 없을 것이다. 또한 최승희의 남편 안막(安漠)은 좌익운동가로, 조선인 프롤레타리아 문화단체와 함께 활동한 경력을 가진 우 쿤황과 접점을 가지고 있었을 가능성도 부정할 수 없다. 장 원환이 『사랑스러운 원수』 번역판에서 의도적으로 조선인을 등장시킨 것은 제국의 수도 토오꾜오에서 같은 피식민지인인 대만인과 조선인 사이에 어떤 교류가 존재했다는 것을 그려내고 싶었기 때문은 아닐까? 게다가 당시에는 내지(內地)와 대만을 막론하고 원작의 키미꼬처럼 고등여학교를 졸업하고도 생활난으로 인해 까페 여급이 된 여성이 존재하고 있었다.[14] 그런 의미에서 원작의 키미꼬는 대만의 남성독자가 품는 고학력 여급에 대한 상상과 욕구를 만족시키기 위한 산물이라고 해도 좋다. 장 원환이 이러한 사회현상을 몰랐을 리는 없지만 그럼에도 불구하고 키미꼬를 좌익과 관련된, 같은 피식민자인 조선인으로 변화시킨 것은 흥미롭다. 장 원환이 토오꾜오유학 중에 좌익운동에 관계했던 것, 그리고 최승희의 대만공연을 수행한 경험을 함께 고려한다면 키미꼬의 인물조형에는 좌익 여성운동가나 조선의 여성예술가에 대한 자신의 동경이나 추억이

12) 張文環 譯『日本植民地文學精選集 臺灣編11 可愛的仇人』, 東京: ゆまに書房 2001, 356면.
13) 吳葉生, 앞의 글.
14) 竹中信子『植民地臺灣の日本女性生活史 昭和篇(上)』, 東京: 田畑書店 2001, 148~49면.

투영된 것은 아니었을까.

3. 결론을 대신하여

1936년 최승희의 대만공연은 공연 전의 성대한 선전과는 대조적으로 공연이 이루어진 후 그 연출에 대한 평론, 감상 등은 발견되지 않는다. 전전의 자료이기 때문에 산일(散逸)된 탓도 있겠지만 무용에 대한 대만측의 인식이 부족했던 점, 그리고 피식민자끼리의 교류에 대해 일본 통치당국이 경계하고 있었던 점도 이유로 고려할 수 있다. 사실 1936년 7월에 최승희의 대만공연을 실현시켰으나, 문연은 이러한 피식민민족의 교류활동을 계획함으로 인해 일본정부로부터 한층 거센 압박을 받아야 했다.[15] 내분까지 있어, 문연은 결국 1936년 8월에 마지막으로『타이완원이』를 발간하고 자연히 사라졌다. 실은 1940년 12월에 최승희는 '황웨이상회(荒尾商會) 영회부' 초빙으로 대만에서 2주에 걸쳐 공연한 기록이 남아 있으나, 대만에서 발행된 신문에서는 선전기사조차 눈에 띄지 않는다. 대동아전쟁 직전에 문예·예술활동을 정치와 분리하여 행하는 것은 더욱 곤란해져서, '황웨이상회 영화부'라는 식민자측이 출자한 단체에 의해 초빙되어 '민족색'의 진의에 대한 이야기를 나누고 표현할 가능성은 축소되었을 것이다. 바로 그렇기 때문에 1936년 피식민 문화인단체가 주최한 최승희의 대만공연처럼 전전에 존재한 얼마 안 되는 대만·조선의 문화교류가 더욱 소중하게 생각된다. 그리고 그 영향도 작게나마, 예를 들면 장 원환의『사랑스러운 원수』번역에서 나타나듯이 결코 없었다고는 할 수 없다. 최승희의 성공은 실은

---

15) 張深切『里程碑』, 臺中: 聖工出版社 1961; 下村作次郎「臺灣近代文學の諸相」, 關西大學審査学學論文 2005, 161면에서 재인용.

대만 문예계가 스스로의 길을 모색하던 도중에 만난 훌륭한 본보기였으며 식민지의 문예 관계자에게 한줄기 빛을 제시했다고 할 수 있다. 따라서 최승희의 대만공연을 실현시킨 것은 그러한 대만인의 민족전통을 포용할 수 있는 현대예술 창출이라는 목표를 향한 접근이었다고 해도 좋다.

[번역: 장수지]

신채호를 통해 본
조선과 대만 무정부주의자들의 교류

추 스제(邱士杰)

1. 서언

일본식민통치 하의 1920년대는 대만에서 무정부주의가 두드러지게 활동하던 유일한 시기이다. 비록 무정부주의 자체가 가진 특유의 반(反)조직적 성격으로 인하여 연구자들이 손쉽게 어떤 정의를 내리고 '운동'의 질과양을 서술해내지 못하고 있기는 하지만, 무정부주의자의 등장과 존재가1920년대 대만의 전무후무한 독특한 풍경이었음은 부인할 수 없다.

대만 출신의 무정부주의자가 등장한 이래, 그들은 조선과 일본, 중국대륙의 '주의자'——당시 대만의 신문지상에서는 각양각색의 사회주의자들을 모두 '주의자'로 일괄하여 약칭하였다. 이것은 아마도 일본식민통치 하에 있던 지역의 매체들이 사용한 공통용어일 것이다——와 마찬가지로 지역을 뛰어넘는 교류와 활동을 펼쳤다. 그러나 대만 출신 '주의자'들의 활동에는 몇가지 특징이 있다. 즉 대만섬 자체의 지역적 협소함과 엄격한 사상통제로 인해 대만 무정부주의자들의 활동에 있어 초(超)지역적 성격이매우 두드러졌고, 그 활동범위는 적어도 1920년대 한·중·일 삼국에 미쳤다는 점이다. 어떤 의미에서, 이런 초지역적 시각을 버려두고 추상적·고립적으로 이른바 '대만' 무정부주의운동을 논한다면 운동 자체의 대상성(Gegenständlichkeit)이 발굴되거나 뚜렷이 드러날 수 없다.

그런 가운데, 대만과 조선 두 지역 무정부주의자들의 교류에는 일정한 특수성이 있다. 두 지역의 '주의자'들은 대개 두 지역이 아닌 제3의 지역에서야 교류를 실현할 수 있었다는 점이다. 두 지역은 일본강점 하의 식민지 상태였고 같은 적을 가졌다는 공감대가 있었지만, 두 지역 '주의자'들 사이의 연대와 협력은 기본적으로 사회주의 사조의 번역소개에 있어서 동아시아 각국을 선도하던 식민지 종주국 일본, 그리고 혁명운동이 동시에 민중운동과 무장투쟁으로 전개되기에 충분했던 반(半) 식민지 상태의 중국에서 전개되었다(또 이런 이유로 그들의 연대와 협력에는 대륙과 일본 '주의자'들의 참여가 자주 눈에 띈다). 그 원인은 일단 제쳐두기로 하고, 이런 현상은 거의 모든 연구자들이 관련된 1차사료들을 거칠게 독해한 후 받은 기본적인 인상이다.

이 두 식민지의 '주의자'들이 주로 두 지역이 아닌 제3의 지역에서 연대를 전개했다는 전제하에, 이 보편현상과 다른 특수한 역사적 사건이 있다면 당연히 주목해야 할 것이다. 비록 현재 대만 무정부주의자들이 식민지 조선에서 활동했다는 기록은 발견되지 않고 있지만, 조선 무정부주의자들이 식민지대만에서 활동한 기록은 찾아볼 수 있다. 1928년 대만에서 체포된 조선의 저명한 무정부주의 혁명가 단재 신채호(丹齋 申采浩, 1880~1936)로 인해 남겨진 기록이 바로 그것이다.

절대다수의 대만인들에게 무정부주의자, 민족주의자, 역사학자, 그리고 혁명가 등 여러가지 신분을 겸한 신채호는 매우 낯선 인물일 수밖에 없다. 그러나 대만에 와서 혁명의 전개를 감행한 이 조선인 무정부주의 혁명가는 1920년대 대만 무정부주의운동에 농밀하고 다채로운, 지울 수 없는 한 대목을 남겼다.

이 글에서는 신채호와 대만 무정부주의자 사이의 교류를 중심으로, 대만 무정부주의운동사의 한 측면을 정리해보고자 한다. 아울러 1920년대 대만 무정부주의운동 발전사를 실마리로, 신채호가 이 운동사에서 차지하는 특수한 위치를 설명하고자 한다. 그 가운데 이 글은 두 방면의 역사적 사실을 소개할 것이다. 하나는 신채호가 대만에서 체포된 사건과 관련된 사료기록이고, 또 하나는 신채호와 같은 죄목으로 체포되었으나 오랜 기간 대만동포들에게 잊혀졌던 대만 무정부주의자 린 빙원(林炳文, 하카客家 출신 대만의 저명한 여류작가인 린 하이인林海音의 숙부)의 짧은 인생이다.

2. 1920년대 대만 무정부주의운동 개략

대만 무정부주의의 맹아에 관한 증언으로는, 현재로선 일본 오오사까(大阪) 지역의 무정부주의자 이쯔미 키찌조오(逸見吉三, 1901~81)의 언급이 시기적으로 가장 앞선다. 그에 따르면, 1915년 '자오바넨 기의(噍吧哖起, 일본의 대만 식민통치기 최대이자 최후의 한인漢人 주도 항일투쟁)'를 일으킨 위 칭팡(余淸芳, 1879~1915)이 바로 무정부주의자였다. 당시 위 칭팡은 뜨거운 향학열로 바다 건너 일본 요꼬하마(横浜)에 가서, 코오또꾸 슈우스이(幸徳秋水, 1871~1911)의 '대역(大逆)사건'의 생존자가 조직한 '직접행동파(直接行動派)'를 알게 되었고, 아울러 그 멤버인 요시다 타다지(吉田只次, 1877~1963)에게 지도를 받았다고 이쯔미는 지적한다. 후에 위 칭팡은 일본에서 배운 무정부주의를 대만의 실제와 연결시켜 의거를 일으킨 것이다.[1]

현재의 사료로는 아직 1920년대 대만 무정부주의운동이 위 칭팡의 행동

---

1) 逸見吉三「臺灣獨立運動に散った無名鬼」,『現代之眼』第12卷 第4期, 東京 1971, 200~9면;
　『墓標なきアナキスト像』, 東京: 三一書房 1976;「記日據時代臺灣兩位無政府主義者」, 游淸
　水 譯『臺灣思潮』第4期, Los Angeles 1982 , 89~92면.

으로부터 자기탄생을 위한 어떤 자양분을 흡수했는지 설명할 수 없다. 심지어 이쯔미가 말하는 대목이 사실인지 여부도 증명할 길이 없다. 그러나 확실히 거의 같은 시점에 식민종주국 일본에서 1920년대 운동을 위한 초보적인 인맥이 형성되었음은 분명하다.

1920년대 대만 무정부주의운동은 따로 떼어 서술할 수 없는 대상이다. 그것은 대만의 민족해방운동이라는 주된 흐름하에서 대만 출신 맑스주의자의 출현과 더불어 태어난 새로운 존재였다. 현재 발굴된 사료와 연구에 의하면, 서로 뒤얽히며 또 대립하던 두 그룹의 사람들이 존재했고, 이를 당시 '운동사'를 서술하는 주요 실마리로 삼을 수 있다. 첫째 그룹은 'AB합작'권으로 'A'는 무정부주의, 즉 '아나키즘'(anarchism)의 중국어 음역이고 'B'는 '볼셰비즘'(bolshevism)의 약자로, 10월혁명 승리 후 볼셰비즘은 세계적인 범위에서 맑스주의 공산주의의 또다른 이름이 되어 있었다. 당시 중국어에서 이른바 'AB합작'이 가리키는 것은 바로 두 주의의 상호협력을 주장하는 노선의 일종이었다. 둘째 그룹의 노선은 전자와 전혀 다른 무정부주의 노선으로, 볼셰비즘과의 협력에 반대했다. 일단 이 노선을 둘러싸고 생겨난 인맥을 '순수A파'권이라 부르기로 하자.

대만 AB합작권의 핵심인물은 쓰촨성(四川省) 출신의 뤄 런이(羅任一, 羅豁, 1897~1965)와 대만 출신의 펑 화잉(彭華英, 1891~1968)이었다. 대만의 사회운동에 쓰촨성 사람이 등장하는 것은 언뜻 보면 의외일 수도 있으나 어쨌든 그는 이 단계의 운동사를 설명할 때 가장 중요한 인물이다. 따지고 보면, 초지역적 참가자가 없는 사회운동이란 상상하기 어려운 일일지도 모른다.

1915~16년에 걸쳐 연이어 일본으로 유학을 간 뤄 런이와 펑 화잉은 토오꾜오 칸다(神田)의 중국기독교청년회관에서 황 제민(黃介民, 중국), 김철수(金錣洙, 조선) 등이 중심이 된 초지역조직 '신아동맹당(新亞同盟黨)' 발기에 참여한다. 1920년 전후 두 사람은 또 함께 일본에서 리 다자오(李大

釗, 중국), 권희국(權熙國, 조선), 일본인 사까이 토시히꼬(堺利彦), 미야자끼 류우노스께(宮崎龍介), 오오스기 사까에(大杉榮) 등이 이름을 올린 '코스모 구락부'(コスモ俱樂部, 1920~23)에 참가하였고, 나중에 다시 서로 전후하여 중국대륙으로 건너간다. 1924년 그들은 상하이에서 사회주의조직 '핑서 (平社)'를 발족하고 기관지『핑핑쉰칸(平平旬刊)』을 발행하는데, 이 핑서와 『핑핑쉰칸』의 기초 위에서 대만 최초의 사회주의정당이 출현하게 된다. 바로 대만적화회(臺灣赤華會, 일명 '赤華黨, Red China Party')[2]이다.

대만 순수A파권의 핵심인물은 대만의 판 번량(范本梁, 一洗, 1897~1945) 이었다. 일본에 유학한 그도 코스모 구락부에 참여했고 심지어 직접 오오 스기 사까에의 지도를 받기도 한다. 1921년 6월 코스모 구락부는 앞서 말 한 기독교청년회관에서 '인류애의 결합'이라는 강연회를 열었고 이는 코 스모 구락부가 가장 많은 기록을 남긴 사건이었다. 이 모임에서 판 번량은 일어나 발언하다가 임석경관에게 저지당하고 구금까지 되는데, 이 사건 후 뤄 런이, 펑 화잉 두 사람처럼 판 번량도 곧 일본을 떠난다. 그가 향한 곳은 베이징이었다.[3]

2) '신아동맹당' 내부의 대만-조선연대에 관해서는 小野容照「植民地期朝鮮, 臺灣民族運動 の相互連帶に關する一試論──その起源と初期變容過程を中心に──」, 『史林』第94卷 第2號 (2011)를, '코스모 구락부'에 관해서는 松尾尊兌「コスモ俱樂部小史」, 『京都橘女子大學硏 究紀要』第26號(2000) 참조. 핑서와 『핑핑쉰칸』, 그리고 '대만적화회(적화당)'에 관해서 는 邱士杰『一九二四年以前臺灣社會主義運動的萌芽』, 臺北: 海峽學術出版社 2009, 155~87 면; A. Belogurova, The Taiwanese Communist Party and the Comintern (1928-1931), Taipei: National Chengchi University 2003, 14~15면; К. М. Тертцкий, А. Э. Б. Тайваньское коммунистическое движение и Коминтерн (1924-1932гг.), Moskva: AST, Vostok-Zapad 2005, 43~44면을 참조.

3) 松尾尊兌, 앞의 글 37~74면; 警視廳特別高等係「特別要視察人狀勢調(大正十年度)」 (1921), 松尾尊兌 編『社會主義沿革』二, 東京: みすず書房 1984, 57~97면; 臺灣總督府警 務局 編, 警察沿革誌出版委員會 譯「文化運動」, 『臺灣社會運動史』, 臺北: 創造出版社 1989, 244면;「無政府主義運動·民族革命運動·農民運動」, 『臺灣社會運動史』, 3면; 范一洗[范本梁] 「追慕大杉榮先生(講稿)」, 『民鐘』第1卷 第8期, 廣東 1924.

코스모 구락부는 '일본제국주의에 반대하는 동아시아 여러 민족의 지식인 교류단체'였고 초(超)이념의 AB합작 단체이기도 했다. 비록 나중에 발전하며 B파에 경도되지만, 코스모 구락부는 하나의 '동아시아 여러 나라 지식인의 교류단체'였고 동시에 대만 AB합작권과 순수A파권의 조직화가 배양한 최초의 '주의자'[4]들이었다.

두가지 세력권을 조직한 주요 인물들이 모두 일본을 떠나 중국대륙으로 간 것은 당시의 중국대륙이 점차 동아시아 각지의 '주의자'들이 그 이상을 실천하는 새로운 근거지가 되었기 때문이다. 판 번량이 대륙으로 향할 당시 바로 중국공산당은 상하이에서 '일대'(一大, 제1차 전국대표대회, 1921년 7월)를 소집하려던 참이었다. 당시 일본 정보에 의하면 '일대'의 대표 천 궁보(陳公博, 1892~1946)가 임대해 있던 다둥여관(大東旅社)에서 마침 일군의 동아시아 각 약소민족 혁명가들이 비밀집회를 열어 곧 열릴 워싱턴회의에 청원하러 갈 것을 계획한다. 어떤 의미에서 약소민족 멤버들과 급진주의자들을 규합한 다둥여관은 바로 동아시아 사회운동의 상하이 축소판이었다. 판 번량이 나중에 크게 찬양한 바 있던 일본 무정부주의자 와다 큐우따로오(和田久太郎, 1893~1928)도 당시 상하이에 있었다. 일본 정보에 따르면 차이 후이루(蔡惠如, 1881~1929, 대만 항일민족주의운동가), 펑 화잉 등이 '오오사까 일파(大阪一派)의 코스모 구락부 멤버'로서 상하이에서 와다가 주최한 연석에 자리를 함께했다.[5]

물론 당시의 '주의자'들은 각국 세력이 종횡으로 뒤얽힌 상하이뿐만 아니라 판 번량이 달려간 수도 베이징에서도 회합하였다. 바로 이 문화적 내

---

4) 松尾尊兌, 앞의 글.
5) 一洗〔范本梁〕「頌揚同志和田久太郎的堅强勇敢的一擊!」, 『新臺灣』 第2號(1924); 外務省記錄「太平洋會議ヲ機トシ臺灣獨立運動計畫ニ關スル件」, 『不逞團關係雜件 / 臺灣人ノ部』(4.3.2), 外務省外交史館 1921.9.22; 邱士杰, 앞의 책 表4-1; 邱士杰「有政治視野, 才有跨地域統一戰線: 日本殖民時期臺灣無政府主義活動素描」, 『藝術觀點ACT』 第47期(2011).

공이 심후(深厚)한 고도 베이징에서, 신채호는 대만 무정부주의운동의 무대에 등장한 것이다.

3. 신채호와 대만 무정부주의자 판 번량의 교유(1923~24)

베이징으로 간 판 번량은 베이징대학 철학과 강의를 청강한 이외에, 1922년 11월에서 다음해 1월 사이 중국에 체류 중인 일본 무정부주의자 야마가 타이지(山鹿泰治, 1892~1970)와 함께 징 메이주(景梅九, 1882~1961)가 주재한 '베이징 무정부주의자 연맹(北京AF)'회의[6]에 참석한다. 저명한 무정부주의자 징 메이주는 고참 연맹원이었다. 당시 그가 주재하던『궈펑르바오(國風日報)』부간(副刊)의『쉬에후이(學匯)』는 중국 전역에서 가장 중요한 무정부주의 신문으로, 베이징이 당시 무정부주의운동에서 점하던 위치를 짐작해볼 수 있다.

실제 당시 운동에 있어 베이징의 지위는 동아시아 각지의 '주의자'들이 베이징을 중심으로 결집했다는 데서 더욱 직접적으로 드러난다. 특히 조선의 '주의자'들이 그러했다. 조선인 공산주의자 장지락(張志樂, 金山, 1905~38)이 말하듯 "그 당시(1919~23) 베이징엔 800명 정도의 조선인 민족주의자들이 있었는데 그중 300명이 학생이었다." "상대적으로 얼마 안 되던 베이징의 조선인들이 놀랍게도 잡지 7부를 출판했는데 이는 일찍이 어떤 소수민족에게도 없던 일이었을 것이다."[7] 조선의 독립운동가 이우관(李又觀, 丁奎, 1897~1984)[8]의 자작연보 및 조선인 무정부주의 혁명가 류자

---

6) 向井孝『山鹿泰治. 人とその生涯』, 東京: 青蛾房 1974, 87~88, 221면.

7) 尼姆威爾士·金山, 趙仲強 譯『阿里郎之歌——中國革命中的一個朝鮮共產黨人』, 北京: 新華出版社 1993, 90면.

8) 金良守「日本占領時期韓國和臺灣地區接受魯迅之比較」,『當代韓國』2004年 冬季號, 73면.

명(柳子明, 1894~1985)의 회고록은 조선과 대만 무정부주의자를 동시에 포괄하는 다국적 인맥의 형성을 더욱 단적으로 보여준다.

1922년(26세) 우당 이회영(友堂 李會榮), 단재 신채호, 베이징사범대학 교수 루 쉰 형제(周樹人, 周作人, 周建人)와 러시아 맹인시인 에로쉔코(Vasilli Yakovlevich Eroshenko, 1890~1952), 대만 혁명동지 판 번량 등과 교유.[9]

류자명은 또 이렇게 회고한다.

내가 구치소에 있으면서 가장 고통스러웠던 것은 『조선일보』를 통해 최고로 경애하던 단재 신채호 선생과 이지영(李志永, 임지영), 린 빙원 일동이 일본 경찰에 체포되어 다롄(大連)의 감옥에 수감되었다는 걸 알게 된 일이다. 린 빙원은 대만인 무정부주의자로 나는 1924년 베이징에서 린 빙원과 판 번량을 알게 되었다. 우리는 모두 무정부주의자였기 때문에 비교적 친밀하게 교류했다. 당시 린 빙원은 베이핑(北平)우체국에 근무하며 성문 밖 취안저우회관(泉州會館)에서 기숙하고 있었는데, 생활이 궁핍한 편이었던 나는 린 빙원의 소개로 취안저우회관에서 한동안 일한 적이 있다. 단재선생도 나를 통해 린 빙원과 인연이 되었다. 당시 이지영도 서울에서 베이핑으로 와 있다가 나를 통해 단재 신채호와 린 빙원을 알게 된다. 그들은 그후 톈진(天津)에 가서 활동하던 중 톈진 일본조계의 영사관 경찰에게 체포되어 다롄의 일본 감옥에 송치된 것이었다. 경애하던 은사 단재선생이 일본인에게 체포되었다는 소식을 듣고 마음이 매우 괴로웠다. 단재선생은 바로 이렇게 일본 감옥에서 세상을 떠나시게 된다.[10]

9) 李又觀 『又觀文存』, 서울: 삼화인쇄출판부 1974, 53면; 金時俊 「流亡中國的韓國知識分子和魯迅」, 魯迅博物館 編 『韓國魯迅研究論文集』, 鄭州: 河南文藝出版社 2005, 50~64면에서 재인용.

비록 그들의 기록이 판 번량과 신채호의 면식 여부를 설명해주지는 못하지만, 두 사람이 같은 교유권 내에 있었음을 말해주는 증거는 된다. 여기서 본 두 혁명가의 회고 가운데 류자명의 회고는 특별한 의의가 있다. 그가 언급한 대만 친구 린 빙원이 바로 신채호가 그다음 역사단계에서 다시 대만 무정부주의운동에 출현할 당시의 중요한 동지이기 때문이다. 그러나 신채호와 린 빙원이 둘 다 톈진에서 체포되었던 것은 아니다. 이 글의 후반은 이 부분에 대한 설명이다.

결론적으로 말해서, 판 번량은 중국에 모여든 동아시아 각지의 무정부주의자(특히 조선 무정부주의자)와 깊은 교류를 했고, 바로 이런 교류 중에 우리는 신채호의 그림자를 발견하게 된다. 비록 이런 기록들은 일단 판 번량의 개인적 '활동'일 뿐이지만, 그 속에 드러난 판 번량, 징 메이주, 린 빙원, 뤄 런이, 류자명, 이우관, 야마가 타이지 등 동아시아 무정부주의자들의 초국적·초지역적 교류는 바로 동아시아 무정부주의'운동'의 중요한 체현이다.

판 번량의 활동은 1924년 사이 고양기에 도달한다. 1923년 그는 베이징을 기지 삼아 저명한 대만 출신 문학가 쉬 더산(許地山, 贊堃, 1893~1941)의 도움 아래 무정부주의 색채가 아직 선명치 않은 '신타이완사(新臺灣社, 기관지『신타이완(新臺灣)』)'를 조직했다. 1924년 펑 화잉 등이 상하이를 근거지로 펑서를 조직할 때 판 번량은 한번 상하이에 가서 펑서에 대항하고 이어서『신타이완』을 발행하는데, 신타이완사는 '신타이완안사(新臺灣安社)'로 바뀌면서 선명하게 무정부주의 기치를 내걸었다. 1926년 판 번량은 베이징 정세가 급변하자 대만으로 돌아왔으나 얼마 못 가 체포된다. 판 번량을

---

10) 류자명『나의 회억』, 심양: 료녕인민출판사 1984. 원문은 한국어이나 필자는 중국어 번역본에서 인용하였다──옮긴이.

중심으로 한 순수A파권은 이것으로 공식적으로 소멸하였다.[11]

뤄 런이와 펑 화잉의 활동도 1924년 고조되었으나, 그들을 핵심으로 점차 형성된 AB합작권은 이 일년 사이에 극적인 변화를 맞이한다.

1. AB합작권은 순수B파권 쪽으로 경도.

2. 이 경도의 과정에 따라 대만 사회주의자를 주체로 하는 조직이 제대로 형성.

비록『대만사회운동사(臺灣社會運動史)』가 뤄 런이와 펑 화잉 두 사람이 조직한 '펑서' 및『핑핑촨칸』을 대만 공산주의의 기점으로 보지만, 그리고 징 메이주의『쉬에후이』같은 무정부주의 간행물이 당시 펑서를 동지로 여겼고 또 초창기『핑핑촨칸』이 확실히 B파를 비판하는 글을 싣기도 했지만 '펑서'와『핑핑촨칸』은 실제 고도의 초지역 AB합작단체였다. 뤄 런이, 펑 화잉 두 사람 외에 그 안에는 조선 공산주의자 윤자영(尹滋瑛, 尹蘇野, 1894~1938), 일본공산당 지도자 사노 마나부(佐野學, 1892~1953), 대만 최초의 공산당원이자 소련유학생 쉬 나이창(許乃昌, 秀湖, 沫雲, 1907~75?), 중국인 기독교사상가 셰 푸야(謝扶雅, 1892~1991), 유명한 무정부주의자 바오푸(抱朴, 秦滌清, 생몰년 미상), 루 젠보(盧劍波, 1904~91), 그리고 다수의 상하이의 대학생을 중심으로 한 중국대륙 각 성의 좌익청년들(이들 대다수가 후일 공산당에 입당)[12]이 있었다.

쉬 나이창은 코민테른에 보낸 보고서에서 이렇게 하나의 AB합작의 초지역단체가 무정부주의자의 파괴하에 와해되었다고 지적하고 있다. 그러나 이와 동시에 대만 출신 사회주의자를 중심으로 한 순수B파 단체가 점차 형성되어간다. 이것이 펑서와 거의 동시에 발전한 '대만적화회(赤華會,

11) 邱士杰, 앞의 책 119~53면; 張深切『里程碑』, 臺北: 文經社 1998, 256, 272~73면; 謝雪紅 『我的半生記』, 臺北: 楊翠華 2004, 153~55면.

12) 坂井洋史·嵯峨隆 編「解題 總目次」,『原典中國アナキズム史料集成』, 東京: 綠蔭書房 1994; 邱士杰, 앞의 글 171~75면 표4-4.

적화당赤華黨)'이다. 그러나 역사의 발걸음이 AB합작의 펑서에서 순수B파인 대만적화회(적화당)으로 나아가면서, 뤄 런이, 펑 화잉 두 사람도 그들의 역사적 임무를 완수하고 점차 대만 사회주의운동사의 무대에서 사라져 간다.[13] 그리고 나타난 것이 바로 그후 1927년까지 대만의 가장 중요한 B파 평론가 쉬 나이창이었다.

4. 신채호와 대만 무정부주의자 린 빙원의 초지역합작(1928)

비록 판 번량을 중심으로 한 순수A파권이 대만으로 돌아와 체포되며 와해되긴 했으나 대만 무정부주의운동은 대만 내에 뿌리를 내리고 자라나기 시작했을 뿐 아니라 중국대륙의 대만 출신 무정부주의자도 계속해서 활동했다. 바로 이런 하나의 특수한 발전단계에서 신채호는 다시 대만 무정부주의운동의 무대에 등장한 것이다.

판 번량이 대만에서 체포된 1926년, 중국에 머물던 조선인 무정부주의자 유수인(柳樹人, 柳絮, 1905~80)은 "동아시아 무정부주의자 대연맹을 조직하자"라는 주장을 내놓으며 각지의 운동이 편협한 민족혁명을 넘어 사회혁명이 될 것을 희망했는데, 유수인은 "늦어도 2년 이내 대연맹이 성립되도록 진력하게 될 것"으로 어림잡았다. '동방무정부주의자연맹(東方無政府主義者聯盟)'은 아주친화회(亞洲親和會)와 사회주의강습회(社會主義講習會)의 전통을 계승하여 1928년 6월 조직된 명실상부의 동아시아 무정부주의자연합체이다. 중국·일본·한국·대만·베트남·인도·필리핀 등 7개국 대표 200여명이 참가한 이 단체는, 동아시아 각국의 무정부주의자를 엮어

---

13) Belogurova, 앞의 책 14~15면; К. М. Тертицкий, 앞의 책 43~44면; 邱士杰, 앞의 글 175~76면.

226

자유연합의 조직원리하에 국제연대를 강화하고 민족자주와 개인자유를 확보하는 것을 목표로 했다. 그들은 이상사회의 건설에 매진하기 위해 잡지『동방(東方)』을 발행한다.[14]

　신채호는 바로 '동방무정부주의자연맹'의 발전을 위해 대만에 왔다가 이 일로 체포된다. 그가 대만 지룽(基隆)에서 체포된 건에 관하여 당시의 대만 신문들은 생생하게 이 '해금(解禁)'기사를 묘사하고 있다. 비록 그 기사내용이 오늘날 연구성과(특히 한국사학계의 연구성과)보다 더 역사적 사실에 접근해 있는 것은 아닐지라도 최소한 당시의 대만 신문들이 어떻게 이 뉴스를 드러내고 있는지는 보여준다.[15] 요컨대, 1928년 4월 23일 타이베이우체국에서 '화북물산공사(華北物産公司)'가 중국인 '류 원샹(劉文祥)'에게 보내는 베이징 발(發) 위조우편환 2천 위안(400위안 다섯장)이 발견되고, 곧 타이베이경찰서 남서(南署)에 보고되어 일경의 감시를 끈다. 다음날엔 신주(新竹)우체국에서 '류 명위안(劉孟源)'을 수신인으로 하는 위조우편환이 발견된다. 그후 연이어 지룽, 타이중, 타이난(臺南), 그리고 가오슝(高雄)의 우체국에서 각각 '화북물산공사' 혹은 '린 빙원'을 발신인으

---

14) 柳絮[柳樹人](1984),「主張組織東亞無政府主義者大聯盟節錄」(1926), 葛懋春·蔣俊·李興芝 編,『無政府主義思想資料選』下冊, 頁716-719 서지에 수록; 曹世鉉「東亞三國(韓中日) 無政府主義的比較」,『吉首大學學報(社會科學版)』, 2005年 2月號, 湖南 2005, 57면.

15) 이하의 내용은 모두『臺灣日日新報』의 관련보도에서 인용(臺灣日日新報 1928a, b, c, d, e), 별도의 주석은 생략함. 臺灣日日新報(1928a, 5.11),「僞造を發見した. 全島郵便局. 警戒が嚴重なので. 一文も詐取出來なかつた」;『臺灣日日新報. 日刊』第七版. 臺灣日日新報(1928b, 5.11),「無政府主義東方聯盟を組織. 宣傳費十萬元を. 巧妙な國際爲替詐欺で騙取した事件. 主犯は新竹州生れの林炳文」;『臺灣日日新報. 夕刊』第二版. 臺灣日日新報(1928c, 5.12)「宣傳無政府主義之. 鮮人逮捕詳報. 被係官質問猛然反抗. 終自吐露事實」;『漢文臺灣日日新報. 朝刊』第四版. 臺灣日日新報(1928d, 5.12),「お前は鮮人の申丹齋であらうと. 係官に一喝され. 猛然として反抗した. 基隆署逮捕の劉文祥. 遂に泥を吐く」;『臺灣日日新報. 夕刊』第二版. 臺灣日日新報(1928e, 5.12),「爲宣傳陰謀費. 僞造郵便爲替. 冀詐取數萬圓」;『漢文臺灣日日新報. 夕刊』第一版.

로 하는 위조우편환이 발견되는데, 그 금액이 총 1만 위안에 달했다. 범인을 잡기 위해 일본 경찰당국은 언론을 통제하고 전면조사를 벌였다(사건의 전모는 체포 후인 5월 9일 비로소 신문에 게재된다).

같은 해 5월 8일 일본 모지(門司)에서 지룽으로 가는 배의 한 중국인 승객을 지룽의 일본 경찰이 주시했다. 승객명부와 명함에 따르면 이 중국 승객은 자칭 "베이징 쳰먼(前門) 안 안푸(安福)에 사는 류 원샹, 호는 명위안"이었다. 이에 지룽 수이상(水上)파출소의 '세야마(世山)'라 불리는 형사 한 명이 우편환 위조사건의 수신자와 동성동명인 류 명위안을 추적했고, 지룽우체국의 창구까지 따라가 류 명위안이 서명 날인하고 현금을 찾아 떠나려는 순간 체포한 것이다.

류 명위안은 체포 후 지룽경찰서의 경부보 야마모또(山元)와 타이베이 북주(臺灣北州) 보안과에서 지원온 경부 야마시따(山下)의 심문을 받았다. 이 심문에 인하여 류 명위안은 자기는 중국인이라 베이징어밖에 모르고 일어, 조선어는 모른다고 시치미를 뗀다. 이에 심문관이 베이징어를 아는 중국인을 찾아 대면을 시키자 류 명위안은 여전히 입을 닫고 말을 하지 않았다. 필담의 방식을 택해봤지만 경찰측은 역시 전혀 소득이 없었다. 야마모또가 "당신, 조선인 신단재(申丹齋)지!"(お前は鮮人申丹齋だらう!)라고 일갈하며 유치장으로 끌고 가려 하자, 류 명위안은 문득 격렬하게 반항하며 야마모또의 옆얼굴을 갈겼다. 9일 저녁 류 명위안은 끝내 자신이 신채호임을 인정한다.

당시의 대만 신문들은 신채호를 이렇게 소개했다. "신채호, 49세, 조선 충청남도인. 또다른 이름으로는 신수천(申壽千), 신서(申瑞), 신단재(申丹齋). 한학(漢學)에 대한 소양이 깊고, 25~26세 당시 경성(京城, 서울) 『황성신문(皇城新聞)』의 한문논설기자를 역임. 무정부주의사상의 영향을 받은 후 상하이, 베이징, 연해주, 간도 각지를 돌아다니며 동지를 규합하고 주의를 선전했다."

그런데 당시의 신채호는 무엇 때문에 우편환 위조사건에 가담하고, 대만까지 왔던 것일까? 대만의 신문들은 당시 그것을 대만 터우펀(頭份)사람인 린 빙원의 '음모' 탓으로 돌렸다. 대만 각지에서 4월 잇달아 위조우편환이 발견된 후 같은 달 25일 대륙 둥베이(東北)지방의 다롄과 뤼순(旅順) 우체국에서도 연이어 2천~4천 위안의 위조우편환이 발견되는데, 그 수법이 교묘하여 다롄경찰서는 우체국 업무에 정통한 자의 소행이라고 판단했다. 26일 밤의 국제우체국 지명수배 전보에 따르면 범인은 중국 부호를 자칭하며 '다허호텔(大和飯店)'에 투숙한 한 청년인 듯했고, 경찰은 이를 위해 경계를 강화한다. 28일 안둥(安東)역에 정차한 열차 위에서 잠복경찰이 청년을 체포해서 다롄으로 압송, 심문했다. 심문 결과, 이 청년이 바로 대만 신주주(新竹州) 난군(南郡) 터우펀장(頭份莊) 출신의 23세 린 빙원이었다.

보도에 따르면 당시 베이징의 국제우체국 환전과에서 일하던 린 빙원은 1927년 9월 대만·조선·베트남·일본·인도·중국대륙 등 여섯곳의 참가자와 다롄에서 '무정부주의 동방연맹'을 조직, 경비 10만 위안을 손에 넣기 위해 위조우편환을 중국대륙, 관둥주(關東州), 조선, 일본, 대만 각지의 우체국[16]으로 보내 사취하는 대규모의 초지역적 공작을 벌인 것이다.

5. 린 빙원의 항일 발자취

대만 신주 출신으로 랴오닝성(遼寧省) 안둥에서 체포된 린 빙원은 실은 나중에 대만의 유명작가가 된 하카 출신의 여성 린 하이인(林海音, 1918~2001)의 숙부였다.[17] 대만이 일본의 식민지가 된 후 일본통치를 원치

---

16) 신문이 여러 곳을 나열했지만, 그 '사취'행동의 지점을 상술한 것은 다롄과 뤼순 및 대만 각지의 당시 신문뿐이다.

17) 이하 린 하이인과 린 빙원에 관한 기술은 특별히 명시하지 않는 한 모두 林海音「番薯

않는 많은 대만인들이 대륙으로 이주했는데, 떠나간 다수의 대만인들이 푸젠성이나 광둥성 등지에 자리를 잡았으나 일부 대만인은 베이징까지 나아간다. 예를 들어 쉬 더산, 작가 장 워쥔(張我軍, 1902~55), 무정부주의자 판 번량, 사회주의자 셰 롄칭(謝廉淸, 1903~61), 혹은 약간 나중 시기의 쑹 페이루(宋斐如, 1903~47) 모두 이런 대만인들이었다.

린 하이인의 아버지 린 환원(林煥文, 1889~1931)도 그중 한 사람이었다. 그는 아내와 어린 린 하인을 데리고 베이징의 우정총국에서 안정적인 일자리를 얻는다. 얼마 안 있다 동생 린 빙원 일가도 대만을 떠나 베이징으로 갔고, 형 린 환원의 도움으로 우체국에 들어가 일하게 된다. 이때가 1920년대 중반, 린 하이인은 당시 아직 열살이 못 되던 시기다. 린 빙원은 린 하이인에게 '막내삼촌'으로 집안에서 린 하이인을 가장 귀여워하던 사람이었다. 사진 속 린 빙원은 린 하이인이 말하는 그대로 '세련되고 멋진' 모습이다. 그러나 이런 생김새는 관상 보는 이의 눈에는 '혈육이산(血肉離散)'에 필시 단명할 관상이었다. 비록 보는 이가 적당히 둘러댄 헛소리였을지라도 죽음의 액운은 과연 린 빙원을 절박하게 덮쳐왔다. 린 하이인은 이렇게 회고한다.

삼촌네는 본래 단란한 가정을 꾸리고 있었지만, 실은 그 당시 음지에서 일부 조선인들과 항일공작을 하고 있었던 것이다. 조선인들의 항일은 늘 폭력적이었다. 나는 엄마로부터 그들은 침대 밑에 늘 폭탄을 숨겨둔다는 말을 들었다. 항일이 물론 옳긴 하지만 그들은 우체국에서 일하는 삼촌이 환전에 편리한 것을 이용한 것이다. 삼촌은 아버지의 주의를 피하기 위해 후팡교(虎坊橋)의 집을 비우고 처자식을 데리고 와이몐(外面)으로 이사를 갔다. 사

人」,「中國時報」 1984.7.26, 第8版과 夏祖麗『從城南走來: 林海音傳』, 臺北: 天下遠見出版股份有限公司 2000에서 인용한 것이다. 邱士杰, 앞의 글 147~48면의 초보적인 정리를 참조할 것.

건이 터졌을 때 그들은 삼촌에게 돈을 지니고 남만(南滿)철도를 타도록 했는데, 자기들이 직접 가려 하지 않았던 것이다. 압록강만 건너면 조선이라 발견되기 쉬웠기 때문이다. 젊고 세상물정 모르는 삼촌은 용감하지만 요령이, 없어 다롄에 도착하자 일본인에게 붙들려 감옥에서 죽었다. 시신을 거두러 간 아버지는 상심한 나머지 돌아와 얼마 지나지 않아 피를 토하며 병석에 누우셨다. (…) 삼촌은 정말 반일(反日)의 무명영웅이다.

린 하이인의 딸 샤 쭈리(夏祖麗)의 보충에 의하면 다음과 같다.

비탄에 잠긴 막내숙모는 어린 외아들 차오전(朝楨)과 함께 젊은 남편의 재를 들고 대만으로 돌아왔다. 베이핑은 그녀에게 상심의 땅으로, 이후 두 번 다시 가지 않았다. 막내삼촌의 죽음은 린 하이인의 구김살 없던 어린 시절에 어두운 그림자를 남겼다. 초등학교 시절 그녀의 작은 손을 이끌고 처음으로 유공권(柳公權, 778~865)의 현비탑(玄秘塔)에 가서 자첩(字帖)을 사주었던 막내삼촌. 붓을 잡은 그녀의 작은 손을 붙들고 한자 한자 그녀에게 글씨를 가르쳐주던 막내삼촌. 그렇게 온화하고 상냥하던 삼촌이었는데 일본 신문에 실린 사진은 어쩜 그렇게 변해 있던지. 눈을 부릅뜨고 가슴 위로 두 손이 묶여 있는 모습, 그렇게 흉한 모습은 본 적이 없어 대단히 무서웠다. 환원(煥文) 선생께선 보고 통곡하기 시작했다.

'막내삼촌'의 죽음은 그 형인 린 환원을 몸져 누워 일어나지 못한 채 베이징에서 죽게 만들었다. 아버지와 막내삼촌을 여읜 린 하이인은 이 때문에 대만에 돌아가지 않고 베이징에 남아 공부를 하기로 결심한다. 그녀는 조부에게 쓴 편지에서 이렇게 말했다.

저희들은 학업을 중단하고 싶지 않지만 그렇다고 일본책을 배우는 학교에 편입할 수는 없어요. 뿐만 아니라 막내삼촌이 다롄에서 일본인에게 고초를 당하고 감옥에서 죽고 나서 난 사랑하는 삼촌을 죽인 그런 나라를 영원히 잊을 수가 없습니다. 아버지의 병도 다롄에서 막내삼촌의 시신을 거두어 온 이후 심해진 거지요. (…) 그래서 전 영원히 그런 학교로 돌아갈 수 없고 동생들도 어린 시절부터 아무 것도 모른 채 그런 교육을 받게 만들고 싶지 않아요.

린 빙원의 사후 그의 부인(린 하이인의 막내숙모)은 아버지를 잃은 다섯살 난 자식과 남편의 재와 함께 대만으로 귀향했고, 광복 후 1949년 전야, 린 하이인도 남편과 온가족이 함께 대만으로 돌아온다. 백발의 막내숙모는 그녀의 손을 잡고 울며 말했다. "잘 왔다, 잘 왔어,[18] 어떻게 네 아버지와 막내삼촌은 돌아올 명이 없었는지!" 잠시 후 린 하이인도 울기 시작했다.

1930년 9월 출판된 무정부주의 출판물 『헤이서칭녠(黑色靑年)』에 실린 바에 따르면, 다롄 지방법원은 신채호에게 "징역 10년"을 언도했고, 린 빙원은 "아직 심문 중이었다."[19] 그러나 실제는 신채호도 린 빙원도 나중에 모두 일본인에게 참변을 당한다. 다른 점이 있다면, 신채호는 한국 민족운동사에 저명한 혁명가가 되었고 린 빙원은 지금까지도 자신의 동포들에게 널리 알려지지 못하고 있다는 것이다.

---

18) 원문 '轉來'는 하카어로 '돌아오다'의 의미.
19) 黑色靑年「內外消息」, 『黑色靑年』 第6期(1930), 출판지 불명.

6. 맺음말

비록 신채호와 린 빙원이 각각 대만과 대륙에서 바다를 사이에 두고 체포되었으나 해협을 넘나드는 무정부주의 교류는 중단되지 않았다. 한 예로, 대만섬 내의 무정부주의조직 '대만노동호조사'(臺灣勞動互助社, 1929년 성립)는 일본 경찰에 검거될 당시 한어백화문(漢語白話文)으로 상하이에서 출판된 유수인(류 수런柳樹人)의 『약소민족혁명방략(弱小民族革命方略)』에서 많은 대목을 초록해놓고 있었음이 발견된 바 있다.[20] 이런 현상은 판 번량 이후의 대만 내 무정부주의자들이 기본적으로 판 번량보다 더 체계를 갖춘 이론을 남기지 못했음을 반영할 뿐 아니라, 대만과 조선의 무정부주의자가 바다를 사이에 두고 떨어져 있었으나 사상교류가 존재할 수 있었음을 말해준다.

그밖에 널리 알려진 대로, 일본공산당 지도자 와따나베 마사노스께(渡邊政之輔, 1899~1918)도 같은 해인 1928년 10월 대만에 와서 신채호가 체포되었던 지룽에서 체포에 저항하다 숨진다. 일반적으로 와따나베는 바로 같은 해 4월 상하이에서 창당된 대만공산당과의 연계를 위해 왔다고 되어 있는데, 이것으로 1928년 대만이 비로소 동아시아 맑스주의운동과 무정부주의운동 발전의 새로운 목표가 되었음을 알 수 있다. 한가지 보충하자면, 대만공산당 창당대회에 조선공산당은 몽양 여운형(夢陽 呂運亨, 1886~1947)을 대표로 파견했고 아울러 여러명의 조선공산당원을 보내 창당대회의 경

---

20) 각각 원본 「C.殖民地革命黨不應該與統治國的勞動政黨連絡」「E.革命的組織」「F.組織的原則」「G.戰略」, 柳絮[柳樹人] 『弱小民族的革命方略』, 上海: 中山書局 1929, 20~30, 36~51면. 이들 초록은 모두 「無政府主義運動·民族革命運動·農民運動」, 臺灣總督府警務局 編, 앞의 책 41~51면에 보존되어 있다.

호업무를 하도록 했다.[21] 윤자영이 1924년 평서에 참여한 이래 여운형이 1928년 대만공산당 창당에 참여하기까지, 우리는 대만과 조선의 혁명가들이 식민지 해방을 위해 끊임없는 투쟁의 우의를 이어갔음을 알 수 있다.

현재 중국과 대만 양안 학계의 무정부주의 연구는 대부분 중국어 사료에 한정되고 한국어, 일본어 사료까지는 못 미치는 실정이다. 따라서 신채호와 대만 무정부주의자의 교류를 소개하는 이 글은 초보적인 정리에 불과할 수밖에 없다. 만일 금후 한국, 일본 학계의 연구성과와 연결될 수 있다면 조선과 대만 무정부주의자들이 교류한 역사적 모습을 한층 풍부하게 드러내 보일 수 있으리라 믿는다. 이 주제에 관심을 가진 연구자로서 이는 노력할 가치가 있는 목표이다.

[번역: 임명신]

---

21) 「共産主義運動」, 臺灣總督府警務局 編, 앞의 책 10면; 謝雪紅, 앞의 책 262면.

대만의 한류현상과 이를 통해 본 대만사회

최말순

1. 머리말

대만과 한국은 지리적·문화적으로 매우 가까운 이웃일 뿐 아니라 근대 초기 일제에 의한 식민통치, 2차대전 후의 내전과 분단, 장기간에 걸친 정 치민주화 노력 등 매우 유사한 역사경험을 가지고 있다. 특히 최근 들어서 는 자본주의의 전지구화 추세에 대응하기 위한 지역주의 담론이 등장하고 동아시아 국가간의 경제적·문화적 협력에 대한 기대가 고조되면서 양국 의 상호이해 필요성이 그 어느 때보다 강조되고 있다.

그러나 이러한 역사적·문화적·경제적인 공통성과 미래협력의 요구에 도 불구하고 오랜 기간 양국간의 깊이있는 이해는 제대로 이루어지지 않 았다. 양국관계를 얘기할 때 흔히 식민지시기의 항일운동과 냉전체제의 반 공혈맹으로 다져진 두터운 우의가 논의되기도 하지만, 기본적으로 2차대 전 후의 양국은 미국 일변도의 대외정책과 경제발전 우선주의가 주도하는 가운데 상호무관심과 대외무역의 경쟁대상으로만 서로를 인식하여왔다.

특히 1992년 국교단절로 한국에 대한 대만인의 불신감이 깊어지고 국가

차원의 관계도 소원해졌으며, 한국의 중국 일변도 정책으로 인해 양안간 정치적 대립과 대만 내부에서 높아지는 독립국가로서의 의식 등 대만의 변화하는 현실에 대한 한국인의 인식 부재를 드러내면서 양국은 서로에게 낯선 대상이 되어갔다.

이런 가운데 2000년대를 전후해 대만에 일기 시작한 소위 '한류'현상, 즉 한국 대중문화의 유입과 유행은 대만사회가 한국에 대한 새로운 인식을 갖게 하는 데 일조하고 있다. 비록 대중오락문화에 국한되어 있기는 하지만 한류에 대한 언론매체의 지속적인 보도와 소비층 확대로 인해 한국어와 한국사회에 대한 관심이 증가하면서 전반적으로 한국에 대한 선호도가 높아지고 있는 것은 분명한 사실이다.

한류현상에 대해서는 한국과 대만을 막론하고 이미 많은 관찰보고와 학술적 연구가 나와 있다. 기존의 논의를 통해 한류를 보는 시각을 간단히 정리하면, 한국의 경우 대부분 한국문화의 우월성에 입각한 문화민족주의 시각과 신자유주의 시대의 도래와 문화상품 수출로 인한 이익의 창출, 그리고 아시아 민중문화의 창조가능성과 연대감 형성을 연결시킨 탈식민주의 시각 등으로 크게 나누어진다.[1] 대만의 경우는 한류현상이 일게 된 원인, 한류가 관중층의 소비행위에 끼친 영향, 한국 문화산업정책과 한류상품의 판촉전략, 그리고 실제 방문을 통한 한류 텍스트의 해독방식에 대한 연구 등에 집중되어 있다.[2] 이에 이 글은 자국의 시각에서 출발한 기존 논의와 구별하여 대만사회에 대한 이해에 초점을 두고 전반적인 대만의 한류현상을 소개하기로 한다.

---

1) 조한혜정 「글로벌 지각변동의 징후로 읽는 '한류 열풍'」, 조한혜정 외 『'한류'와 아시아의 대중문화』, 연세대학교 출판부 2003, 1~42면.
2) 陳依秀 「打造電視觀衆──臺灣韓劇市場興起之歷程分析」, 淡江大學大衆傳播學科 석사논문, 2004.6; 江佩蓉 「想像的文化圖景: 韓流和哈韓族在臺灣」, 國立政治大學新聞研究所 석사논문, 2004.10.

2. 대만의 한류현상 개황

대만에 한국 대중문화상품이 집중적으로 유입되기 시작한 것은 1990
년대 후반으로 보는 것이 일반적인 견해이다. 1997년 당시의 인기그룹
'클론'의 노래가 번안되어 인기를 끌었는데 그 여파로 '핑클' '젝스키스'
'H.O.T' 등의 댄스음악이 수입되었다. 당시의 한국가요는 대만가수가 번
안을 통해 먼저 선을 보이고 인기를 얻으면 한국가수들을 초청하여 공연
하는 방식으로 진행되었는데, 이 배후에서는 록 레코즈(Rock Records, 滾
石唱片)라는 대형 음반회사가 흐름을 주도하였다. 즉 자연스러운 문화접촉
에 의한 것이 아니라 상업적인 계산에 의한 기획이었던 것이다. 한편, 비록
번안을 통한 것이기는 하나 대만 소비자에게 한국가요가 받아들여지게 된
것은 이미 90년대 중반기에 각기 화교와 유학생 신분이던 장 위헝(姜育恒)
과 장호철(張浩哲)이 이미 한국 유행가요를 번안하여 상당히 호응을 얻었
고, 또한 당시 대만에서 활동하던 가수 김완선이 인기 예능프로그램에서
어색한 중국어로 노래와 춤을 선보이며 많은 사랑을 받고 있었기에 가능
했다.

아이돌 1세대 그룹의 댄스음악이 이 시기 대만에서 인기를 끌면서 한국
대중음악에 신선함을 느끼는 관중들이 늘어나기는 했지만, 한류라고 불리
는 문화현상은 그보다 조금 늦은 시기 기존의 대중가요와 댄스음악을 드
라마가 대체하는 방식으로 진행되었다. 특히 2000년대 초기 바다TV(八大
電視)가 수입한 「불꽃」(2000.7)과 「가을동화」(2001.2)는 연이어 높은 시청률
을 기록하며 많은 화제를 낳았는데, 이 인기에 힘입어 「명성황후」「겨울연
가」「풀하우스」「대장금」 등 한국 드라마가 본격적으로 수입되고 황금시
간대에 여러 채널을 확보하며 2000년대 중반까지 한류열풍을 이끌어왔다.

한국 드라마의 높은 인기는 2006년 최초의 한국 프로그램 전문채널이

생기고 드라마 외에도 연예오락·교양 등 기타 프로그램을 방송하면서 절정을 이루었다. 현재까지도 무선과 유선 방송을 합해 5개 이상의 채널에서 한국 드라마를 황금시간대에 내보내고 있으며, 이들 한국 드라마의 하루 방송시간은 9시간 이상에 달한다. 2010년 통계에 의하면 대만의 TV채널과 중화뎬신(中華電信)의 MOD디지털 채널을 합쳐 모두 162부의 한국 드라마가 방송되고 있고, 2011년 상반기에 방송된 한국 드라마도 120부에 달한다고 한다.[3] 한국 드라마의 종류도 다양하여 초기에는 주로 수목 미니시리즈를 중심으로 한 트렌디 드라마〔偶像劇〕 위주였지만 지금은 대하역사극, 시대극을 막론하고 거의 모든 장르가 수입, 방송되고 있다.[4]

그런데 이렇게 1990년대 후반부터 한류현상을 형성한 한국 드라마의 방영은 당시 대만 드라마시장의 구조와 관련이 깊다. 1993년 유선채널을 개방한 이래 대만 TV시장은 다채널 환경으로 진입했는데 전통적인 무선채널 이외에 유선과 위성 TV가 생기면서 많은 프로그램이 필요하게 되었다. 처음에는 이들 채널이 관중층 차별화 전략을 채택하여 득싱화된 프로그램을 방송했으나 유선TV 보급률의 제고와 함께 80~100개 가량의 채널을 보유하게 되자 치열한 경쟁구조로 돌입하였다. 각 채널마다 시청률 제고는 물론이고 광고상의 주목을 끌기 위해 프로그램 내용의 선택과 판촉전략이 매우 중요시되었다.[5]

게다가 당시 유선방송국의 경우 더욱 심각한 문제에 직면했는데 그것은 양질의 프로그램을 자체 제작할 여건이 충분치 못하다는 것이었다. 특히 드라마 같은 종합적인 프로그램의 제작경험이 거의 전무한 상태였고 기존

---

3) 「韓劇發燒症候群」, 『臺灣光華雜誌』 2011.10.1.
4) 대만의 역대 한국 드라마 방송자료는 http://zh.wikipedia.org/wiki/%E5%8F%B0%E7%81%A3%E6%92%AD%E5%87%BA%E4%B9%8B%E9%9F%93%E5%8A%87%E5%88%97%E8%A1%A8를 참고.
5) 陳依秀, 앞의 글.

의 무선방송사 역시 자체 제작을 하고는 있었지만 보편적으로 늘 비슷한 제재에, 시간 늘리기는 물론 극본, 편집, 조명, 화장, 고증 등 여러 면에서 질 좋은 드라마의 생산에 한계가 있었다. 또한 지나치게 관중층을 고정시켜 대만방언을 사용하는 향토극 제작에 열을 올리고 있었다.

이런 상황으로 인해 유선채널 시장을 개방한 이래 미국, 홍콩, 중국, 일본, 한국의 드라마가 수입되었고 장기간 무선채널이 독점하던 드라마시장은 유선, 무선과 위성 채널의 각축장이 되었다. 이들 각국의 드라마는 고정적이지는 않지만 특정 채널이 특정 국가의 프로그램을 내보내는 방식으로 운영되었는데, 한국 드라마와의 비교를 위해 인접지역 드라마 상황을 살펴보면, 홍콩과 일본은 현대극 위주, 중국은 역사극 위주였다.

그중에서도 일본 드라마는 주로 토오꾜오를 배경으로 하는 도시남녀들의 사랑을 그린 트렌디 드라마가 대세로 가장 인기를 끌었으며, 이로 인해 드라마 속 일본식 스타일을 추구하는 열성팬인 하르족(哈日族)이 형성되었다. 일본 트렌디 드라마는 빠른 전개와 세련된 영상미로 여성회사원 등 젊은 층에서 인기가 많았는데, 점차 수입단가가 높아지고 일본 내 트렌디 드라마의 퇴조로 새로운 수입원이 필요해지자 비슷한 유형의 한국 드라마를 사들이게 된다. 처음에는 저렴한 가격이 주요한 원인이었으나 2000년대 초기 몇몇 드라마가 초유의 인기를 끌면서 곧 한국 드라마 붐을 일으켜, 2003년에는 일본 드라마를 추월하여 매우 짧은 기간에 한류가 형성되었다.

이렇게 대만 한류의 형성은 드라마가 그 주역이었는데 그중에서도 선두주자는 단연 트렌디 드라마였다. 주로 수목 미니시리즈로 제작된 한국의 트렌디 드라마가 단시간에 이토록 인기를 끌 수 있었던 배경에는 이미 일본의 트렌디 드라마로 형성된 관중층이 있었다. 대만은 한국보다 더 이른 1992년에 일본의 대중·오락문화상품에 대한 개방을 통해 90년대 초반부터 일본 연속극이 대량으로 들어와 방영되고 있었으며 유선채널 개방 후에는 트렌디 드라마가 성행하였다. 이미 알려져 있듯이 한국 트렌디 드라마는 서사구조와 화면구성, 빠른 템포, 영상미와 가벼운 내용 등에서 상당 부분 일본 드라마를 학습하고 그 영향을 받았는데,[6] 한국 드라마가 이렇게 삽시간에 대만관중에게 받아들여지게 된 데에는 대만관중이 이미 비슷한 스타일의 일본 드라마에 익숙해져 있었기 때문이라는 원인도 배제할 수 없다.

그러나 한일 양국간 유행하는 가치체계, 문화적 공감대가 다르므로 이 야기의 내용은 비슷하나 전체 극의 분위기는 상당히 다른 것도 사실이다. 당시 언론매체의 분석을 참고해보면, 한일 양국의 트렌디 드라마가 동일 하게 현대 대도시를 배경으로 그 속에서 생활하는 남녀의 사랑과 직장생 활 등 일상을 비교적 가벼운 터치로 그리고는 있지만, 한국 드라마가 일본 드라마에서 거의 다루지 않는 가족이 등장하고 순수한 사랑을 더 강조하 는 등의 특징으로 인해, 일본 드라마의 관중층이 대부분 젊은 여성, 특히 직장인여성에 한정되어 있었던 것에 비해 한국 드라마는 젊은 직장인여성 과 중·장년 주부층까지 포함하는 것으로 관찰되었다.

이러한 관중층의 확대로 인해 일본에서의 한류와는 달리 대만에서 한국 드라마는 트렌디 드라마 외에도 가정윤리 드라마, 전통역사극, 가벼운 씨 트콤 할 것 없이 고루 수용되었고, 이러한 경향은 지금까지도 이어지고 있 다. 한국 드라마가 이렇게 오랫동안 광범위하게 인기를 얻고 있는 주요 원 인은 일반적으로 내용에 있어서 보편적인 사랑과 가족애를 주로 다루되, 대만 드라마가 보여주는 세속적인 애정관보다는 순수한 사랑과 대가족 생 활에서 구성원간의 상호관심 등이 향수를 자극하며, 동시에 기술적 측면 의 정교한 포장, 즉 구슬픈 음악, 아름다운 배경과 화면, 색다른 소재의 끊 임없는 개발 등이라고 할 수 있다. 이들 요소는 대만인이 보편적으로 선호

6) 이동후 「한국 트렌디 드라마의 문화적 형성 ─ 탈국가적 문화수용 양식을 중심으로」, 조한혜정 외, 앞의책 125~53면.

하는 가정적 가치관, 인물의 희생과 봉사, 개인보다는 사회적 가치관 우선 등과 부합하는 측면이 있다. 또한 탄탄한 극본, 소재의 다양성, 대화의 현실성, 배우들의 연기력이 자국 대만 드라마뿐 아니라 홍콩, 중국 드라마에는 없는 한국 드라마만의 매력이라고 많은 시청자들이 이야기하고 있다.

그러나 워낙 많은 물량이 공급되면서 한국 드라마의 문제점 역시 지적되는데, 그중에서 내용상의 공식화가 가장 많이 비판된다. 가령 고부갈등, 제삼자와의 불륜, 재산다툼, 출생의 비밀, 불치병, 교통사고 등이 거의 모든 드라마에서 중복되는 소재로 등장하면서 식상하다는 반응과 그 부정적인 효과에 대한 논의도 있었다.

한편, 한국 드라마의 강세는 현재까지도 이어지면서 여전히 많은 채널에서 방송되고 있지만 최근 몇년간 소비되는 방식이 바뀌었다. 여전히 고정시간대의 TV채널을 통해 시청하는 관중도 있지만, 직장인과 대학생 등 신세대의 경우 인터넷으로 제공하는 무료 싸이트(土豆 등의 UCC싸이트)에서 한국과 거의 동시적으로 시청하는 것으로 나타났다. 따라서 일반적인 시청률 조사를 토대로 한국 드라마의 전성기는 더이상 없다고 보는 것보다 더욱 다양화된 양태로 한류를 소비하고 있다고 해야 할 것이다.

이렇게 드라마 위주로 진행되던 한류는 최근 아이돌 그룹을 내세운 댄스음악으로 다시 대만을 휩쓸고 있다. '슈퍼주니어'와 '원더걸스'로 시작된 케이팝(K-pop) 열풍은 이제 '소녀시대' '투애니원' '샤이니' 등 다른 그룹들로 확산되고 있고, 소비층 역시 기존의 직장여성과 주부층에서 중·고등학생과 대학생으로 확대되었다. 또한 '소녀시대' 콘서트에 남학생들이 대거 몰려드는 등 그간 한류열풍의 소비자층이 아니었던 젊은 세대 남성들도 끌어들임으로써 소위 신(新)한류가 도래했다는 평이 나오고 있다. 케이팝 열풍의 주요 배경은 한국 댄스음악의 중독성 있는 가사와 빠르고 강한 박자 등 음악적 측면과 함께 잘 훈련된 군무가 주는 시각적 효과가 주효했다는 지적이다. 대만언론은 케이팝 열풍이 아시아를 넘어 서구와 기타 지역으로 확산되는 데 있어 유튜브, 페이스북, 트위터 등 인터넷을 통한 선전효과에 힘입은 바가 크다는 『뉴욕타임즈』의 보도를 인용하면서 온라인을 통한 음악제공과 순회공연이 이러한 세계적인 열풍을 가능하게 했다고 분석하고 있다.[7]

3. 한류현상으로 본 대만사회의 성격

1990년대 후반 한국 드라마가 인기를 끌면서 급속도로 형성된 대만의 한류열풍은 곧 홍콩, 싱가포르, 말레이시아, 중국대륙으로 확산되어나갔다. 이로 인해 대만은 한류의 기점으로, 즉 대만에서 인기를 얻은 드라마는 다른 아시아 국가에서도 통한다는 얘기까지 나왔는데, 이런 현상은 아마도 한국과 이들 지역의 문화적 인접성과 관련이 있을 것이다. 한국 드라마 선호도 조사에서도 문화적 유사성이 가장 큰 요인으로 뽑힌 바 있다. 즉 한국 드라마가 보여주는 내용과 전파하는 가치가 대만인들에게는 그다지 낯설지 않다는 것이다. 이는 대만의 한류 소비층을 확대시키는 요인이기도 한데, 기본적으로 한국과 대만은 소득수준과 근대화 정도는 물론이고 공통의 유교문화 기저에 의해 가족과 사회구성원 간에 전통적인 윤리의식이 많이 남아 있다. 이런 이유로 한국 드라마의 내용과 인물, 그리고 인물들 간의 관계설정 등에 쉽게 공감하고 감정을 이입하며, 한국 드라마가 전파하는 권선징악이라는 가장 전통적이면서 보편적인 가치를 수용하고 이를 통해 심리적인 안정감을 느끼게 된다고 한다. 즉 문화적 인접성과 생활상의 유사함이 한국 드라마를 친근하게 받아들이는 요인 중의 하나라고 할 것이다.

---

7) 『中國時報』 2012.3.6.

다음으로 꼽을 수 있는 것은 한국적 특색보다 한국 대중가요와 댄스음악, 혹은 드라마가 기술적 측면에서 보여주는 세계성, 즉 현대적인 면모라고 하겠다. 특히 젊은 세대의 한국 문화상품 소비는 현대적인 감성과 세련미에 대한 감상이 주요 원인이라고 한다. 그들은 한류를 통해 한국을 인식하고 선호하기도 하지만 한국적 정서보다는 현대적 감각과 느낌에 공감하는 것으로 나타나고 있는데, 이를 뒤집어 말하면 한국 문화상품에 서양적인 요소가 많다는 뜻이기도 하다. 즉 하나의 기획상품으로서 대중가요와 댄스음악은 한국적인 특색과는 별로 관계없이 세련되고 역동적인 면이 대만의 젊은 세대에게 받아들여짐으로써 인기를 끌게 되었으며, 이는 문화적 근접성에 착안해 한류를 보는 일반적인 시각과는 다르다고 하겠다.

또한 대만사회의 개방성과 문화적 다양성도 한류를 비롯한 외래문화의 적극적인 수용을 가능하게 하는 배경이라고 하겠다. 한국에서 한류를 논할 경우 가장 먼저 떠올리는 것이 한국문화의 우수성과 자부심인데, 오랫동안 미국을 비롯한 서구 대중문화의 영향을 받아온 한국에서 자국의 문화상품이 다른 나라에 이토록 영향력을 미치는 것에 대해 가지는 긍지는 충분히 있을 수 있는 반응이다. 그러나 작금의 한류라고 불리는 한국 대중오락문화상품의 수출을 문화가 물처럼 높은 곳에서 낮은 곳으로 흐른다는 생각, 즉 한국문화의 우수성이라는 시각으로만 접근하는 것은 적어도 대만사회에서는 상당히 문제가 된다.

대만은 우선 단일민족에 단일언어를 사용하는 한국과는 달리 10여 족의 원주민과 중국에서 건너온 한족으로 이루어진 다족군(多族群)사회이다. 또한 같은 한족이라도 명청시기를 거쳐 푸젠성을 중심으로 한 중국 해안지역에서 온 민난인과 광둥성을 중심으로 한 내륙지방에서 온 하카인, 그리고 1949년 국공내전에서 패한 국민당과 함께 철수한 외성인으로 나누고, 대만성 외부에서 온 외성인이란 칭호와 구분하여 이전부터 대만성에 거주하던 한족인 민난인과 하카인을 합쳐 따로 본성인이라 부른다. 이들 각 족군은 대만에 이주하여 정착한 시기와 그에 따른 역사경험이 다르고 생활습관과 사고방식에도 차이가 있으며, 특히 각기 다른 언어를 구사하는 등 각 족군의 문화적 정체성을 뚜렷이 드러내고 있다. 뿐만 아니라 이들 한족이 이주하기 전 남도어계(南島語系)에 속하는 10여 족의 원주민이 이미 대만에 거주하였고 이들 역시 지금까지 자신의 언어와 문화적 정체성을 지키며 살아가고 있다. 이렇게 대만은 원래부터 다양한 문화가 공존하는 사회이며, 특히 1987년 계엄해제(解嚴)에 뒤이은 정치적 민주화 속에서 문화적으로 다원적 가치를 추구하고, 대만인 스스로 이민사회인 자국의 문화적 다원화를 인정하고 상호존중해왔다. 이민사회로서 대만은 이러한 다양한 구성원과 문화적 혼재성, 그리고 여러 외부권력에 의한 오랜 지배를 거치면서 대체로 외부문화 수용에 매우 개방적이게 되었다. 한류 역시 이런 특성에 힘입어 별다른 배척 없이 유입될 수 있었다고 하겠다.

또한 한류현상이 두드러지던 2000년대 초기는 정당교체로 집권한 민진당정부가 대만 본토정권이란 기치를 내걸고 문화, 사회 각 방면에서 탈중국정책을 시행하여 이로 인해 전통의 유실과 본토문화의 미정립 현상이 겹쳐 문화의 공백기를 맞이하던 때와 중복된다. 이러한 대만 특유의 사정은 문화면에서뿐만 아니라 국가정체성 부재, 사회적 결속의 와해, 족군간의 불화 등 당시 매우 심각한 국가적 문제로 부상하고 있었다. 한류는 이러한 틈새에서 각 소비층이 바라는바 장년층에는 유교문화의 흔적과 전통적 윤리질서를, 청년층에는 도시적 감각과 낭만적이고 순수한 사랑에 대한 갈망을 일깨우면서 급속도로 확산되었다.

그러나 대만의 한류 소비는 한국에서 제작된 그대로가 아니라 어느정도 현지화의 과정을 거친 후 이루어진다. 가령 드라마의 경우 기본적으로 한국어 원음방송이 아니라 중국어로 더빙을 하고 자막을 내보낸다. 채널에 따라 시간대별로 두가지 언어 중 하나를 선택할 수 있기는 하지만 대만관중들은 기본적으로 현지언어로 한국 드라마를 접하게 된다. 한국어의 생소함을 없애고 외부 문화의 충격을 완화해 수용의 부담을 덜기 위한 조치이지만 이는 한국 특유의 정서와 감성을 희석하거나 심지어 제거하는 역할도 하게 된다. 극제목도 대만민중들에게 익숙한 방식으로 원제와 다르게 붙이고 역사극일 경우 관직명 등을 중국식으로 바꾸기도 한다. 대중가요와 댄스음악의 경우도 한국가사를 번안, 개작하여 들여왔으며 현재의 케이팝 역시 워낙 가사 자체가 단조롭고 또 영어와 중국어를 전략적으로 섞어부르는 경우가 많다. 따라서 한국 고유성이 인기의 주요한 원인은 아니며, 오히려 대중음악과 드라마 등 대중·오락문화상품을 통한 한류는 한국의 특색과 고유성을 가능한 한 억제하는 방식으로 진행되어왔음을 알수 있다. 일본 드라마가 거의 원음 그대로 방송되는 것과 비교할 때, 이는 대만에서 한국 내지 한국문화를 어떻게 보는가 하는 문제와 결부되는 것이다.

한국에 대한 대만민중들의 인식과 시각은 사실 매우 부정적이다. 세대간의 차이는 있을 수 있지만 일반적인 경향을 보면 1992년 한국-대만간 국교단절 과정에서 한국정부에 대한 비판이 터져나온 것은 물론 운동경기, 특히 윌리엄 존스컵 아시아 농구대회와 각종 국제대회의 태권도경기에서 한국선수들의 반칙과 심판 매수설이 거의 매번 불거졌고, 그런 이유로 대만선수가 불리한 판정을 받게 되었을 경우 선정적 언론보도로 인해 한국에 대한 여론이 악화되는 일이 반복적으로 일어났다. 이런 경우 언론의 한국 관련 보도는 흔히 '지기 싫어하는 민족성' '부정한 방법을 동원해서라도 꼭 일등을 해야 직성이 풀리는 한국인'으로 제목을 붙이는 등 극도의 불신을 드러냈다. 또한 이런 맥락에서 공자를 비롯한 중국 역사인물의 한국인 주장설 같은 확인되지 않은 글도 각종 인터넷 매체를 통해 나오고 언론이 이를 반복보도하면서 한국에 대한 부정적인 인식을 심화시켜왔다 (그 맥락은 이 책 4부 5장 쩡 톈푸의 글 참조—엮은이).

사실 이러한 인식은 언론매체의 지나친 이슈 만들기와 관련이 있다. 대만은 오랜 기간의 당외(黨外)민주운동과 본토의식화 과정을 거쳐 2000년 국민당 일당체제를 벗어나 성공적인 정당교체를 이루었다. 이 과정에서 사회 각 부문에서 본토화라는 대만의식이 주류경향으로 자리잡았으며, 탈중국 구호 아래 심지어 언어·문화적 측면에서도 중국과는 구별되는 대만 특성을 추구하는 대만민족주의의 건립 움직임이 일어났다. 모든 분야에서 '대만'이 시대담론으로 부상했지만 외부적으로는 '하나의 중국'이라는 현실적 장벽에 부딪혀 좌절을 맛보아야 했다. 운동경기 혹은 역사왜곡 등 언론보도를 통해 한국에 비우호적인 태도를 보인 것도 이 시기부터 시작되었는데, 정확한 자료로 입증하기는 어려우나 대만사회의 심층적 피해의식과 상당부분 관련이 있다고 생각된다. 냉전체제하 반공의 동반자이지만 그간 경제적으로 뒤처진 상대로만 여겨온 한국이 1990년대 말 아시아 금융위기에도 불구하고 재기에 성공하여 문화상품을 수출하는 등 가시권으로 들어오면서 경계와 비교의 대상으로 '발견'되었으며, 의식적이든 무의식적이든 대만사회 내부결속의 필요성에 이용되었을 가능성이 있다.

이러한 상황에서 비록 대중문화에 국한되기는 하나 한류의 형성과 수용, 그리고 한류현상에 대한 대만사회의 토론이 많아지면서 한국에 대한 인식이 변하고 있는 것은 상당히 고무적이라 하겠다.[8]

4. 대만 한류의 전망과 문제점

대만에서 한류의 효과는 여러 면에서 제기되고 있다. 그중에서도 한국에 대한 기존의 부정적 인식의 개선이 가장 큰 변화라 하겠다. 한류에 대한

---

8) 젊은이들의 토론이 가장 많은 웹사이트는 中央情報局 bbs://cia.twbbs.org와 臺大批踢踢 bbs://140.112.30.142__ 이다.

여러 관찰이 보여주는 바인데, 한류를 수용한다 해서 대만인들의 한국관이 전면적으로 수정되는 것은 아니다. 하지만 그간 대만인이 가지고 있던 한국에 대한 부정적 이미지, 즉 남북한 대치와 군사적 충돌, 잦은 시위와 사회불안, 아시아 금융위기 속 국가부도 우려, 운동경기에서의 지나친 승부욕과 심판 매수의혹 등은 한국 드라마의 호응도와 열렬한 토론으로 보아 어느정도는 불식될 것으로 생각된다. 가령 한국 대중가요와 댄스음악의 경우 밝고 경쾌하면서도 역동적인 면이 매번 거론되는데, 이는 과거 트로트풍 한국가요의 비애와 울분, 한의 정감을 보여주는 분위기와 매우 다른 것이다. 또 한국 드라마의 경우 과격한 한국사회라는 선입견과는 달리 가족간의 사랑과 우애, 사람들간의 배려, 전통적 유교질서의 잔존, 아름다운 자연환경과 깨끗하고 잘 정돈된 시가지, 서울의 대도시적 면모 등이 매우 인상 깊게 받아들여지고 있다.

물론 이러한 생각과 인상은 실제 한국의 현실과는 거리가 먼 일면적인 것이기 쉽다. 필자가 직접 조사한 바에 의하면 대학생들의 경우 한국 드라마 시청을 통해 가장 인상 깊게 느낀 점으로 한국사회가 매우 부유하다는 점을 꼽았다. 대부분의 드라마 속 인물이 재벌 등 부유층으로 설정되어 있기 때문인데, 장르를 불문하고 거의 모든 극중 인물의 배경이 이러하다보니 일반적으로 매우 부유하고 활력이 넘치는 사회라는 생각이 든다는 것이다. 그러나 한류 소비층의 한국관광이 많아지면서 드라마 속에 비친 모습과 실제 한국을 비교할 수 있는 기회도 늘어나고 있다.[9] 가장 많은 한국 여행자는 한국 드라마 속 스타일을 추구하는 하한족(哈韓族)이지만 비단 이들에 국한된 것이 아니라 일반 대만민중들도 갈수록 많아지는 추세인데, 여기에는 한류가 이끌어낸 한국에 대한 흥미와 관심이 큰 몫을 차지하

---

9) 한국 법무부 출입국관리국의 통계에 의하면, 한류가 가장 성행했던 2004년과 2005년의 한국방문 대만인 수는 293,099명과 338,737명으로, 2003년의 183,830명에 비하면 각각 59.4%와 84.3% 증가한 것이다.

고 있다 할 것이다. 한국이 IT산업에서 두각을 나타내고 문화산업에서 성공한 것을 예로 들어 자국의 관련정책을 비판하는 대만 언론보도를 통해서도 한류가 한국에 대한 인식을 바꾸는 데 상당한 역할을 했음을 알 수 있다.

한류의 두번째 효과는 산업으로서 거둔 경제적 이득이다. 문화관광부 통계에 의하면 한류가 형성되기 시작한 초기인 1999년도 TV프로그램의 수출금액은 761만 달러였는데 2001년에는 1,235만 달러로 2년 사이 약 62.3% 성장했다. 또 문화산업으로서의 산업적 가치는 1997년의 71억 6천만 달러에서 2001년 108억 8천만 달러로 4년 사이 약 52% 성장했고, 가장 빠른 속도를 보인 TV산업의 경우 연평균 증가율이 46.2%까지 이른 적이 있다고 한다. 최근의 조사를 보면 아시아에서 붐을 일으키고 있는 한류가 한국 내 산업에 4조 5천억원 규모의 경제효과를 갖는다고 한다. 이 수치는 음반, 영화, 방송, 게임 등 문화산업 4개 분야의 생산유발액과 부가가치유발액 등의 직접효과와 기타 제조업·써비스업(휴대폰, 가전제품, 의류, 화장품, 관광)의 생산유발액, 부가가치유발액, 취업유발인원의 총계인 간접효과를 합한 것인데, 국가별로는 중국에서 거둔 한류의 경제효과가 3조 3,506억원으로 가장 컸으며 홍콩 1조 3,004억원, 대만 6,201억원, 일본 8,345억원 등으로 나타났다.[10]

한류의 경제적 효과에 대한 이러한 한국의 통계와 자료분석은 대만언론에도 자주 등장한다. 이에 대한 해석은 우선, 한국이 아시아 금융위기를 단기간에 극복할 수 있었던 가장 큰 원인이 문화산업의 성공적인 추진이며, 한류가 바로 이를 증명한다는 것이다. 한류로 인해 한국은 대체가공 위주의 제조업 국가에서 유행을 창조하는 나라로 변신하였기에 그 정신과 전략을 배워야 한다는 것이다. 단결, 성공에 대한 집념, 생기와 역동성을 한

---

10) 『서울경제』 2012.1.2.

국의 민족성으로 분석하고 이런 성격이 국가적 어려움을 창조력으로 전환한 계기라든가, 한국정부의 지식경제에 대한 명확한 인식과 문화산업의 적극적 추진, 즉 영화와 드라마 제작에 대한 지원정책과 문화산업 추진에 유리한 환경조성 등을 적극 참고하여 문화산업을 대만의 영속적인 핵심 경쟁력으로 키우자는 주장 등이 그것이다.[11]

실제로 대만에서는 최근 몇년 사이 각 지방정부의 문화창의산업 추진은 물론이고 중앙정부에서도 문화창의산업을 6대 신흥산업 중 하나로 지정하고 행정원 산하 문화건설위원회와 연구기관인 국가과학건설위원회에서 문화창의산업의 추진방안에 대한 지원과 연구계획을 모집하는 등 그 중요성과 필요성에 대한 인식이 높아지고 있다.[12] 즉 한류현상은 소비자층뿐만 아니라 대만정부와 학계, 문화계 전반에 한국을 이해하는 기회를 제공하고 있다고 하겠다.

한류현상의 또다른 효과는 한국어 학습열풍이다. 이는 주로 드라마를 통해 한국에 관심을 가지기 시작한 직장인여성들로부터 시작되었으나 점차 대학생으로 확대되고 있다. 사실 대만의 한국어 교육은 이미 반세기 이상의 역사를 가지고 있다. 1950년대 냉전체제하 양국은 반공혈맹으로서 교류의 필요에 의해 국립정치대학(國立政治大學)과 문화대학(文化大學)의 두개 대학에 한국어 관련학과가 설립되어 지금까지 이어져오고 있으며, 한류열풍 후 가오슝대학(高雄大學)과 대만사범대학(臺灣師範大學) 등 두개 대학에 한국어 관련학과가 설립되었다. 이들 대학은 비록 한국어 전문학과는 아니고 동아시아 문화와 지역연구, 동아시아언어 전공학과이지만 한국어를 필수적으로 이수해야 하기 때문에 장래 한국어 인재양성에 한몫을 담당할 수 있을 것이다. 국립정치대학의 경우 한류열풍 전후로 학생들의

---

11) 『中國時報』 2004.7.17.
12) 문화건설위원회 웹사이트 http://cci.culture.tw/cci/cci/index.php 참고.

입학과 재학 상황이 많이 달라졌는데, 이전에는 입학 후 전과를 하는 학생이 많았지만 지금은 역전되어 타과에서 전과해오는 학생도 많고 교내 입학점수도 상당히 높아지는 등 인기학과로 간주되고 있다.

한국어 교육의 필요성이 증가하면서 교양과목 중 한국어를 제2외국어로 선택할 수 있게 한국어 강좌를 새로 개설하는 대학도 최근 대폭 증가하였다. 2007년도에 조사된 바에 의하면[13] 모두 18개 대학에서 한국어를 가르치고 있으며 그 숫자는 앞으로도 늘어날 전망이다. 뿐만 아니라 각 대학 내 평생교육원과 어학센터에서도 학생과 일반인을 대상으로 한국어 강좌를 속속 개설하였고, 지속적으로 증가추세에 있다. 이 경우 교육대상이 일반직장인으로 거의 대부분 한류현상의 영향으로 한국어를 배우는 경우라고 보아야 할 것인데 2004,5년을 기점으로 한국어 수요가 급증하고 있음을 알 수 있다. 그외 고등학교와 민간사설학원, 커뮤니티대학 등에서도 한국어 강좌가 늘고 있다. 일전에는 그룹 '슈퍼주니어' 멤버 규현의 부친이 대만에서 한국어학원을 개설한다고 하여 500명 이상이 신청을 하는 등 한류로 인한 한국어 학습열기는 당분간 지속될 것으로 전망된다.[14]

물론 이러한 양적인 팽창에 비해 교사의 수량과 자질, 교재 부족 등의 문제로 인해 체계적인 한국어 교육은 아직 어렵지만 대학의 경우 지속적인 교육이 이루어지고 있는 것도 사실이며, 여러 환경의 개선을 통해 한층 더 효율적인 한국어 교육이 가능하리라 여겨진다.

한국에 대한 부정적 인식을 변화시킨 것이 한류가 대만사회에 끼친 가장 긍정적인 효과라면 그와 동시에 한류에 대한 비판적 목소리, 즉 반한류 혹은 혐한류 경향 역시 줄곧 있어왔다. 과열된 한류에 대한 반동현상으로 보이는데, 안방극장에서 차지하는 한국 드라마의 과도한 점유율 때문에

---

13) 曾天富 「대만에서의 한국어 교육현황과 몇가지 문제점」, 한국언어학회 주최 '세계화 시대 한국어, 문화, 문학교육방안의 고찰 국제학술회의,' 2007.11.30~12.1.

14) Yahoo!奇摩, 2012.2.4

한국문화의 접수, 이식, 교류 내지 침범 등에 대한 우려가 늘어났고, 한국 드라마 수입으로 직접 영향을 입은 연예계 종사자들이 2001년과 2002년에 가두시위를 벌이는 등 격렬한 반발을 보였다. 또한 일반인들 역시 한류에 대해 추종〔哈韓〕외에 우려〔恐韓〕와 거부〔拒韓〕의 반응을 보이기도 한다. 한 류현상을 한국문화의 침략으로 경고하는 언론매체와 정치인의 발언도 심 심찮게 나오고 있다. 최근에는 혐한류 싸이트까지 등장하여 한류 저지와 한국제품 불매운동을 벌이고 있다.

한편 대만의 한류현상은 일본과 비교할 때 영화에서는 거의 영향력을 발휘하지 못하고 있다. 그동안 많은 한국영화가 수입 배급되었지만 관중 들의 호응은 기대 이하였고, 인터넷 게임 등은 한국 특색보다는 기술적 측 면의 비교우위로 인한 수용으로 생각된다. 또한 드라마를 각색한 대중소 설이나 원작소설은 번역, 소개되지만 정통 한국문학작품의 번역은 미흡한 것 등에서 보듯 한류가 대중문화에서 고급문화로 전이될 가능성은 여전히 요원하다. 비록 일부에서는 탈식민 세계화시대의 문화혼용과 문화번역이 라는 측면에서 한류현상에 접근하면서 이를 통한 아시아민중의 연대까지 도 전망하지만,[15] 한류를 움직이는 두가지 핵심적 본질이 통속적 오락성과 이윤극대화의 상업적 기제이며 이로 인해 대중문화로 고착될 수밖에 없는 현실에서, 이러한 전망은 그다지 밝아 보이지 않는다.

따라서 한류를 통한 대만사회의 한국에 대한 이해를 일방적으로 기대하 기보다는 한국 역시 대만사회를 이해하려는 쌍방향적인 노력이 필요하다 하겠다. 실제로 민간차원에서 양국의 상호이해는 매우 미약했는데, 이른 바 양국이 가진 비슷한 역사경험은 한마디로 근대 이후 일본과 서양을 타 자로 하여 근대화를 쟁취하기 위한 노력이라 할 수 있다. 특히 2차대전 후

---

15) 한겨레 Korean Wide Web 「한류 뒤집어 보기」 2001.9.27; 陳光興 「자본주의 시스템의 순환과정, 대안적인 문화국면 창조 가능한가?」, 『문화연대』 21호(2001).

냉전체제하에서 미국을 위시한 서구지향 일변도의 근대화 프로젝트는 양국이 비슷한 처지의 서로를 이해하기보다는 서방을 따라잡기 위한 숨가쁜 경쟁을 하도록 만들었다고 해야 할 것이다. 비록 일방적 측면이 강하기는 하나 한류현상이 가져온 기초 위에서 양국 민중들 간의 상호이해와 교류가 진행되어 세계와의 소통을 전제로 한 아시아 문화공동체의 실현이 가능해지는 날이 오기를 기대한다.

대만의 일간지가 본 한국[*]

2005~9년 『自由時報』를 중심으로

쩡 톈푸(曾天富)

1. 머리말

대만과 한국 양국은 근대로의 진입시기와 방식, 일본의 식민통치, 전후 냉전체제로의 편입, 비약적 경제발전, 정치적 민주화 달성을 위한 노력과 현재 진행 중인 전지구화 추세에 대한 경제·문화적 대응 등, 전반적인 현대 역사경험에서 많은 공통점을 가지고 있다. 그러나 이러한 유사성에도 불구하고 정치·문화·사회 전반에 걸쳐 양국간의 심도있는 상호이해는 부족하다는 것이 일반적인 평가이다.

그 이유는 물론 여러 방면에서 분석이 가능하지만 가장 중요한 점으로 근대 이후 양국이 자신의 주도하에 인접국가로서 서로를 인식해본 경험이 없다는 것을 들 수 있을 것이다. 근대 진입과 거의 동시에 일본식민지로 전락했기에(대만은 1895년, 한국은 1910년 일본에 합병) 대만과 한국은 일본제국

* 이 글은 『韓中言語文化研究』 제19집(2009.2)에 실린 우리말 논문 「당대 대만의 한국담론—최근 5년간의 『自由時報』 보도를 중심으로」를 독자를 위해 제목을 바꾸고 인용주를 대폭 줄인 것이다.

의 판도 안에서 서로를 상상해왔으며, 전후 냉전체제, 즉 팍스 아메리카나 (Pax Americana) 기획으로의 양국의 편입은 반공과 자유 이데올로기로 서로를 정의하면서 공산주의중국과 북한을 매개로 상호 동일자로 인식하는 계기가 되었다. 즉 1945년부터 양국간의 국교가 단절된 1990년대 초반까지 형제의 나라로 서로를 인식한 데는 반공주의 노선의 공유와 그 배후에 위치한 미국의 관점이 주요한 배경으로 자리하고 있다.

이러한 점에서 1992년의 대만-한국간 국교단절은 냉전체제 와해의 실제적 효과를 보여주는 동시에 양국관계의 새로운 정립과 상호이해에 있어 많은 점을 시사하고 있다. 1980년대 말부터 급속히 진행된 사회주의권의 해체는 곧이은 자본주의 전지구화의 도래와 맞물리며 이전까지 세계를 움직이던 패러다임을 변화시켰고, 이런 세계사의 기류에서 양국은 전지구적 변화에 대처함은 물론 양안과 남북한 관계에 대해서도 다시 사고해야 하는 기로에 놓이게 되었다. 한국의 햇볕정책과 아세안 등 지역적 경제협력체로의 적극적 진입 노력은 이러한 연장선상에서 나온 것이며, 대민의 경우는 대내적 문제로 인해 이보다 훨씬 복잡한 양상을 띠며 급속한 변화를 경험하게 된다.

한국과는 달리 각기 다른 시기에 이주해 온 다수 족군으로 구성된 대만 사회는 전후 일본으로부터의 해방과 중화민국으로의 반환과정에서 생겨난 본성인과 외성인 간의 족군갈등(이에 대해서는 이 책 1부 2장 천 팡밍과 2부 1장 허 이린의 글 참조—엮은이)이 1970,80년대 정치적 민주화운동을 거치며 본토 의식과 대만 주체성을 중시하는 개별 독립국가로서의 정체성으로 발전하였고, 이 과정에서 자신뿐 아니라 이웃국가에 대한 관계에서도 새로운 시각과 방향을 요구받고 있다.

이러한 저간의 사정으로 볼 때 대만과 한국 양국은 세계사의 변화와 대내 사정으로 인해 서로를 정상적인 주권국가로 이해하고 인식하는 기회를 갖지 못했음을 알 수 있다. 물론 대만에서는 2000년대의 첫 10여년간 한류라는 대중문화의 차원에서 한국을 인식하는 기회가 있어왔지만 주권국가로서의 정체성 확보와 자본주의의 전지구화 시대에 인접국가간에 더욱 밀접한 협력을 요구받고 있는 현 시점에서 좀더 이에 부합하는 이해가 필요하다 하겠다.

이 글은 이러한 점을 염두에 두고 대만의 당대 한국담론을 살펴보고 그 시각을 분석하고자 한다. 고찰의 주요대상은 2005년부터 5년간『쯔유스바오(自由時報)』에 게재된 한국 관련 보도와 사설, 칼럼 등이다. 이를 고찰대상으로 택한 이유는『롄허바오(聯合報)』『중궈스바오(中國時報)』를 포함한 대만 3대 신문의 보도를 살펴본 결과『쯔유스바오』가 다른 신문에 비해 한국담론이 가장 많았고, 또 대만독립 성향이 강한 매체 특성상 다른 신문에 비해 한국을 보는 새로운 시각이 드러나며, 바로 이 때문에 한국에 대한 변화하는 대만의 시각을 보여줄 수 있다고 판단하였기 때문이다.

이 글은 우선 언급빈도가 높은 몇가지 주제에 대해 그 내용을 소개하고, 논술의 배후시각을 분석하는 순서로 진행하되 필요시 그밖에 다른 신문의 보도를 참고하여 설명할 것이다. 여기서 미리 밝혀둘 것은 이러한 고찰이 신문이라는 매체의 특성상 시사성을 띠기 때문에 주제 선정에 있어 매우 편의적이며 체계가 없다는 점이다. 그러나 한편 최근 소식을 대상으로 한 것이어서 현실성과 구체성을 확보하고 있음을 말해둔다.

2.『쯔유스바오』의 한국 보도와 논평 내용

1) '서울' 명칭 바로세우기

최근에 나온 한국 관련 소식 중 가장 많은 관심을 보인 내용은 2005년 '서울'의 한자표기인 '한성(漢城)'을 '首爾'로 개정한 것이다. 이에 대해서『쯔유스바오』는 환영일색의 논평을 내면서 한국의 주체성 있는 행동에 박수를 보내고 있다. 서울 명칭 바로세우기〔正名〕에 대한『쯔유스바오』의 논조는 탈중국화의 성격으로 규정하는 것이 가장 많은데, 이를 한국이 한자문화권에서 벗어나려는 현상으로 이해하면서 이번 개칭이 서울이 중국의 속지(屬地)로 인식될 가능성을 배제한 것이라고 하였다. 또한 서울의 개칭을 대만의 경우와 비교하고 한국을 본받아 탈중국화를 가속화해야 대만의 주체성과 자주성을 드러낼 수 있다는 논조로 마무리하였다.[1]

그런데 이들 논평은 서울이 한성으로 표기된 내력이나 배경에 대해서는 별다른 소개 없이 서울이 한성으로 불려온 것이 중국의 한국지배를 보여주는 것이라는 단순한 결론을 내리고 있다. 한사군(漢四郡) 설치를 염두에 두고, 한국은 한조(漢朝) 이래 중국에 병탄되었던 사실과 이후도 오랫동안 조공체제에 속하는 중국의 속국이었던 점을 들면서 서울 개칭이 이러한 중국 영향을 벗어나려는 노력이라는 점을 부각하고 있다. 또한 서울 개칭외 연유에 대해서도 당시 한중 양국간에 불거진 고구려·발해 등 과거 역사해석을 둘러싼 충돌이 주요 원인이라고 지적하면서, 이 계기를 통해 한국은 독립국가로서의 자존심을 보여주는 동시에 동아시아 국가들에게 중국의 비평화적 궐기에 대한 경계심을 환기했다는 점을 높이 평가한다.

이렇게『쯔유스바오』의 서울 개칭 문제에 대한 담론은 당시 한국에서 거론되던 서울의 한자표기 개칭에 대한 실질적 이유 혹은 한성 표기의 유래에 대한 소개보다는, 그 효과인 중국영향 제거를 가장 중요하게 다루고 있다. 당시에 나온 한국 언론의 보도에 의하면, 한국정부가 한자문화권의 외래 관광객을 위해 도로표지판 등에 한자병기를 추진함에 따라 수도 서울의 한자표기 문제가 현안으로 떠오른 것이 개칭의 실질적 이유이며, 특히 서울에 대한 한자표기가 처음부터 없었기 때문에 새로 제정할 필요가

---

1) 이 글에서 인용된『쯔유스바오』의 관련기사 출처는 일일이 밝히지 않았다. 이에 대해 상세히 알고 싶은 독자는 필자의「당대 대만의 한국담론: 최근 5년간의『自由時報』보도를 중심으로」,『韓中言語文化硏究』第19輯(2010)를 보기 바란다.

있다는 것이 주요 이유였다. 물론 한성이란 표기가 있었으나 이는 주로 중국어를 사용하는 지역에 한정되었을 뿐 세계적으로 통용되는 '서울'이란 음을 표현할 수 없고, 또 서울이라는 순 한국말이 민족의 얼을 표현한다는 견해가 대두하여 이의 한자표기가 주목을 받게 되었다. 실제로 당시 서울시는 자매도시인 토오꾜오가 서울을 자국어 카따까나인 'ソウル'로 표기하는 데는 문제를 제기하지 않았지만 베이징시가 한성을 고집하는 데는 불만을 나타내었다. 이는 한성이 서울의 한때 지명이기는 했지만 해방 후인 1946년 경성(京城)에서 서울로 개칭하면서 더이상 쓰이지 않아 현 상황에 맞지 않기 때문이기도 하며, 『쯔유스바오』에서 논평하는 바와 같이 중국의 영향을 지속시키려는 의도가 있다고 판단되었기 때문이기도 하다.

당시 노재원(盧載源) 전 주중(駐中)대사는 한성이 대한제국시기에 청조에 의해 불린 이름으로, 수도를 나타내는 한자어인 경(京)이 아닌 지방도시를 나타내는 성(城)을 쓴 것은 지명 강등의 의도를 보이는 것이며 대한제국이 청조에 속한 속방국가(屬邦國家)라는 점을 드러내기 때문에, 비록 관습에 의해 한성으로 불리기는 하나 개칭의 필요성이 있다고 하였다. 그러나 사실 한성이란 명칭은 14세기 조선이 서울에 도읍을 정하면서 기존의 한양(漢陽)을 개칭한 것으로 중세 동아시아 한자문화권의 보편적 현상으로 이해해도 되는 것이며, 이러한 여러가지 설이 무성했던 것은 당시 서울의 한자표기 개칭을 둘러싸고 한중 양국 국민들 간의 불필요한 감정적 마찰이 있었음을 보여준다.[2]

그런데 앞서 본 바와 같이 『쯔유스바오』에서 나온 일치된 찬성 의견은 한국의 경우를 빌려 대만 내 탈중국화 문제로 관심을 환기하는 데 그 목적이 있음을 보여준다. 거의 모든 문장이 이를 계기로 대만의 탈중국화를 가속화하고 '명칭 바로세우기운동[正名運動]'을 벌여야 한다고 끝맺고 있으

---

2) 여행신문 www.traveltimes.co.kr/news/news_tview.asp?idx=14584 (2000.7.6)

며 이 목적을 위해 한국과 동아시아 역사인식에서도 일방적인 견해를 보이고 있다. 가령 한나라시기부터 청제국에 이르기까지 오랜 기간 중국의 영향 아래 놓여 있던 한국이 탈중국화에 성공했다면 이보다 훨씬 짧은 기간 청조의 통치를 받은 대만의 경우 중국에서 벗어나려는 노력을 기울이는 것은 너무나 당연하며 정당한 것이라는 주장이다. 대만에 대한 중국의 영토주장 이유가 오랜 기간 중국에 속했다는 것인데, 이를 기준으로 할 때 한국이 대만보다 더 오랜 기간 중국의 지배와 통치를 받았다는 것이 그 근거이다. 물론 청조 혹은 그전 원조(元朝)를 현재의 중국으로 볼 수 없다는 주장도 할 수 있으며 이런 주장의 배후에는 중국의 민족주의 야심을 비판하는 시각이 들어 있기도 하지만, 『쯔유스바오』의 이러한 논리는 한국과 대만의 민족 혹은 족군 구성과 중세 한자문화권에 대한 이해부족은 물론 2차대전 후 한국과 대만이 걸어온 각기 다른 역사경험을 고려하지 않은 것으로, 현재 대만이 지향하는 목적을 위해 한국의 역사를 왜곡할 우려를 낳고 있다.

나아가 한국이 이렇게 서울의 한자표기 개칭을 통해 중국의 영향권에서 벗어날 수 있게 된 이유로 한국이 주권을 가진 독립국가이기 때문이라는 점을 들고 이를 대만이 나아가야 할 목표로 제시하고 있다. 이러한 『쯔유스바오』의 논술 배후에는 중국에 대한 비판이 주요한 부분을 차지하는데, 한중 역사논쟁에서 보듯이 중국민족주의 팽창에 대한 경계심과 대만에 미치는 직접적 영향과 간섭을 비판하고 있다.

서울 명칭 바로세우기에 관한 『쯔유스바오』의 지대한 관심은 바로 이를 대만의 경우에 대입하여 당시 진행되던 탈중국화와 공공기관 명칭 바로세우기운동[3]에 힘을 실어주기 위한 것으로 보인다. 이는 한성의 개칭에 중국

---

3) 2000년 출범한 민진당 천 수이볜 정부가 주도한 '원래 이름 회복운동'으로 중국식 도로명, 중정(中正)공항 등 공공기관의 개명 등이다.

인들이 보편적으로 보여준 한국민족주의를 경계하는 입장과는 매우 다른 것을 알 수 있다. 또한 탈중국화를 탈문화로 인식하는 글이 실린 『렌허바오』와도 상당히 다른 시각을 보여준다 하겠다.[4]

2) 독도문제와 국가주권

서울의 한자표기 개칭에 대한 글들이 보여준 논점은 독도를 둘러싸고 벌어진 한일 간의 공방전과 시위 보도에서도 동일하게 유지되는데, 한국의 자국영토 보호와 시위가 매우 필요한 조치라고 논평하며 한국의 행동이 적절한 것이라고 평가하고 있다. 독도에 대한 영토주장은 바로 한국의 주권과 관련되기 때문에 소홀히 할 수 없는 것이라고 분석하고 특히 민간 차원의 시위와 동시에 한국정부가 주한 일본대사를 불러 정부차원에서 강력하게 항의하고 대처하는 모습을 상세히 보도하였다.

이 보도와 관련해서도 한국의 경우를 대만의 주권문제와 대비 혹은 매개로 보려는 목적이 매우 분명하게 드러난다. 한국과 대만을 동일하게 냉전의 산물인 비정상적 국가로 규정하면서, 분단상태의 한국과 아직도 독립된 주권을 행사하지 못하는 대만을 동일한 위치에 두고 한국의 적극적 주권옹호를 대만이 배워야 할 점이라고 부각하고 있다.

그러나 독도문제와 매우 비슷한 일본과의 분쟁지역인 댜오위타이열도(釣魚臺列島, '조어도釣魚島'를 가리키며 '댜오위타이'는 대만명, 일본명은 센까꾸열도尖閣列島, 중국명은 댜오위다오釣魚島 — 엮은이) 문제는 언급하지 않고, 그보다 중국과의 주권분쟁이 예견되는 남해의 난사(南沙), 둥사(東沙) 여러 섬들에 대한 주권옹호를 주장하면서 한국의 정부·민간 차원의 적극적 행동을 보고 배워야 한다는 주장을 펴고 있다. 댜오위타이열도는 대대로 중국영토로 알려져왔으나 1970년 일본이 해저자원을 확보하기 위해 주권을 주장한

4) 憂心「'去中國化' 成了 '去文化'」, 『聯合報』 2005.2.14A10版.

후부터 중국, 대만과 일본 간의 영토분쟁 지역이 되었다. 당시 대만은 유엔에서 중국대표 지위가 위기에 처해 있었던 관계로 일본에 강력한 항의는 하지 못하고 주권성명을 발표하는 데 그쳐 이후 학생들의 댜오위타이 보호운동(保釣運動)으로 발전하기도 했다.

『쯔유스바오』의 댜오위타이 언급 회피는 중국에 대한 다른 정의와 해석에서 비롯하는 것이며 이는『쯔유스바오』의 대만독립 성향과 상당한 관계가 있다. 또한 일본과의 주권다툼이 장래 대만의 독립국가로의 발전 노력에 하등의 도움이 되지 못할 것이란 의식이 그 배후에 숨어 있다고 해야 할 것이다. 중국 비판과 대만주권 옹호가『쯔유스바오』의 가장 두드러진 성향이며 한국의 독도 주권쟁취와 관련된 보도와 논평을 중국을 의식한 대만의 주권쟁취와 연관시켜 이해하고 있음을 알 수 있다.

이러한 성향으로 인해『쯔유스바오』는 한국 내 대만 유학생들이 국적란에 '중국(대만)'으로 기입해야 한다는 규정을 보도하며 일률적으로 한국을 비판하면서 한국이 대외적으로 쟁취하려는 주권을 대만에도 동일하게 보장해줄 것을 동시에 요구하고 있다. 한편 이와 더불어 중국의 영향을 벗어나려는 한국의 노력, 예를 들어 이명박 대통령이 취임과 동시에 청와대의 상징 문양인 봉황을 더이상 쓰지 않겠다고 한 것에 대해서는 찬사를 표시하는데, 그 이유는 또 매우 자의적으로 해석하고 있다. 즉 한국에서는 봉황 문양이 대통령과 국민 간의 거리감을 느끼게 하는 권위적인 성격을 가지고 있다고 하여 이를 제거하는 데 초점을 맞춘 반면,『쯔유스바오』는 용이 중국의 황제를 상징하기 때문에 한국에서 사용할 수 없어 그보다 한 단계 낮은 봉황을 사용하게 된 것이고, 이제 그 상징물을 철폐하여 중국의 영향에서 벗어나려는 자주권 행사로 해석하고 있다.

3) 역사청산

주권쟁취와 관련된 또 다른 보도는 역사청산과 관련된 것이다. 제주

4·3항쟁 진상조사, 5·18광주항쟁의 조사와 배상 문제가 보도되자 이와 관련한 논평이 상당수 나왔는데, 앞서 본 바와 마찬가지로 대만의 2·28사건과 연계해 한국처럼 철저한 조사와 국가보상으로 역사 바로세우기에 노력해야 한다는 요지가 대부분을 차지하고 있다. 한국이 특별입법을 통해 이들 사건의 진상조사에 나선 것이 민주화의 동력이 되었다고 해석하며 또한 한국의 총독부건물 철거를 예로 들면서 일제시기 역사청산에 대해서도 상당한 동의를 표하였다. 이러한 논지는 지난 4,5년간 대만에서 줄기차게 논의되던 '전환기적 정의'(transitional justice)의 정당성을 입증하는 한 예로 한국을 보고 있음을 알 수 있다. 특히 4·3항쟁과 5·18광주항쟁을 2·28 사건과 비교하는 문장은 곧바로 2·28사건의 책임을 장 제스에게 물어야 한다는 점과 이를 위해 한국처럼 특별입법이 필요하다는 요지가 주를 이룬다. 동시에 정권이 교체되면 다시 옛날로 돌아갈 수 있다는 점을 마 잉주 총통과 이명박 대통령의 향후 정책을 예의 주시함으로써 대응해야 한다고 역설하고 있다.

이렇게 역사청산 혹은 역사 바로알기와 관련된 논평에서도, 동일하게 일본의 식민통치를 받았음에도 불구하고 일본과 관련된 역사청산, 예를 들어 총독부를 현재 그대로 총통부로 사용하는 등에 대해서는 전혀 언급이 없고 1947년 중국에서 건너온 국민당 휘하 정권의 대만통치에서 빚어진 비극인 2·28사건에 대한 책임규명에 집중되어 있다. 이를 통해 앞의 사안과 마찬가지로 한국에 대한 담론이 한국 역사와 사회의 맥락에서 보도되고 논평되기보다는 이를 매개로 대만의 경우에 대입하여 특정 시각에 알맞게 재구성하고 있음을 알 수 있다.

4) 무역경제

대만에서 한국이 가장 많이 언급되는 분야 중의 하나가 양국간 무역관계 혹은 경제성장에 관한 것이다. 1997년 아시아 금융위기에서 재기하여 고도성장을 기록한 한국의 최근 몇년간 경제상황에 대해서 많은 논평이 나오고 있다. 경제부분 담론은 주로 두가지로 나누어지는데 하나는 한국의 경제성장과 산업구조에 대한 분석이고, 다른 하나는 한국기업의 중국투자 방식과 중국시장 개척 검토를 통한 대만기업의 중국투자, 이른바 서진정책(西進政策)에 대한 비판 제기이다.

먼저 1997년 이후 한국의 급속한 경제성장과 대만의 대한국 무역적자 심화에 대해 그 원인을 한국기업의 새로운 기술개발에서 찾고 있다. 대기업 위주의 발전이 자금축적과 연구개발에 유리하며, 이를 통한 경쟁력 확보가 가능한 예로 삼성과 현대를 들면서 이들 기업이 세계적인 브랜드를 생산하게 된 배경을 보도하고 있다. 동시에 한국 경제성장의 이유로 대만과는 다른 방식의 중국투자를 들면서, 이들 기업의 중국시장에 의뢰하지 않는 독자적인 연구개발, 브랜드전략의 구사, 문화콘텐츠산업에 대한 적극적 투자를 거론하고 있다. 반면 대만은 1980년대에는 전통제조업이, 1990년대부터는 첨단과학기술산업까지 중국으로 대량 진출해 초기 중국시장을 공략하기는 했으나 세계시장에서 경쟁력을 상실했기 때문에 한국과의 실력차이가 벌어지게 되었다고 분석하였다. 최근 5년간 나온 경제관련 담론은 주로 중국투자와 중국시장 개척양상에서 한국과 대만을 비교하며 양적으로 대만이 한국의 10배에 달하는 투자를 중국에 하고 있으며, 한국기업이 사업 확장의 방식으로 투자하는 것과는 달리 대만기업은 뿌리뽑기식 서진(西進)으로 당초 예상했던 자금의 회수가 제대로 이루어지지 않았음을 들고 있다. 또한 중국의 연안지역, 즉 대만기업이 포진해 있는 지역에 대한 중국당국의 정책 실패도 대만기업의 도산을 초래한 주요 원인으로 분석한다.

대만기업의 중국투자는 리 덩후이 집권시기에는 대륙진출을 규제[戒急用忍]하는 정책을 시행했지만 천 수이볜 집권기에 대중국 투자개방을 시행하면서 매우 많은 기업이 빠져나갔고 중국에서 사업에 종사하는 대만상

262

인(즉 타이상臺商)의 수가 이미 100만명에 이르는 등 대규모 중국진출이 이루어지고 있다. 이에 대해『쯔유스바오』의 논평은 이것이 일률적으로 잘못된 선택이었다고 비판하면서 그 잘못을 이전의 국민당정부 경제관료들이 여전히 영향력을 행사한 데 기인한 것으로 판단하고 하루빨리 대만 경제의 중국 의존도를 낮추어야 한다고 주장하고 있다.

이러한 논평의 기조는 자본주의의 전지구화 추세에서 질 높은 고급제품의 생산과 독창적인 브랜드 개발만이 유일한 경쟁력이며, 대만도 이제 그러한 길을 모색해야 하는 단계에 이르렀다는 인식을 반영한다. 따라서 서진정책이 추구하는 중국의 값싼 노동력과 방대한 소비시장만을 염두에 둔 경제전략은 급속하게 진행되는 지구화 추세에 적합하지 못하다는 것이다.

그러나 또한 이러한 인식의 배후에는『쯔유스바오』의 일관된 정치의식과 목적이 깔려 있는 것도 사실이다. 여기에는 중국에 대한 반감과 동시에 지나친 의존이 대만의 생존을 위협할지도 모른다는 우려가 담겨 있다. 가령 대만기업과 사업가들의 대거 중국진출이 양안간 적대의식을 모호하게 만들어 장래 독립국가 건립노력에서 전투의식을 약화시킬 수 있다는 논평이 그것이다. 한국 GDP가 이미 대만을 초월했다는 동일한 보도에서 다른 신문과 언론매체가 주로 한국의 빠른 경제성장에 대한 원인분석을 내놓고 있는 데 비해『쯔유스바오』의 이러한 논평은 양안관계에 대한 정치적 입장을 강력하게 반영한 것이다.

이러한 입장과 의견표명은 최근 들어 특히 마 잉주 정부가 중국관광객 유치, 혹은 양안 삼통(三通, 항운·해운·우편물의 직접 왕래)으로 대만경제의 활로를 찾겠다는 정책을 내세우고, 반중 분위기가 거세지는 가운데서도 양안회담을 성사시키자(이에 대해서는 이 책 3부 4장 장영희의 글 참조 — 엮은이) 더욱 강력한 비판을 가하고 있다.『쯔유스바오』의 한국경제 관련 보도와 논평은 이러한 비판의 근거로 제시되는데, 대만에 비해 빠른 성장을 하고 있는 한국경제를 예로 들면서 한국기업의 중국진출 방식, 즉 한국의 대중국

투자와 수출 비율이 대만보다 현저히 낮은 점이 바로 양국간 경제성장의 격차와 대만의 대한국 무역적자 증가로 드러나는 것이라고 강조하고 있다.

5) 문화일반

한국문화에 대한 대만 언론의 관심은 최근 10여년간 주로 한국 대중문화인 한류(韓流) 소식으로 채워져왔다. 그간 대만에서 논의되어온 한류, 그 중에서도 한국 연속극 유행의 원인으로는 많은 사람들이 지적하듯이 현실과 밀착된 스토리, 아름다운 배경, 스토리와 잘 어울리는 음악, 재미와 교훈의 적절한 결합, 그리고 같은 유교문화권으로서 느끼는 가치관의 유사함 등이 거론되어왔다(이에 대해서는 이 책 4부 4장 최말순의 글 참조──엮은이). 또한 OSMU(one-source multi-use), 즉 하나의 상품을 통해 여러가지 가치를 창출하는 판매방식과 기본적으로 이를 가능하게 한 한국정부의 문화산입 육성에 대한 찬사가 주를 이루었다.

그러나 최근에는 한류 관련 소식이 현저히 줄어들었다. 그 이유는 비록 한국 연속극이 여전히 안방을 점령하고 있기는 하지만 당초의 신선함에서 벗어나 이미 하루 일과로 생활화되어가고 있으며 비슷한 내용과 구성으로 더이상 흥미를 끌지 못하기 때문이다. 한류의 생활화는 한국관광의 증가와 화장품, 의류 등 한국제품 구매에서부터 시작해 대도시에서 중소도시까지 한국식당이 증가하는 추세에서도 찾아볼 수 있는데 이는 모두 한류가 가져온 산업적 효과일 것이다.

그러나 10여년 이상 지속된 한류현상에 비해 한국문화에 대한 이해는 매우 미미한 수준이고 양국간의 문화적 교류도 이전보다 크게 나아진 점이 없다. 한류현상으로 인한 문화교류라면 2005년 2월 타이베이 국제도서전(TIBE)이 한국을 주제로 개최된 것이 가장 주목받은 일이었다. 물론 그간 한국 문화계 인사 개인 혹은 소집단에 대한 소개와 작품교류가 없었던 것은 아니지만[5] 크게 반향을 일으키지는 못했다. 타이베이 국제도서전은 매년 특정 주제를 중심으로 개최되며 각국의 서적 소개와 판매도 동시에 이루어지는 상업적 목적을 가지고 있기는 하지만, 세계 각지의 현 문화상황을 알 수 있는 척도로 독자들의 많은 관심을 받고 있는 대형 문화활동이다. 당시 '한국을 읽고, 한국을 느낀다[閱讀韓國, 感受韓國]'라는 주제로 개최된 이 전람회에서는 중국어로 번역된 한국소설이 소개되고[6] 직접 작가와 대화하는 시간도 마련하여 대만 언론매체의 주목을 받았다. 이 활동에 초대된 작가 이문열(李文烈)은 각 신문사와 텔레비전, 라디오 방송국에 출연하여 자신의 소설과 한국을 소개하는 기회를 가졌고 그의 소설 역시 텔레비전과 라디오의 독서 프로그램에서 소개되었다. 그러나 그의 소설은 판매량에서 뚜렷한 실적을 내지 못하여 일반대중으로 전파되는 데는 시간이 필요할 것으로 생각된다.

한편 한류 붐은 그간 한국어 학습 붐도 조성하여 대학의 기존 한국어문학과뿐 아니라 언어센터와 고등학교의 외국어 수업, 그리고 일반인을 대상으로 하는 평생교육원 혹은 일반 학원 등에서 많은 인기를 끌었는데, 이로 인해 대만사회에서 한국의 위상이 높아진 것은 사실이나 이러한 현상이 지속되기 위해서는 아직도 많은 부분에서 개선의 여지가 있다고 판단된다. 또한 같은 대중문화에서도 연속극 이외 다른 분야로 확산되는 데는 한계를 보이고 있고 문학·예술 등 고급문화로의 확대는 더욱 요원해 보인다.

이렇게 전반적으로 한국문화에 대한 관심이 저조한 가운데 『쯔유스바오』는 상대적으로 한국의 문화와 문학에 적극적인 관심을 보여 주목을 요한다.[7] 최근의 보도와 논평을 살펴보면, 한국의 문화콘텐츠산업 육성에서

---

5) 가령 타이베이를 비롯한 각 지방 문화국(文化局), 미술관, 각 도시의 도서관 등에서 음악·영화 등 예술작품을 대상으로 한국과 각종 문화교류를 진행하고 있다.

6) 이문열의 『사람의 아들』 『우리들의 일그러진 영웅』, 그리고 박완서의 『그 많던 싱아는 누가 다 먹었을까?』가 소개되었다.

7) 『쯔유스바오』는 한국문학을 집중 소개하는 기획을 마련하기도 했는데, 이 기획으

정부의 역할, 주도기관과 육성방식 등 비교적 자세한 소개를 하면서 정부가 적극적으로 대중문화를 창도하고 육성하는 점을 들고 대중문화의 수출이 가져오는 효과에 대해서도 중시하고 있다. 특히 한국의 문화는 독립된 국가로서 대외적인 정치적 자신감과 맞물려 상승효과를 일으키고 있는데 이 점에서 대만은 선천적으로 열세에 놓여 있다는 지적도 잊지 않는다.

한국 문화산업에 대한 전반적인 보도 외에 『쯔유스바오』는 현대시와 한국 관련 서적을 소개하면서 현대시를 통해 한국이 어떻게 식민과 민족분열의 역사적인 비애를 극복하고 문화강국으로 발돋움하는지 고찰하고 있다.[8] 그밖에 베를린자유대 박성조 교수의 책 『남과 북, 뭉치면 죽는다』(서울대 통일정책연구팀 공저, 랜덤하우스중앙 2005)를 집중적으로 소개하고[9] 남북한의 이질적인 체제 문제를 중시하면서 이를 양안관계에 대입해 중국과의 통일 불가능성을 강조하고 있다. 또한 대만에 우호적인 김용옥 교수의 『韓國心·臺灣情』(允晨文化 2006)을 대대적으로 홍보하면서 한국의 대표적인 지식인이며 양심이라고 소개하고 있다.[10] 이렇게 『쯔유스바오』는 타 신문에 비해 한국 문화와 문학에 대한 비교적 심도있는 보도와 논평을 내고 있지만 신문사의 정치적 입장에 부합하는 한국 지식인을 소개하거나 혹은 이에 맞게 한국의 문화와 문학을 해석하는 경향이 두드러진다.

로 나온 글로는 崔末順 「韓國詩的見證人──高銀(Ko Un, 1933-)的批判與關懷」, 自由副刊 2005.11.4; 「與命運熾烈對抗的靈魂: 朴景利(1926-2008)和她的《土地》」, 自由副刊 2005.8.11; 「九○年代後韓國文學的主流傾向──記憶的形式, 慾望的語言」, 自由副刊 2005.2.19; 「'四一九世代'的自信與力量: 《創作與批評》及《文學和社會》」, 自由副刊 2005.2.17; 「花謝了, 但詩還在──追悼詩人金春洙」, 自由副刊 2004.12.9. 등 10여편이 있다.

8) 李敏勇 「以詩爲誌的國家」, 鏗鏘集 2005.2.19; 「有光榮感的國家」, 社論 2005.9.18.

9) 朱立熙 「第三隻眼睛的國際觀-翻譯『南北韓, 統一必亡』」, 自由廣場 2005.12.22; 朴成祚 「南北韓, 統一必亡」, 自由廣場 2006.1.6; 曹長靑 「兩岸統一, 臺灣必亡」, 自由廣場 2006.1.11.

10) 金容沃・朱立熙 譯 『韓國心·臺灣情(上下)』, 自由副刊 2006.4.25~26; 吳錦發 「韓國的良心爲臺灣吶喊」, 自由廣場 2006.4.29.

6) 정치·시사

정치·시사 방면의 한국 관련 보도는 한국의 낙선운동, 대선 관련 소식, 그리고 미국쇠고기 수입 반대시위 등이 많이 다루어졌는데, 그중에서 미국쇠고기 수입을 둘러싼 한국 내 시위가 가장 관심을 끌었다. 국민건강 차원에서 시작된 시위가 정치적 이슈로 전환된 한국을 지켜보면서 『쯔유스바오』는 이를 한국의 지나친 민족주의 때문이라고 진단하며 반미심리는 곧 한국인의 피해자심리에서 기인하는 것이라고 논평하였다.[11] 한국을 연구하는 미국 학자 앨포드(C. Fred Alford)의 말을 인용하여 한국인은 한번도 자신의 잘못을 인정하지 않았으며 모든 게 미국 탓이라고 여긴다는 것이다. 광주항쟁 때도 학살명령을 내린 자신의 동포보다 미국이 이를 막지 못했다는 데 더 불만을 표시했고, 주한미군 군사훈련시 여중생들이 사고로 숨진 사건에 대해서도 거국적으로 반미시위를 벌였지만 같은 달 남북한 교전으로 6명의 남한 해군이 전사한 것에 대해서는 별다른 반응을 보이지 않았다는 것이다.

이 보도는 또한 한국전쟁에서 5만명의 미국 군인들이 희생되었으며 전후 경제적 지원이 오늘날의 남한을 있게 하였으므로 이를 잊어서는 안될 것이란 논리를 펴고 있다. 동시에 비판의 대상을 국민당으로 바꾸어 마 잉주 총통의 반일친중(反日親中) 노선은 한국의 쇠고기 수입 반대시위에서 보여주는 것처럼 피해의식으로 인한 반미감정과 별반 다를 것이 없다고 주장한다. 즉 자신의 동포라 하여 민주국가인 일본보다 전제국가인 중국을 더 가까이 하는 것은 잘못이며 동시에 양안해협에서 군사적으로 대만을 보호해주는 미국에 대해서도 반대나 비판 일변도로 나가서는 안된다는 것이다. 남의 탓만 하는 피해자심리와 배타적인 민족주의는 부작용만 낳을 뿐이라는 점을 한국의 예를 통해 강조하고 혈연종족보다는 가치와 이

---

11) 曹長靑「韓國民族狂熱的敎訓」, 自由廣場 2008.7.14.

념의 기치 아래 단결해야 한다는 결론을 내리고 있다. 이러한 논평은 앞서 본 바와 같이 정치적 목적과 입장에만 너무 치우친 나머지 중국과 국민당에 대한 적대감을 드러내는 동시에 한국은 물론 대만에 대해서도 단편적인 역사인식을 보여주고 있다.

3. 『쯔유스바오』 한국담론의 시각

앞에서 정리한 주제별 한국 관련 보도와 논평은 2005년 이래 5년간 『쯔유스바오』의 사설 및 오피니언란인 '컹창지(鏗鏘集)' '쯔유광창(自由廣場)'과 별지특집 '쯔유푸칸(自由副刊)'란을 대상으로 고찰한 것이다. 사설은 신문기자가 쓰겠고, 그밖에 '컹창지'는 사회적으로 일정한 지위를 가진 인사나 전문평론기의 투고형시으로 편집, 운영되며, '쯔유광창'은 주로 독자와 전문기고가의 투고란이고, '쯔유푸칸'은 문화·문학 일반을 다루는 란으로 문화계 인사들이 청탁을 받아 집필하는 경우가 많다. 이러한 관계로 앞서 보았듯이 『쯔유스바오』의 한국담론은 기본적으로 한국을 매개로 대만을 논의하는 데 주요 목적을 두고 있음을 알 수 있다.

내용정리에서 드러난 한국담론의 시각은 바로 이러한 목적을 잘 보여주는데, 심할 경우 한국의 역사·문화·사회 현상을 제대로 전달하거나 분석하지 않고 왜곡하는 경우까지도 찾아볼 수 있다. 그렇다면 『쯔유스바오』의 한국담론 배후에 자리하고 있는 시각은 어떤 것인지 알아볼 필요가 있다고 여겨진다. 우선 내용소개에서 누누이 드러난 바와 같이 『쯔유스바오』 논평의 가장 두드러진 기조는 독립된 주권국가로서의 대만 건설이라는 정치적 목적과 중국에 대한 적대감, 그리고 국민당 비판이라 할 것이다. 물론 모든 보도가 대만독립의 정치적 지향이라는 이 표준망에 의해 걸러지는 것은 아니지만 적어도 앞서 본바 한국담론에서 매우 명확하게 드러나는 것은 사실이다.

이 정치적 독립지향은『쯔유스바오』의 기본성격에서 유래한 것으로 모든 기사와 논평을 총괄하는 표준시각이기도 하다. '대만우선(臺灣優先), 자유제일(自由第一)'을 모토로 내걸고 1980년에 창간된『쯔유스바오』는 일반적으로 대만독립을 추구하는 범(汎)녹색 입장을 가진 것으로 알려져 있다.[12] 『쯔유스바오』 발간 이전 녹색 입장을 견지했던『서우두짜오바오(首都早報)』『쯔리짜오바오(自立早報)』『쯔리완바오(自立晚報)』『타이완르바오(臺灣日報)』 등이 차례로 정간된 후 이들 신문의 독자층이『쯔유스바오』를 지지하여 현재 대만 3대 신문의 하나로 많은 판매량을 자랑한다.『쯔유스바오』의 전신은 일찍이 1946년에 타이둥(臺東)에서 창간된『타이둥다오바오(臺東導報)』이며 경영부진으로 몇차례의 정간과 복간을 거치고 1980년에 현재의 사주인 린 룽산(林榮三)의 롄방그룹(聯邦集團)에 팔려『쯔유르바오(自由日報)』로 개명하면서 정식으로 대만 중부지방을 주요 가독권으로 하는 지방신문으로 자리잡았다. 1986년에 타이베이 지역으로 옮겨와 이듬해 다시『쯔유스바오』로 개명하는 동시에 적극적인 사업 확장으로 전국적인 규모의 일간지로 발전하였다. 전통적으로 국민당정부에 비판성향을 보였던『중궈스바오』가 2000년 정권교체 이후 성향이 바뀌면서 범녹색 입장의 독자들이『쯔유스바오』를 구독하게 되었고 여기에 동일 성향의『타이완르바오』가 정간되자『쯔유스바오』는 더 많은 독자층을 형성하여 현재 대만에서 두번째로 높은 구독률을 자랑하고 있다.

현재『쯔유스바오』의 정치성향은 범녹색에서 짙은 녹색으로 편향되고 있다고 보지만 정권교체 이전에는 리 덩후이를 중심으로 하는 국민당의 특정 계파를 지지하여 이른바 온화한 본토노선으로 평가받았고 2000년 대

---

12) 대만에서 국민당과 민진당의 당기 색깔을 기준으로 남색은 국민당을, 녹색은 민진당을 가리킨다. 양당간의 대립을 흔히 남녹(藍綠)대립이라고 부른다.

선 당시 국민당 총통후보인 롄 잔(連戰)을 지지하였다. 그러나 정권교체 후 리 덩후이가 천 수이볜과 민진당을 지지하면서 『쯔유스바오』 역시 천 수이볜을 지지하는 것으로 평가되었다. 총선과 대선을 포함한 각 지방단체장 선거 등 각종 크고 작은 선거에서 『쯔유스바오』는 확실히 민진당 후보들에 대해 '비교적 좋은 소식'을 전하며 '좋은 면'을 부각하고 있다. 『쯔유스바오』의 경제적 입장은 명확한 서진정책 반대 입장을 취하여 우파 편향을 보여주며 중국에 대해 취하는 비친중(非親中) 성격은 대만의 신문·잡지 중 상당히 보기 드문 경우로 기타 언론이 잘 다루지 않는 중국의 부정적인 소식을 적극적으로 보도하고 있다.

이러한 정치적 성향은 모든 일반적 보도에서 드러날 뿐 아니라 앞서 말한 외부섭외 인사의 기고와 투고 평론문에서도 동일하게 드러난다. 2절에서 정리한 글의 주요 집필진 중 칼럼니스트 황 톈린(黃天麟)은 주로 경제분야에서 가장 격렬하게 중국진출, 즉 서진정책을 반대하는 인사이며, 차오 창칭(曹長青)은 반중국 성향의 재미작가로 베이징올림픽 비판 등 문화분야에서 반중국 글을 주로 게재하고, 주 리시(朱立熙)는 언론인으로 한국통으로 알려져 있고 역시 독립성향이 매우 강하며, 역사학자 리 샤오펑(李筱峰)은 중국 혹은 중화 중심의 역사에서 벗어나 대만의 역사를 되찾자는 주장을 펼치고 있는 영향력 있는 중견학자이다. 따라서 이들 집필진이 주도하는 평론은 대만의 정치적 자유 주장과 중국에 대한 비판, 본토위주의 사고가 주류를 이루며 이는 한국담론에서도 그대로 드러나고 있다.

바로 이러한 시각에 부합하거나 근거가 될 수 있는 한국 관련 보도는 어김없이 다루어지며 이로 인해 비록 타 신문보다 월등히 많은 한국담론이 생산되기는 하지만, 이는 또한 『쯔유스바오』와 집필진의 특정 시각에 따라 왜곡되거나 강한 목적지향성을 보여주는 원인이 되기도 한다. 예를 들어 『쯔유스바오』의 시각에 부합하는 소식에서는 한국에 대해 찬사 일변도의 평론이다가도 대만주권에 손상을 가져오거나 양국관계에 중국이 개입되었을 경우 한국에 대해 엄중한 비판과 동시에 비난을 서슴지 않는 것을 종종 볼 수 있다. 이를 통해 『쯔유스바오』의 한국담론이 자회사 시각에 고정되어 있는 목적지향적 특징을 보여줌을 알 수 있다.

다음으로 『쯔유스바오』의 한국담론 중 다른 신문과 구별되는 특징적인 시각으로 한국 문학과 문화에 대한 보다 애정어린 이해와 긍정을 들 수 있다. 이는 주로 한국 문화·문학 부문 칼럼을 담당하는 대만 시인 리 민융(李敏勇)의 영향으로 인한 것인데, 그는 양국의 시인 교류와 국제회의 참가차 한국에도 수차례 다녀왔으며, 한국시도 여러편 번역하여 출판하는 등[13] 한국문학 소개에 많은 노력을 기울이고 있다. 그러나 리 민융 역시 대만독립을 강력하게 주장하고 실제로 여러 문화운동에 참가하는 문화계 인사로 알려져 있는데 그의 한국문학 소개와 분석에서도 한국시의 내용을 대만의 경우에 대입하거나 혹은 유사점을 강조하기 위해 의도적으로 해석하는 부분이 보인다. 그럼에도 불구하고 그는 현재 대만의 문학계에서 가장 한국문학에 관심을 보이는 인사로, 그를 통해 많은 한국 현대시작품이 대만에 알려지고 있어 주목을 요한다.

4. 맺음말

이상으로 대만의 3대 신문 중의 하나인 『쯔유스바오』의 최근 5년간 보도와 논평을 대상으로 대만의 당대 한국담론을 고찰해보았다. 그 결과를 보면, 가장 많은 양을 차지하는 내용이 서울의 한자표기 개정에 관한 것이었으며, 다음으로 독도 문제와 관련한 주권옹호, 제주 4·3항쟁, 5·18광주

---

13) 『經由一顆溫柔心─臺灣, 日本, 韓國詩散步』, 臺北: 圓神 2007; 『亮在紙頁的光』, 臺北: 玉山社 1997.

항쟁 등 과거 역사에 대한 진상조사와 일본식민시기의 역사청산, 그리고 IMF 이후 급속히 성장한 경제와 한국의 역사·문화·정치 일반에 대한 순서였다.

그런데 이들 내용은 한국의 소식에 대한 전달과 논평뿐 아니라 거의 예외 없이 이를 대만의 처지에 대입하여 고찰하고 논술하는 방식을 취하고 있다. 그 이유로 이 글에서는 『쯔유스바오』의 특정한 정치적 성향으로 형성된 시각을 들었는데 대만독립과 주권국가 건설에의 지향이 모든 기사와 평론을 최종 총괄하기 때문이다. 이로 인해 서울의 한자표기 개정은 대만이 처한 탈중국화의 시대과제와 맞물려 특별히 중시되었으며 한국의 이러한 노력은 바로 대만이 지향해야 할 방향으로 인식되고 있다. 또한 일본과의 독도문제 역시 주권과 영토보호 차원에서 한국의 행동을 적극 지지하면서 대만의 향후 독립노력과 결부하여 토론하고 있으며, 역사 바로알기나 역사청산 소식 역시 한국을 거울 삼아 대만의 역사를 찾자는 취지로 요약된다.

특히 이들 신문 고정란에 투고하거나 원고청탁을 받은 인사들의 성향 역시 『쯔유스바오』의 기본적인 입장과 매우 근접하여 이들이 논술한 한국 담론은 어떠한 내용과 주제이든 대만의 독립과 중국과 국민당에 대한 비판으로 귀납되는 특징을 보여준다. 이 과정에서 한국의 역사·사회적 맥락이 왜곡되거나 목적 위주의 강한 편향성을 보이기도 하는 등 특정한 정치의식과 입장이 한국담론을 좌우하는 특징을 보이고 있다.

그러나 또한 이러한 편향성에도 불구하고 『쯔유스바오』는 현재 대만 일간지 중 가장 많은 한국 관련 보도와 한국담론을 생산하고 있는 매체이며, 유사한 역사경험과 분단의 처지를 근거로 한국에 가장 우호적인 입장을 취하고 있다. 이는 전통적인 중국관점의 영향에서 벗어나 대만의 시각으로 동아시아를 보는 데서 가능한 것이며, 이를 통해 아직은 어렵지만 머지 않은 장래에 한국의 역사·사회적 맥락에 입각한 한국담론이 생산될 것을 기대한다.

경험으로 본 한국-대만의 지적 교류와 연대

천 광싱(陳光興)

한국 관련 '전공자'를 제하고, 대만의 비판적 지식계가 한국과 오랫동안 협력관계를 유지한 경우는 사실 소수다. 나는 그 소수에 속한다. 그런데 최근 5,6년간 천 잉전(陳映眞)을 연구하면서 나는 그가 1980년대 후반부터 한국과 관계를 맺어왔다는 사실을 비로소 알게 되었다.

1988년 4월 9일에서 23일까지, 1985년 그가 창간한 잡지『런젠(人間)』기자의 신분으로 천 잉전은 한국을 두차례 방문했다. 약 한달 후『런젠』6월 호는 '천 잉전 현지보고: 격동하는 한국의 민주화운동'이라는 특집으로 지면을 채웠다. 천 잉전 혼자 무려 60페이지에 달하는 분량의 글 13편을 썼다.『한겨레신문』의 송건호, 정태기, 임재경, 윤활식, 전국민족민주운동연합의 박계동, 학생운동조직 전국대학생대표자협의회의 임종석, 서울노동운동연합의 전영미, '사회구성체논쟁'에 참여한 한완상, 최종욱, 이시재, 민족문학작가회의의 김명인과 백낙청, 민중신학의 대표인물 안병무, 천주교 정의평화위원회, 예술극장 한마당의 유인택, 민족미술인협의회의 곽대원, 민족영화인위원회의 공수창, 전국교사협의회의 이수호, 반공해운동협의회의 박상철 등을 만났다. 이 13편의 글은 인터뷰 내용을 포함하고 있는

데, 지면이 부족한 탓에 그는 7월호에 3편의 인터뷰를 추가로 실었다. 다큐멘터리 작가 김문호, '아시아 아프리카 라틴아메리카 연구소'의 김명식, 그리고 중앙일보사 논설위원 권영빈 씨다.

당초 인터뷰에 응했던 사람들은 분명 지금도 한국사회 각 영역에서 활동하고 있을 터다. 20여년이 지난 지금 돌이켜보면, 이들 인터뷰는 마치 1988년 당시 한국 민주화운동의 역사로 안내하는 비밀스런 창문 같다. 시간의 통로를 지나 각 운동의 현장으로 우리를 이끄는 이 '제3세계' 작가는 그토록 사랑한 사회를 위해 뒤돌아보지 않고 달려간 이들의 모습을 가쁜 호흡 속에 조용히 지켜보고 있었다. 이제 와 드는 생각이지만 당시 이미 쉰살이 넘었던 그가 어떻게 두주 만에 이런 대량의 인터뷰를 완수해내고 또 한달 만에 열여섯편의 이런 깊이를 지닌 기사를 써냈을까. 도대체 어떤 동력이 그로 하여금 이런 강도 높은 임무를 완성케 한 것일까.

긱 기사의 결미에서 친 잉전은 기지 特有의 상투적인 틀을 버리고 작가의 자리로 돌아갔다. 한국민중이 30년간 단련해온 역량을 추체험하는 동시에 유사한 상황에서 대만이 보인 행동에 그는 "부끄럽고 슬펐다"라고 표현한다.

사상범으로 7년의 수감생활을 했던 사회주의자 천 잉전은 일생 민족통일을 열망했다. 그의 중국민족주의는 제3세계 좌파 국제주의의 색채를 짙게 띤다. 1980년대, 대륙의 '개혁개방'이 초래한 관료주의·부패·사회양극화 등은 그의 심중에 간직해온 붉은 조국에 대한 수많은 불만과 회의를 불러일으켰다. 그러면서도 그것이 '인민 내부'의 모순이라 마음을 다잡으며 그는 민족통일의 열망을 굳건히 견지했다. 아마도 그런 마음을 품고 있었기 때문일까, 한국이라는 참조 가능한 제3세계를 만났을 때 그는 무언가 다른 정신의 화원(花園)을 발견했던 것 같다. 당시 한국에 바람처럼 구름처럼 솟구치던 민중운동의 열기로부터 그는 자신이 열망해온 수많은 이념들이 그곳에서 추구되고 있음을 발견했다. 민족통일·반제·반계급·여성해

274

방·환경보호·해방신학. 지식과 예술 그리고 문학의 시야가 저 멀리 서방으로부터 민간, 바로 자신의 향토로 회귀하고 있었다. 한국의 1980년대 민중운동은 대만의 미래를 상상하는 주요한 참조였다.

20여년이 지난 지금 1988년 당시 천 잉전의 글을 읽다보면, 그가 한국의 상황을 과도하게 미화하고 있다는 느낌을 지우기 어렵다. 하지만 그와 동시에 오늘날 한국이 이룩한 경제발전과 민주운동의 성과도 부인할 수 없다. 그렇다면 물어야 할 것은 이것이다. 2차대전 이후 반세기 동안 한국이 이룩해낸 변화의 동력을 우리는 어떻게 역사적으로 해석할 것인가. 상대적으로, 전후(戰後) 대만의 경제발전은 국공내전 후 대륙에서 쫓겨온 국민당정부를 떠나서는 이해하기 어렵다. 1911년 쑨 중산(孫中山)이 세운 '중화민국'이 1949년 중국공산당에 패했다. 국민당정부는 40년간 축적해온 집정경험과 계엄이라는 공포수단을 기반으로 극히 억압적인 방식으로 경제발전을 추진했다. 반면 한국은 집정경험을 축적한 정권이 없었고 식민지라는 황무지를 벗어나자마자 설상가상으로 민족분열, 내전, 독재개발의 길을 걸었다. 그러나 한국과 대만은 20년 동안 국가주의, 발전주의, 반공친미주의를 거치면서 1980년대 서서히 각종 형태의 민주운동이 출현하기 시작했다는 점에서 유사하다. 오늘날 한국과 대만을 보면 정당정치 차원의 민주주의에서는 외부인이 배울 만한 점이 별로 없다. 오히려 민간에서 방출하는 고도의 활력이 이 두 사회를 지속적으로 전진시키고 있다. 특히 1980년대 한국 '민중운동'의 자양 속에 자라난 1990년대 이후의 '시민운동'은 지금도 아시아와 세계로부터 강렬한 주목을 받고 있다.

이러한 궤적으로부터 보건대, 20년 전 천 잉전이 뿌린 한국 사랑의 씨앗은 바로 민간주체성의 출현에 대한 바람이자 기원이었다.

비판적 지식인으로서, 우리는 우리가 속한 사회에 지속적으로 불만을 제기하고 비판을 개진해왔다. 그러나 우리는 다음의 질문에서 아직도 자유롭지 못하다. 지난 한세기 동안 한국이 보여준 강인한 민중운동의 역량을 역사적으로 어떻게 해석할 것인가? 이 문제에 대해 한국 사회과학계의 친구들은 아직 설득력 있는 해석을 내놓지 못했다. 내 생각에 이는 동아시아 사상계가 공동으로 짊어질 숙제다. 기성의 지식틀과 한계를 돌파할 때 비로소 우리 자신의 역사를 제대로 설명하는 답을 찾을 수 있으며, 또한 천 잉전의 한국 사랑을 진정으로 이해할 수 있을 것이다.

1988년 한국을 방문할 당시, 천 잉전은 한국의 중요한 작가 황석영(黃晳暎)과 깊은 대화를 나누었다. 이 상세한 상황에 대해서도 연구가 필요하다.

천 잉전과 한국의 교분을 돌아보는 것은 나 개인의 경험을 되새기는 데도 참조가 된다. 이야기를 풀자면 길어지겠지만, 아직 때가 오지 않았다. 수많은 협력과 교류가 아직도 진행 중이기 때문이다. 지금으로선 대략 몇 마디만 해둘 뿐이다.

한국말을 못하는 내가 1990년대 한국에 자주 건너가 비판적 사고를 지닌 여러 친구들을 만난 것을 보면 한국과 나는 인연이 있었던 모양이다. 2002년 연세대학교를 방문하여 반년이라는 현지경험을 보냈다. 친구들은 대부분 나를 외부인으로 취급하지 않았다. 매번 서울에 갈 때면 집에 가는 느낌이 든다. 그래서 나는 늘 나의 10분의 1은 한국인이라고 말하곤 한다. 한국은 제2의 고향이자 내 정신의 비밀의 화원이다. 한국에 갈 때마다 나는 아내에게 집에 가게 되서 마음이 편하다고 말한다. 그 주된 이유는 한국에는 비판적인 사고를 가진 인구가 대만보다 훨씬 많고 대화할 수 있는 사람들도 다양하기 때문이다. 대만에서 할 수 없는 많은 일들이 한국에서는 가능하다. 가까운 벗들이 열정어린 마음으로 도와주니 마음이 자연 편해진다.

학술과 지식을 교류하는 방법 중 하나는 자신이 속한 곳 바깥에서 장기간 연구와 강의를 하는 길이다. 2002년 가을, '동아시아 수도 소비사회의 형성'이라는 주제의 연구를 수행하기 위해 나는 연세대학교 사회학과에 한 학기 머물렀다. 페미니즘을 공부하는 친구 조혜정의 배려 덕에 나는 사회학과 학부와 대학원에서 '소비이론 연구'라는 강좌를 열 수 있었다. 학부 및 대학원 학생들과 공부하는 시간은 나에게 한국을 이해하는 중요한 기회가 되었다. 특히 우리 세미나팀의 연구와 조사 과정에서 나는 외부인들이 좀처럼 진입하기 어려운 세계 안으로 들어갈 수 있었다. 지금도 기억나는 것 중 하나는 어느 팀의 기말보고인 연세대학교 부근의 러브호텔에 대한 발표였다. 그들이 조사한 바에 따르면 70여개의 러브호텔이 학교 부근에 있었고, 서울대학교 부근에도 100여곳이 있었다. 나중에 생각해보면 이는 사실 매우 흥미진진한 연구주제다. 한국은 성적 활동이 상당히 활발한 곳인데 사회 내부에서는 이 문제를 토론하지 않는다. 어떤 측면에서 이는 대만사회와도 비슷하다. 수치상으로는 분명한 차이가 있지만, 대체로 이는 1980년대에 점차적으로 형성된 문화현상이다. 학생들의 이 같은 연구보고는 한국과 대만사회를 상호 비춰보는 데 많은 도움을 주었다.

대학원 강의는 사실 매우 이기적인 목적을 위해 개설되었다. 내가 준비해온 영어논문들을 학생들과 읽고 토론하면서 나는 나의 책 집필을 준비할 수 있었다. 이들 원고는 2001년에서 2010년 사이에 저널에 출판되었다. 모두 초고 상태의 원고를 대학원생들과 토론하면서 수정한 것이다. 이 과정에서 내가 얻은 한국 관련 지식은 이후 원고 수정과정에 많은 힌트를 주었다. 이것이 의미하는 것은 무엇일까? 시간이 지난 후 나는 반년간의 한국 경험이 나의 지식에 많은 변화를 가져왔음을 알게 되었다. 체험을 통해 나는 내가 생활하는 장소 바깥에서 참조점을 수립하는 방법을 찾을 수 있었다. 훗날의 서울과 당시의 서울은 이후 내 글쓰기에서 중요한 참조점이 되어갔다.

내가 말하고 싶은 것은 이것이다. 경계 넘기와 교류는 자신이 처한 곳을 잘 보고 제대로 해석하기 위한 것이다. 내가 살고 있는 생존환경을 어떻게 해석할 것인가, 그리고 그것을 어떻게 실천으로 옮길 것인가? 이 점에서 참조점의 수립은 매우 중요하다. 다른 지역의 생활환경과 역사적 맥락을 깊이 이해할수록, 그리고 신체적·정서적 감각을 구체화할수록, 자신이 처한 환경을 더 잘 이해하게 될 것이다.

경계를 넘어본 사람 대부분은 비슷한 경험을 갖고 있다. 자신의 생활환경에 오래 갇혀 있으면 그 내재적 논리를 말할 필요가 없거나 말하는 것이 불가능한 경우가 많다. 오히려 경계를 넘고 나면 상황을 분석하게 된다. 이를 테면 타이베이에서 일어난 훙산쥔(紅衫軍) 반(反)천수이볜운동[1]을 한국 친구들에게 설명하는 과정에서 나는 이 사건을 더 잘 이해하게 되었다. 경계를 넘는 것은 자기의 존재조건과 차이를 상대화하여 이해하는 중요한 계기가 되는 것이다. 또한 차이를 넘어 이러한 차이가 존재하는 원인을 해석할 수 있다. '동아시아 수도 소비사회의 형성' 연구 프로젝트는 결국 완성하지 못했지만, 나로서는 하나의 참조점을 수립한 셈이다. 3개월간 머물렀던 토오꾜오를 포함하여 이들 참조점은 훗날 나의 전체 사고의 방향에 큰 영향을 미쳤다. 그리고 말로 표현하기는 힘들지만, 이들 경험은 나의 글쓰기에도 직접적인 영향을 미쳤다. 아직 방법으로 가시화되진 않았지만 서서히 그 방향으로 나아가는 중이다. 2010년 『대만사회연구계간』 잡지 20주년 회의에서 발표한 글 「백낙청의 분단체제론 극복: 남북한을 참조하여 양안(兩岸)을 사고하다」는 이러한 상호참조의 방법에 기반하여 사상 문제를 다룬 것이다. 나는 이 글 결미에서 한국과 대만을 비교하는 작업을 시도했는데, 사실 이는 오랜 시간 동안 준비해온 것이었다. 백낙청의 사상을 이해하기 위해서는 그것을 땅에 착지시켜야 한다. 그를 그가 살아온 환경으로 되돌려야 한다. 이런 작업 없이는 대만의 상황과 비교할 수 없다. 이런 식으로 이미 10년간 준비해왔기에 작지만 사상 문제에 대한 이 정도의 글을 쓸 수 있었던 것이다.

---

1) 2006년 민진당 전(前) 주석 스 밍더(施明德)가 소집한 정치집회로부터 확산된 천 수이볜 전 대만총통 타도운동. 집회에 참여한 사람들이 모두 붉은 옷을 입었다 하여 '훙산쥔'이란 명칭이 생겼다——옮긴이.

278

사실, 진정한 교류는 신체적이고 정서적이다. 서울에서 반년을 머물고 떠날 즈음, 연세대 부근의 매주 다니던 갈비탕집에 갔다. 갈 때마다 외국인인 나를 친절하게 맞아주던 아주머니에게 작별인사를 하기 위해서였다 (그녀는 항상 내 음식이 모자라는지 챙기면서 김치를 더 얹어주곤 했다). 그녀는 나더러 또 오라며 특별히 나를 위해 통역해줄 한국 친구를 찾아왔다. 정말 감동적이었다. 하지만 2년 후 다시 그 집을 찾았을 때 그녀는 이미 그만둔 후였다. 나는 그만 망연했다.

무슨 인연인지 연세대학교와는 늘 관계가 생긴다. 초기에는 대학 게스트하우스인 알렌관에서 주로 묵었다. 시월의 연세대 교정은 그야말로 쾌적하다. 교정 가득 은행잎과 단풍잎이 사방을 노랗고 빨갛게 물들였고 가을 햇빛이 따사로웠다. 그런 계절엔 아침 일찍 일어나 학교 뒤 무악산에 올라 잠시나마 심신의 평정을 찾곤 했다. 10년간 연세대 게스트하우스의 관리인으로 일해온 최욱윤 선생은 정원 곳곳을 그의 마음에 들게 가꾸느라 늘 바쁘게 움직였다. 그 덕에 그곳에 사는 사람들은 언제나 눈이 즐거웠다. 나를 볼 때마가 "차이니즈, 또 오셨군요" "미스터 천, 이번엔 얼마나 머물러요?" 하며 말을 걸곤 했다. 아쉽게도 대만으로 떠날 때 너무 바쁜 나머지 한국 남자들이라면 누구나 좋아하는 대만의 진먼(金門) 고량주를 주는 걸 깜박 잊고 말았다. 매번 공항으로 가기 전이면 오랜 벗 백영서 교수를 청해 학교 부근의 갈비탕집이나 삼계탕집에 한번 더 간다. 거기서 점심 한끼를 먹고 가지 않으면 왠지 안심하고 서울을 떠날 수 없을 것 같아서다.

나의 한국 경험에 다른 사람들과 다른 점이 있다면 젊은 친구들과의 교류 때문이다. 사정은 이렇다. 2006년 대만에서 출판한 『탈제국──방법으로서의 아시아』의 구상은 이미 여러 해 전부터 시작된 것이었다. 하지만 많은 문제들이 여전히 정리되지 못한 채 남아 있었다. 시간이 흐르면서 문제가 사변을 통해 완성되기보다 글 자체가 사변의 과정이라는 사실을 깨닫게 되었다. 사실 책을 내려던 동기는 매우 단순했다. 오랜 친구나 새로운 친구들을 만날 때 이 책을 주면 내 글을 복사하는 데 시간을 쓰지 않아도 되기 때문이다. 그런데 뜻밖에도 책을 출판하게 된 직접적인 계기는 서울의 젊은 친구들과의 우연한 만남에서 비롯되었다(백지운, 임우경, 송승석, 이정훈 등, 그들은 연세대학교와 서울대학교의 중문과 박사생들이었다). 2001년에서 2002년 사이 연세대학교를 방문하던 중 나는 한국 경험과 연계된 나의 긴 글 몇편을 그들이 번역하고 있음을 알게 되었다. 거기에 오랜 친구 백영서 교수의 주선으로 이 책을 창비 '동아시아의 비판적 지성' 씨리즈로 출판하게 된 것이다. 그렇게 된 마당에 피할 수 없었다. 머리를 싸매고 지난날의 사변과정과 씨름하는 수밖에. 지난 10년 이래 서울의 비판적 지식계의 친구들과 나눠온 대화로부터 나는 한국을 단편적으로나마 이해하고 있었고 그것은 대만사회를 한국에 비춰보는 나의 사유에 반영되었다. 그 대부분은 그/그녀들과의 대화와 그/그녀들의 글을 읽음으로써 얻게 된 것이나. 놀라웠던 것은 내가 서울을 이해하는 만큼 대만을 더 잘 알게 된다는 사실이다. 오랜 시간이 지나면서 비록 언어상의 장애는 있지만, 나는 나 자신을 외부인으로 생각지 않게 되었다. 뿐만 아니라 서울에 대한 말로 표현할 수 없는 복잡한 감정이 내 안에서 자라기 시작했다. 서울에 갈 때마다 꼭 집으로 돌아가는 느낌이었다. 결국 이 책의 한국어판[2]이 대만의 중국어판보다 먼저 나왔다. 그리고 영문판이 가장 늦게 나왔다. 어느 판이든 한국 친구들과의 교류의 그림자가 곳곳에 드리워져 있다. 한국어판을 가장 먼저 냄으로써 한국의 많은 친구들에 대한 나의 답례가 된 셈이다. 그들과의 오랜 대화에 감사한다. 10년이 지난 지금 백지운, 임우경, 이정훈들은 모두 졸업을 하고 교편을 잡았다. 그들과의 협력관계도 나날이 긴밀해져 아시아 각지에서 종종 만난다. 최근 몇년 사이 출범한 '아시아현대사상 프로젝트'에도 이들은 적극적으로 참여하고 있다. 이들과의 인연은 앞

---

[2] 2003년 창작과비평사에서 출간된 『제국의 눈』을 말한다——옮긴이.

으로도 지속될 것이다.

　사실, 한국과 대만은 역사적으로 유사한 점이 너무나 많다. 상호간의 대조를 통해 새로운 문제를 산출하고 상대화하는 과정에서 두 지역에 대한 새로운 인식과 관점을 수립할 수 있다. 하지만 사정은 그리 간단치 않다. 경계를 넘어서는 협력은 지극히 어렵다. 대화공간에 참여하는 사람들이 자신이 속한 사회에 대한 이해를 기반으로 다른 사람이 속한 나라를 인식해야 하는 만큼 자연히 오해나 괴리가 생겨난다. 지적 활동을 조직하는 사람으로서 연대를 평탄하게 추진하기 위해서는 어떤 능력을 배양해야만 한다. 자의적인 판단, 스스로가 옳다고 고수해온 정치적 올바름을 보류해야 한다. 타인의 사회 겉표면 안쪽으로 진입해야 할 뿐 아니라 협력하는 대상이 그들 사회에서 처한 다층적 위치와 구체적 환경에 대해서도 충분히 알아야 한다. 그랬을 때 비로소 상호간 가능한 것과 불가능한 것을 정확하게 볼 수 있다. 그럴 때 실질적인 기대와 판단의 공간을 서로에게 제공할 수 있다. 협력은 탁상공론이 아니다. 회의를 조직하기 전에, 서로 다른 지역에서 온 발표자들이 한자리에 모였을 때 그들 상호간에 대화가 형성될 수 있는지, 아니면 서로를 상쇄하는 관계인지를 반드시 판단해야 한다. 발표자 및 그들이 속한 사회에 대한 충분한 인식은 경계 너머 단체들과의 두터운 협력과 상호이해를 통해 비로소 완성된다.

　한국 친구들과의 오랜 협력과정 속에서 나는 각 지역의 '회의문화'가 다양하다는 사실을 깨달았다. 청중에게 점심과 자료집을 무료로 제공하는지, 통역 같은 복잡한 문제를 어떻게 처리하는지 등도 지역마다 다르고 주최측의 능력도 천차만별이다. 우리는 서로 연대하는 각 지역 잡지들이 실제 운영과 관련하여 내리는 결정을 전적으로 존중한다.

　개인적으로 깨달은 사실이 있다. 많은 국제교류에는 늘 '대표성' 문제가 생긴다. 그런데 이는 동아시아(혹은 아시아)의 맥락에서는 그리 중요하지 않아 보인다. 대부분의 지식인들은 기본적으로 동아시아 지역과 대화할 의욕을 갖고 있지 않거나 대화과정에 참여하길 원하지 않기 때문이다. 그런데 동아시아 관련 회의에 참석한 사람들은 대부분 대화를 하고 싶어 할 뿐 아니라 자신이 살고 있는 나라를 대표하려고 하지도 않는다. 오로지 한 지역의 지식활동 참여자의 한 사람으로서 연대를 실천하려 할 뿐이다. 일단 이 대화공간에 들어오면 자신을 '상대화'하는 능력을 키워야 한다. 그래야만 다른 사람의 언어환경 속으로 진입할 수 있다. 오랜 시간이 지나 연대의 네트워크 자체가 '서로의 내부가 되고 외부가 되는' 계기를 구축하면서, 우리는 협력하는 동료들의 상황을 내재적으로 이해하기 시작했고 자신의 환경에 대해서도 다른 이해를 갖게 되었다. 사실, 내부의 이해란 상당히 편협한 것이다. 장기적인 마찰과 부딪힘 속에 사람과 사람, 집단과 집단 간의 관계가 매우 깊게 얽혀 있어, 개인이나 소속된 단체의 눈앞의 이익을 위해 행동하거나 결정하여 오랜 시간 동안 축적해온 것들을 한순간에 무화(無化)하는 경우가 빈번하게 발생한다. 그러나 바깥에 있는 사람의 시각은 다르다. 왜냐하면 그는 정서상·입장상의 불필요한 편견에서 자유롭기 때문이다. 개인적으로 나는 동아시아 연대의 실천이 이런 귀중한 계기를 출현시켰다고 생각한다. 극도로 압축된 목전의 현실을 훌쩍 뛰어넘어 사람, 일, 단체 들에 대해 '내부이면서 외부인' 기제를 한층 공평하고 개방적으로 구축할 수 있으리라 믿는다.

마지막으로 마음속에 담아둔 말을 하고 싶다. 앞에서 서술한 한국과의 교류는, 단체든 잡지 간행물이든 아니면 어떤 기구든, 모두 소수의 개별 조직자의 추진력에 의지하여 지속되어왔다. 내가 속한 단체는 대부분 수동적으로만 지원할 뿐이었다. 내가 움직이지 않으면 그들은 꿈쩍도 하지 않는다. 앞서 말한 '내부이면서 외부'인 탓에 사실 나는 내부적으로 오랫동안 매우 고독했다. 내부의 동지들은 내가 왜 이런 일을 하는지 완전하게 이해하지 못할뿐더러 심지어는 내가 하는 일이 정치적으로 올바를 뿐 실질적 의미는 없으며, 아시아는 매우 제한된 공간이라 말하기도 한다. 오히려 바깥에서 함께 일하는 친구들은 늘 나와 마음이 통하고 앞으로 나아갈 동력이 되어준다. 나 자신은 항상 분투 중이다. 내가 조금씩 배워온 것은 이론적인 것이 아니다. 동아시아 곳곳(특히 한국)을 다니면서 '상대화'하는 과정 속에서 보고 느낀 것들이다. 사실 내부의 가까운 벗들은 내가 얻은 것과 같은 신체감각이 없다. 그저 추상적으로 이해할 뿐이다. 그러다보니 사물을 보는 방식에서 그들과 조금씩 틈이 벌어지기 시작했다. 이는 좋은 일이 아니다. 그러나 이미 '돌아올 수 없는 길'을 떠난 이상 뒤를 돌아봐선 안된다. 이런 말은 내부건 외부건 누구에게도 해본 적이 없다. 이제 했으니 어떻게들 생각할지 모르겠다. 말을 하고 나니 후련하다. 10여년, 20여년 동안 서로 힘이 되어준 많은 벗들을 떠올리니 마음이 먹먹해진다. 뭐라 말로 할 수는 없지만 이것이야말로 진정한 '지식연대의 방법'이 아닐까.

이제까지의 이야기는 언뜻 보기엔 개인적이지만 사실 그렇게 개인적인 것은 아니다. 이들 궤적은 모두 역사적 구조의 힘들이 교착되어 만들어진 것이다. 하지만 문득, 내가 한국과 지적 연대를 장기간 지속한 극소수의 대만인일지 모른다는 생각에 황망해진다. 마음을 굳게 먹고 더 노력하는 수밖에.

2012년 7월 신주 바오산에서

[번역: 백지운]

| 필자 소개 |

책머리에

최원식(崔元植) 인하대 인문학부 교수, 세교연구소 이사장. 주요 저작으로『제국 이후의 동아시아』『東アジア文學空間の創造』『文學的回歸』등이 있다.

1부

백영서(白永瑞) 연세대 사학과 교수,『창작과비평』주간. 주요 저작으로『동아시아의 귀환』『思想東亞: 韓半島視角的歷史與實踐』등이 있다.

천 팡밍(陳芳明) 대만 국립정치대학(國立政治大學) 대만문학연구소 소장. 주요 저작으로『臺灣新文學史』등이 있다.

2부

허 이린(何義麟) 국립타이베이교육대학(國立臺北教育大學) 대만문화연구소 소장. 주요 저작으로『二二八事件: 臺灣人形成のエスノポリティクス』등이 있다.

양태근(梁台根) 한림대 중국학과 부교수. 주요 저작으로「中國近現代思想史上的道德主義與智識主義」등의 논문이 있다.

문명기(文明基) 국민대 국사학과 조교수. 주요 저작으로「청말 대만의 번지개발과 족군정치(ethnic politics)의 종언」등의 논문이 있다.

3부

백지운(白池雲) 서울대 통일평화연구원 HK연구교수. 주요저작으로 "East Asian perspective on Taiwanese identity" 등의 논문이 있다.

강태웅(姜泰雄) 광운대 동북아대학 문화산업학부 부교수. 주요 저작으로『일본과 동아시아』(공저),『전후 일본의 보수와 표상』(공저), 역서로『일본영화의 래디컬한 의지』『복안의 영상』등이 있다.

박윤철(朴允哲) 호서대 중어중국학과 교수. 주요 저작으로 「대만의 정치사회적 독점구조의 균열과 변형」 「민주화 이후 대만경제독점구조의 재구조화」 등의 논문이 있다.

장영희(張榮熙) 국립대만대학 국가발전연구소 박사과정 수료. 주요 저작으로 『중국은 무엇을 생각하는가』(역서) 등이 있다.

4부

손준식(孫準植) 중앙대 역사학과 교수, 중앙사학연구소 소장. 주요 저작으로 『식민주의와 언어』(공저) 등이 있다.

장 원쉰(張文薰) 국립대만대학교 대만문학연구소 부교수. 현당대 대만문학 및 대만-일본 문화교섭사와 문화번역 분야를 연구하고 있다. 최근 논문으로 「타이베이 제국대학과 1940년대 대만문학의 생산」 「역사소설과 지방화 정체성: '國姓爺' 고사 속 니시따니 미쯔루의 〈赤崁記〉」 등이 있다.

추 스제(邱士杰) 국립대만대학 역사연구소 박사과정. 주요 저작으로 『一九二四年以前臺灣社會主義運動的萌芽』와 다수의 논문이 있다.

최말순(崔末順) 대만 국립정치대학(國立政治大學) 대만문학연구소 부교수. 주요 저작으로는 「전쟁시기 대만문학의 심미화 경향과 그 의의」 「문학근대성의 건립: 20년대 대만문학론의 계몽내용과 그 구조」 등의 논문이 있다.

쩡 톈푸(曾天富) 대만 국립정치대학 한국어문학과 교수. 주요 저작으로 『일제시기 대만좌익문학연구』 등이 있다.

천 광싱(陳光興) 대만 국립교통대학(國立交通大學) 사회와문화연구소 소장. 주요 저작으로 *Asia as Method: Toward Deimperialization* 등이 있다.

연도	주요 항목
식민지 시대	• 1895년 4월 17일 청일전쟁(甲午戰爭) 후 시모노세끼조약(馬關條約)에 의해 대만은 일본에 할양되고 일본의 식민지로 전락. • 1895년 6월 17일 공식통치 개시(이후 시정기념일施政記念日이 됨). • 1910년 8월 22일 한일병합조약에 따라 조선은 통치권을 일본에 빼앗기고 일본의 식민지로 전락.
1945년	• 8월 15일 일본 히로히또(裕仁)천황 무조건 항복 선언, 조선과 대만 식민지에서 해방. • 8월 15일 조선건국준비위원회 설립(위원장 여운형呂運亨, 10월 7일 해체). • 8월 25일 미군 인천 상륙. • 9월 9일 아베 노부유끼(阿部信行) 조선총독 항복서에 서명. • 10월 25일 대만 타이베이(臺北)에서 일본 항복의식 개최. 이후 대만광복절로 기념.
1946년	• 1월 31일 중국국민낭(中國國民黨) 대만성(臺灣省) 접수 완료. • 2월 14일 '대한민국민주의원' 설립(의장 이승만李承晩). • 10월 서울대 개교, 문리과대학 문학부 중어중문학과 강의 시작.
1947년	• 2월 27일 대만 2·28사건.
1948년	• 4월 3일 한국 제주4·3항쟁. • 5월 20일 장 제스(蔣介石) 중화민국(中華民國) 제1대 총통 취임. • 8월 15일 대한민국 정부 수립. • 12월 한국에 중화민국 대사관 설립(공식수교 전 한국의 첫번째 대사관).
1949년	• 1월 1일 중화민국 정부 대한민국 공식승인 발표. • 1월 4일 중화민국 정부 외교대표 쉬 샤오창(許紹昌) 대한민국 승인에 관한 훈령을 이승만에게 전달. • 1월 4일 중화민국이 한국과 공식 수교. • 5월 19일 대만계엄령 실시. • 7월 중화민국 주한대사 샤오 위린(邵毓麟) 부임(1949.7~1951.9). • 7월 29일 한국 특사관(特使館)이 주중화민국대사관(駐中華民國大使館)으로 승격. • 8월 6일~8일 장 제스 태평양연맹 논의 위해 한국 방문, 진해에서 이승만과 회담.

	• 8월 한국 주중대사 신석우(申錫雨) 광저우(廣州)에 부임(1949.8~1950.3).
	• 9월 17일 한국 타이베이영사관 설치.
	• 10월 1일 중화인민공화국 수립.
	• 10월 12일 미국이 한국과 대만을 아시아 방어선에서 제외 선언 발표.
	• 12월 7일 국공내전에서 실패한 국민당 군대와 본토 피난민 200만명 대만 상륙.
	• 12월 21일 한국 주중대사 신석우 타이베이 도착.
1950년	• 5월 1일 한-대만 무선전화 개방.
	• 6월 25일 한국전쟁 발발.
	• 6월 27일 미국 제7함대 대만해협 진주, 미 대통령 트루먼 대만 중립화 선언.
	• 9월 15일 매카서 장군 인천 상륙.
	• 10월 25일 중공 한국전쟁에 참전.
	• 12월 한국 주중대사 이범석(李範奭) 부임(1950.12~1951.9).
1951년	• 9월 1일 한-대만 간 직접 환거래[通匯] 시작.
	• 9월 중화민국 주한대사 왕 둥위안(王東原) 부임(1951.9~1961.1).
	• 10월 한국 주중대사 김홍일(金弘一) 부임(1951.10~1960.6).
1952년	• 2월 29일 '중한공운임시협정(中韓空運臨時協定)' 공식 환문(喚文) 및 발표.
	• 3월 27일 한-대만 간 항로 처음 시험운항. 한국 친선방문단(단장 박종화朴鍾和) 대만 방문.
	• 3월 30일~4월 2일 한-대만 항로 개통 기념 위해 대만 기자방문단 한국 방문.
	• 5월 25일 한국 부산정치파동 사건.
	• 8월 15일 이승만 한국 제2대 대통령 취임식. 주한대사 왕 둥위안 총통대리로서 이승만 취임식에 참석.
	• 8월 31일 '대한민국과 중화민국 간의 항공로 개설에 관한 잠정협정' 조인.
1953년	• 1월 9일 한국 농구대표팀 대만 첫 방문. 대만성 농구대표팀과 친선경기.
	• 2월 19일 중한문화협회(中韓文化協會, 1942년 충칭重慶에서 창립) 타이베이에서 재창립.
	• 6월 13일 한국 국회 본총회에서 '자유중국과의 동맹을 체결하라'는 대정부건의안 통과.
	• 7월 27일 한국전쟁 정전협정 체결.

연도	주요 항목
1953년	• 10월 1일 한미상호방위조약 조인. • 10월 8일 첫번째 반공의사(反共義士) 63명 한국에서 비행기로 타이베이에 도착. • 11월 27일~29일 한국 이승만 대통령 대만 방문. • 11월 27일 장 제스 총통 한국 이승만 대통령으로부터 건국공영대훈장(建國功勞大勳章)을 받음. • 11월 28일 이승만-장 제스 공식회담, 연합성명 발표.
1954년	• 1월 중화민국각계영접류한반공의사귀국방문대표단(中華民國各界迎接留韓反共義士歸國訪問代表團) 한국 방문. • 1월 23일 한국전쟁 포로 대만 송환. • 2월 한국 동남아방문단 대만 방문. • 4월 한국 여자 농구팀 일행 23명 대만 첫 방문 및 친선경기. • 5월 20일 장 제스 중화민국 제2대 총통 취임. 한국 김홍일 주중대사가 외국사절단을 인솔하여 장 제스 총통 취임식에 참석. • 6월 15일 한국과 대만 주도로 '아시아민족반공연맹'(亞洲人民反共聯盟, APACL) 창립. 제1차 총회 한국 진해에서 개최. • 7월 31일 APACL 자유중국총회 타이베이에서 설립. • 12월 3일 '중미공동방위조약(中美共同防衛條約)' 조인.
1955년	• 4월 한국 국방부 체육방문단(농구, 축구, 권투) 일행 53명 대만 방문 및 친선경기. • 5월 중화민국 석학 주 구화(朱家驊), 둥 쭤빈(董作賓), 푸 루(傅儒) 한국 순회강연. • 5월 21일 타이베이에서 개최할 예정이던 APACL 제2차 총회 연기 선고.
1956년	• 5월 30일 한국아시아민족반공연맹 서울에서 설립. • 6월 중화민국 량여우(良友) 여자농구팀 일행 15명 한국 첫 방문 및 친선경기. • 7월 대만 정치대학 동방어문학계(東方語文學系) 한문조(韓文組) 창설. • 8월 15일 이승만 한국 제3대 대통령 취임식. 중화민국 외교부장 예 궁차오(葉公超) 총통특사로서 이승만 대통령 취임식에 참석.
1957년	• 4월 국제 라이온클럽 중국 지회 및 중한문화협회(中韓文化協會) 한국어 연구반 공동 개설. • 5월 한국 예술방문단(126인) 대만 방문.

	• 12월 3일~16일 한국문화친선단(단장 송지영宋志英 평론가) 등 13인 대만 방문
1958년	• 2월 대만 첫 한국영화 「여걸 황진이(女傑黃真伊)」 타이베이에서 개봉. 주연 여배우 도금봉(都琴峰) 대만 방문. • 중화민국 고등학교 학생 차이 마오쑹(蔡茂松) 등 9명 교환학생으로서 한국 첫 유학.
1959년	• 6월 1일 APALC 제5차 총회 한국 서울에서 개최. • 10월 4일 박정희(朴正熙) 소장 한국 군사방문단(단장 송요찬宋堯讚 참모장) 일원으로서 대만 방문.
1960년	• 4월 19일 한국 4·19혁명. • 5월 20일 장 제스 중화민국 제3대 총통 취임. 한국 김홍일 주중대사 한국대표로서 장 제스 총통 취임식에 참석. • 6월 15일 APACL 제6차 총회 대만 타이베이에서 개최. • 7월 한국 주중대사 백선엽(白善燁) 부임(1960.7~1961.7). • 8월 13일 윤보선(尹潽善) 한국 제4대 대통령 취임식.
1961년	• 1월 중화민국 주한대사 류 위모(劉馭萬) 부임(1961.1~1964.3). • 3월 3일 '중한무역협정(中韓貿易協定)' 서울에서 조인. • 5월 16일 한국 군사쿠데타 발생 • 6월 26일 타이베이-서울 간 직통 전보 공식 개통. • 7월 한국 주중대사 최용덕(崔用德) 부임(1961.7~1962.7). • 9월 15일 중공군기 조종사 샤오 시엔(邵希彦)·가오 여우쭝(高佑宗) 한국 제주도로 정치적인 망명. • 10월 7일 샤오 시엔·가오 여우쭝 대만으로 송환.
1962년	• 4월 26일 중한 대학교 간 첫 자매결연 체결(중화민국 대만사범대학 및 한국 경희대학교). • 10월 한국 주중대사 김신(金信) 부임(1962.10~1971.2).
1963년	• 9월 대만 중국문화대학(中國文化大學) 동방어문학계 한문조 창설. • 12월 17일 박정희 한국 제5대 대통령 취임식. 중화민국 펑 멍지(彭孟緝) 장군 특사로서 박정희 대통령 취임식에 참석.
1964년	• 1월 15일 한국반공연맹 서울에서 설립. • 3월 중화민국 주한대사 량 쉬자오(梁序昭) 부임(1964.3~1967.2). • 11월 23일 APACL 제10차 총회 대만 타이베이에서 개최. • 11월 27일 중한우호조약(中韓友好條約) 서울에서 조인.

연도	주요 항목
1964년	• 12월 3일 APACL 자유센터 서울에서 개관식. • 12월 중화민국 행정원(行政院) 회의 '중한우호조약' 통과.
1965년	• 5월 15일 '중한문화협정(中韓文化協定)' 타이베이에서 조인. • 8월 19일 타이베이-서울 직항 항공협정을 조인. • 10월 10일 '중한청년반공동맹회(中韓靑年反共同盟會)' 서울에서 발족. • 12월 1일 한중문화협회(韓中文化協會) 서울에서 재창립.
1966년	• 2월 15일~18일 한국 대통령 박정희 부부 대만 방문. • 2월 16일 제1차 '한-대만 경제각료회의(中韓部長級經濟合作會議, 정부 차원)' 타이베이에서 개최(수석대표 중국 경제부장 리 궈딩李國鼎 및 한국 경제기획부 장관 장기영張基榮). • 2월 18일 장 제스·박정희 공동성명 발표. • 2월 27일 중화민국 입법원(立法院) '중한문화협정' 통과. • 4월 중화민국 국방부장 장 징궈(蔣經國) 한국 방문. • 5월 20일 장 제스 중화민국 세4대 총통 취임. 한국 총리 정일권(丁一權) 특사로서 장 제스 총통 취임식에 참석. • 5월 27일 제2차 '한-대만 경제각료회의' 타이베이에서 개최(수석대표 중국 경제부장 리 궈딩 및 한국 경제기획부 장관 장기영). • 7월 1일 부산과 가오슝(高雄) 부산에서 자매도시 결연 체결(부산시장 김대만金大萬 및 가오슝시장 천 치촨陳啟川). • 10월 31일 APACL 제12차 총회 한국 서울에서 개최. 세계반공연맹(WACL) 헌장 제정 및 창설 결정.
1967년	• 2월 중화민국 주한대사 탕 쭝(唐縱) 부임(1967.2~1970.9). • 6월 1일 서울 자유센터에 WACL 사무국 개설. • 7월 1일 박정희 한국 제6대 대통령 취임식. 중화민국 부총통 옌 구간(嚴家淦) 특사로서 박정희 대통령 취임식에 참석. • 8월 22일 제3차 '한-대만 경제각료회의' 서울에서 개최(수석대표 중국 경제부장 리 궈딩 및 한국 경제기획부 장관 장기영). • 9월 25일 WACL 대만 타이베이에서 창립 선고, 제1차 총회 개최. • 9월 30일 APACL 제13차 총회 대만 타이베이에서 개최.
	• 1월 「용문객잔(龍門客棧)」 한국 첫 중국어영화 서울에서 개봉. • 3월 한국영화 「저 하늘에도 슬픔이(秋霜寸草心)」 대만에서 개봉, 큰 인기. • 3월 23일 타이베이와 서울 타이베이에서 자매도시 결연 체결(타이베이

1968년	시장 가오 위수高玉樹 및 서울시장 김현옥金玄玉). 타이베이는 서울의 첫번째 자매도시. • 5월 10일 제1차 '한-대만 합동경제협력위원회 합동회의(中韓經濟聯席會議, 민간차원)' 서울에서 개최(한국 전경련과 대만 공상협진회 공동 주관). • 7월 27일 제4차 '한-대만 경제각료회의' 타이베이에서 개최(수석대표 중국 경제부장 리 궈딩 및 한국 경제기획부 장관 박충훈朴忠勳). • 10월 25일 ASPAC Cultural and Social Center 서울에 설치.
1969년	• 2월 중화민국 국방부장 장 징궈 한국 방문. 한국에서 TV담화 발표. • 10월 7일 한국 항공기 타이베이 공항에 항로 개통. • 11월 한국 유학생 성원경(成元慶) 대만 첫 외국인 박사학위 취득(대만 사범대학 중문과). • 12월 3일 제2차 '한-대만 합동경제협력위원회 합동회의' 타이베이에서 개최. • 12월 5일 WACL 제3차 회의(태국 방콕)에서 세계청년반공연맹 결성 선고, 서울에 사무국 설립 결의.
1970년	• 3월 9일 제5차 '한-대만 경제각료회의' 서울에서 개최(수석대표 중국 경제부장 쑨 윈쉬안孫運璿 및 한국 경제기획부 장관 김학렬金鶴烈). • 4월 24일 '아·태지역 식량·비료 기술센터'(亞太糧食肥料技術中心, FFTC, 중·일·한·태·베트남·필리핀·말레이시아·호주·뉴질랜드 등 아·태지역 이사회 9개 회원국 공동) 타이베이에서 설립. • 9월 중화민국 주한대사 뤄 잉더(羅英德) 부임(1970.9~1975.1). • 11월 10일 제3차 '한-대만 합동경제협력위원회 합동회의' 서울에서 개최. • 11월 24일 수정된 '대한민국과 중화민국 간의 항공로 개설에 관한 임시 협정' 타이베이에서 조인.
1971년	• 3월 한국 주중대사 김계원(金桂元) 부임(1971.3~1978.11). • 5월 22일 '아시아채소개발연구센터'(亞洲蔬菜研究發展中心, AVRDC, 중·미·일·한·태·베트남·필리핀·아시아개발은행 공동) 타이베이에서 설립. • 7월 1일 박정희 한국 제7대 대통령 취임식. 중화민국 총통부 비서장(祕書長) 장 췬(張群) 특사로서 박정희 대통령 취임식에 참석. • 7월 12일 제6차 '한-대만 경제각료회의' 타이베이에서 개최(수석대표 중국 경제부장 쑨 윈쉬안 및 한국 경제기획부 장관 김학렬).

연도	주요 항목
1971년	• 7월 12일 한국무역진흥공사(KORTA) 타이베이사무소 개관. • 10월 25일 중화민국 유엔 탈퇴.
1972년	• 2월 중화민국 유학생 차이 마오쑹(蔡茂松) 한국 첫 외국인 박사학위 취득(성균관대학교 동양철학과). • 2월 21일 미 대통령 닉슨 중국 방문. 28일 중공-미 상해에서 공동성명 발표. • 5월 20일 장 제스 중화민국 제5대 총통 취임. 한국 전(前) 총리 정일권 특사로서 장 제스 총통 취임식에 참석. • 7월 4일 한국 7·4남북공동선언 발표. • 7월 13일 제7차 '한-대만 경제각료회의' 서울에서 개최(수석대표 중국 경제부장 쑨 윈쉬안 및 한국 경제기획부 장관 태완선太完善). • 8월 20일 APACL 제18차 총회 서울에서 개최. • 9월 29일 중화민국-일본 단교. • 11월 28일 제5차 '한-대만 합동경제협력위원회 합동회의' 서울에서 개최. • 12월 28일 박정희 한국 제8대 대통령 취임식. 장 제스 총통 박정희 대통령 취임식 축하전보 발송.
1973년	• 6월 23일 한국 평화통일외교정책 발표(6·23선언). • 8월 21일 APACL 제19차 총회 타이베이에서 개최. • 9월 10일 제8차 '한-대만 경제각료회의' 타이베이에서 개최(수석대표 중국 경제부장 쑨 윈쉬안 및 한국 경제기획부 장관 태완선). • 11월 제6차 '한-대만 합동경제협력위원회 합동회의' 타이베이에서 개최. • 한국경제성장률(14.8%) 처음 대만(11.8%)을 초월.
1974년	• 6월 18일 제9차 '한-대만 경제각료회의' 서울에서 개최(수석대표 중국 경제부장 쑨 윈쉬안 및 한국 경제기획부 장관 태완선). • 8월 15일 한국 대통령 영부인 육영수(陸英修), 박정희 암살기도 사건으로 인해 사망. • 8월 18일 중화민국 행정원 부원장 쉬 칭중(徐慶鐘) 특사로서 육영수 영부인 장례식 참석. • 8월 중화민국 석학 첸 무(錢穆) 한국 연세대학교 초청강연. • 11월 제7차 '한-대만 합동경제협력위원회 합동회의' 서울에서 개최.
	• 4월 5일 중화민국 장 제스 총통 서거. 부총통 옌 구간 총통직 승계. • 7월 중화민국 주한대사 주 푸쑹(朱撫松) 부임(1975.1~1979.6).

1975년	• 11월 20일 제8차 '한-대만 합동경제협력위원회 합동회의' 타이베이에서 개최. • 12월 15일 제10차 '한-대만 경제각료회의' 타이베이에서 개최(수석대표 중국 경제부장 쑨 윈쉬안 및 한국 경제기획부 장관 남덕우南悳佑).
1976년	• 4월 30일 제22차 APACL 및 제9차 WACL 합동회의 한국 서울에서 개최. • 9월 16일 제11차 한-대만 경제각료회의 서울에서 개최(수석대표 중국 경제부장 쑨 윈쉬안 및 한국 경제기획부 장관 남덕우). • 11월 25일 한중교육기금회(韓中敎育基金會, 이사장 김준철金俊喆 청주대 이사장) 서울에서 발족. • 제9차 '한-대만 합동경제협력위원회 합동회의' 서울에서 개최.
1977년	• 1월 19일 '중한문화기금회'(中韓文化基金會, 이사장 차이 홍원蔡鴻文 대만성의회 의장) 타이베이에서 발족. • 4월 18일 제23차 APACL 및 제10차 WACL 합동회의 타이베이에서 개최. • 7월 6일 제1회 윌리엄 존스컵 농구경기 타이베이에서 개최. • 9월 8일 제12차 '한-대만 경제각료회의' 타이베이에서 개최(수석대표 중국 경제부장 쑨 윈쉬안 및 한국 경제기획부 장관 남덕우). • 11월 18일 제10차 '한-대만 합동경제협력위원회 합동회의' 타이베이에서 개최.
1978년	• 5월 20일 장 징궈 중화민국 제6대 총통 취임. 한국 전 주중대사 김신, 전 신민당(新民黨) 주석 김홍일 및 국회의원 안춘생(安椿生) 등 장 징궈 총통 취임식에 참석. • 8월 한국 시인 서정주(徐廷柱) 대만 방문. • 10월 19일 제13차 한-대만 경제각료회의 서울에서 개최(수석대표 중국 경제부장 장 스광張世光 및 한국 경제기획부 장관 남덕우). • 11월 한국 주중대사 왕만호(王滿鎬) 부임(1978.11~1981.5). • 12월 16일 중공-미 수교공보(修交公報) 발표. 미국이 중화민국과 1979년 1월 1일부터 외교관계 단절 성명 발표. • 12월 27일 박정희 한국 제9대 대통령 취임식. 주한대사 주 푸쑹 정부대표로서 박정희 대통령 취임식에 참석. • 제11차 '한-대만 합동경제협력위원회 합동회의' 서울에서 개최.
1979년	• 1월 1일 중화민국-미국 단교. • 3월 1일 미 주중화민국대사관 폐관. '미국재대협회'(美國在台協會,

연도	주요 항목
1979년	American Institute in Taiwan, 약칭 AIT) 운영 시작. 주대만 미군 철수. 중화민국이 주미대사관 대신 '북미사무협조위원회'를 워싱턴에서 설립, 운영 시작. • 4월 10일 미국 대만관계법 발효. • 6월 중화민국 주한대사 딩 마오스(丁懋時) 부임(1979.6~1982.12). • 10월 26일 한국 박정희 대통령 김재규(金載圭) 암살로 사망. • 11월 3일 중화민국 행정원장 쑨 윈쉬안(孫運璿) 특사로서 박정희 대통령 장례식에 참석. • 12월 10일 대만 메이리다오 사건(美麗島事件). • 12월 20일 최규하(崔圭夏) 한국 제10대 대통령 취임식. 중화민국 주한대사 딩 마오스 정부대표로서 최규하 대통령 취임식에 참석. • 12월 20일 '중한체육교류협의서(中韓體育交流協議書)' 조인. • 제12차 '한-대만 합동경제협력위원회 합동회의' 타이베이에서 개최. • 중화민국 1978년 경제성장률 신기록(13.4%) 달성, 1972년 이래 처음 한국(10.3%)을 초월.
1980년	• 4월 14일 제14차 '한-대만 경제각료회의' 타이베이에서 개최(수석대표 중국 경제부장 장 스광 및 한국 경제기획부장관 이한빈李漢彬). • 5월 18일 한국 광주민주화운동. • 9월 1일 전두환(全斗煥) 한국 제11대 대통령 취임식. 중화민국 주한대사 딩 마오스 정부대표로서 전두환 대통령 취임식에 참석. • 11월 5일 제1차 '한중학술회의'(중문명 中韓學者會議, 한중교육기금회 및 중한문화기금회 공동 주최) 대만 정치대학에서 개최. • 제13차 '한-대만 합동경제협력위원회 합동회의' 서울에서 개최. • 중화민국 한국연구학회 타이베이에서 발족.
1981년	• 3월 3일 전두환 한국 제12대 대통령 취임식. 중화민국 행정원장 쑨 윈쉬안 특사로서 전두환 대통령 취임식에 참석. • 6월 3일 제2차 '한중학술회의' 한국에서 개최. • 7월 한국 주중대사 김종곤(金鍾坤) 부임(1981.7~1985.4). • 7월 30일 제'15차 한-대만 경제각료회의' 서울에서 개최(수석대표 중국 경제부장 장 스광 및 한국 경제기획부장관 신병현申秉鉉). • 8월 3일 제14차 WACL, 제27차 APACL 및 제3차 아시아청년반공연맹 합동총회 타이베이에서 개최.

	• 10월 30일 제14차 '한-대만 합동경제협력위원회 합동회의' 타이베이에서 개최.
1982년	• 6월 10일 제16차 '한-대만 경제각료회의' 타이베이에서 개최(수석대표 중국 경제부장 자오 야오둥趙耀東 및 한국 재정부장관 나웅배羅雄培).
• 8월 26일 제4차 '한중학술회의' 서울에서 개최. 일본 교과서 왜곡을 항의하는 연합성명을 발표.
• 10월 16일 중공군기 조종사 우 룽건(吳榮根) 한국 서울로 정치적인 망명. 10월 31일 우 룽건 대만으로 송환.
• 12월 중화민국 주한대사 쉬에 위치(薛毓麒) 부임(1982.12~1986.6).
• 제15차 '한-대만 합동경제협력위원회 합동회의' 서울에서 개최.
1983년	• 1월 대만 TTV(台視)에서 한국 단막극 드라마 「열녀문(烈女門)」 첫 방송.
• 5월 5일 줘 창런(卓長仁) 등 6인 중공민항기를 납치하여 한국 춘천 미군 공군기지 불시착.
• 7월 4일 제17차 '한-대만 경제각료회의' 서울에서 개최(수석대표 중국 경제부장 자오 야오둥 및 한국 재정부장관 강경식姜慶植).
• 8월 7일 중공군기 조종사 쑨 톈친(孫天勤) 한국 서울로 정치적인 망명. 8월 24일 쑨 톈친 대만으로 송환.
• 8월 15일 제5차 '한중학술회의' 대만 둥하이(東海)대학에서 개최.
• 8월 18일 중공민항기 납치범 줘 창런 등 6인 1심 유죄 선고. 중화민국 외교부 유감 표시.
• 9월 12일 APACL 제29차 총회 피지(Viti)에서 개최. '아시아민족반공연맹'을 '아시아태평양 반공연맹'으로 개칭 결의.
• 9월 15일 제16차 '한-대만 합동경제협력위원회 합동회의' 타이베이에서 개최.
• 9월 19일 '중한해운협정(中韓海運協定)'을 조인.
• 10월 9일 한국 미얀마 양곤 폭탄테러 사건.
• 10월 12일 중화민국 국방부장 쑹 창즈(宋長志) 특사로서 한국 양곤 폭탄 테러 사건 희생자 장례식 참석.
• 11월 2일 대만적십자회 중국본토 가족 방문신청 접수 시작.
• 12월 20일 줘 창런 등 6인 2심 유죄 선고. 중화민국 외교부 판결에 불만과 유감 성명 발표.
1984년	• 4월 7일 대만 농구대표팀 아시아 청소년 농구선수권대회(한국 주최) 출전포기 사건.

연도	주요 항목
1984년	• 5월 20일 장 징궈 중화민국 제7대 총통 취임. 한국 국회의장 채문식(蔡汶植) 등 장 징궈 총통 취임식에 참석. • 5월 22일 쥐 창런 등 6인 3심 유죄 선고. • 8월 13일 쥐 창런 등 6인 형집행정지 형식으로 대만으로 강제추방. 중화민국 외교부 한국정부에 감사 표시. • 10월 27일 제6차 '한중학술회의' 서울에서 개최. • 제17차 '한-대만 합동경제협력위원회 합동회의' 서울에서 개최.
1985년	• 3월 22일 한국 흑산도 근처 중공 어뢰정 발견(대만 측은 '탈정기의奪艇起義' 사건으로 인식). 한국 측은 어뢰정 사건이 정치적인 사건이 아니라고 판단하여 3월 28일 선원들을 중공에 송환. 중화민국 외교부는 이 결과에 유감과 불만 성명 발표. • 3월 4일 제18차 '한-대만 경제각료회의' 타이베이에서 개최(수석대표 중국 경제부장 쉬 리더徐立德 및 한국 재정부장관 김만제金滿堤). • 4월 한국 주중대사 김상태(金相台) 부임(1985.4~1988.7). • 8월 12일 제7차 '한중학술회의' 대만 문화대학에서 개최. • 8월 25일 중공군기 조종사 샤오 톈룬(蕭天潤) 한국 전북 이리로 정치적인 망명. 9월 20일 샤오 톈룬 대만으로 송환. • 제18차 '한-대만 합동경제협력위원회 합동회의' 타이베이에서 개최.
1986년	• 2월 21일 중공군기 조종사 천 바오중(陳寶忠) 한국 수원으로 정치적인 망명. 4월 30일 천 바오중 대만으로 송환. • 6월 중화민국 주한대사 쩌우 젠(鄒堅) 부임(1986.6~1990.8). • 6월 마 샤오빈(馬曉濱) 등 19명 중공 청년들이 삼판선(三板船)을 이용해 샤먼(廈門)에서 한국 서산군 학암포항으로 '자유망명'. 7월 8일 19명 중공 청년 한국에서 대만으로 송환. • 6월 12일 제19차 '한-대만 경제각료회의' 서울에서 개최(수석대표 대만 경제부장 리 다하이李達海 및 한국 재정부 장관 정인용鄭寅用). • 9월 20일 제10차 아시안게임 서울에서 개막. • 9월 28일 대만 '민주진보당(民主進步黨, 약칭 민진당)' 창당. • 10월 대만 국민당정부가 당금(黨禁) 해제를 선포. • 10월 24일 중공군기 조종사 정 차이톈(鄭菜田) 한국 충북 청주로 정치적인 망명. 12월 29일 정 차이톈 대만으로 송환. • 11월 14일 '중화민국정부 및 대한민국정부 간 항공운송협정'을 조인.

1987년	• 제19차 '한-대만 합동경제협력위원회 합동회의' 서울에서 개최. • 제8차 '한중학술회의' 한국에서 개최. • 5월 중국국민당 부비서장(副秘書長) 마 잉주(馬英九) 한국 방문, 여당 대표위원 노태우(盧泰愚)와 회담. • 6월 10일 한국 민주항쟁. • 6월 15일 제20차 '한-대만 경제각료회의' 타이베이에서 개최(수석대표 대만 경제부장 리 다하이 및 한국 재정부장관 사공일司空壹). • 6월 29일 노태우 6·29민주화선언 발표. • 7월 15일 대만계엄령 해제. • 8월 17일 제20차 WACL, 제33차 APACL, 제3차 세계청년반공연맹 및 제7차 아시아청년반공연맹 합동총회 중화민국 타이베이에서 개최. • 8월 제9차 '한중학술회의' 대만 중산(中山)대학에서 개최. • 제20차 '한-대만 합동경제협력위원회 합동회의' 타이베이에서 개최.
1988년	• 1월 13일 중화민국 총통 장 징궈 서거. 부총통 리 덩후이(李登輝) 총통직 승계. • 1월 27일 대만 '동원감란시기인민단체법(動員戡亂時期人民團體法)' 시행, 정당 신청 공식개방. • 1월 30일 한국 국무총리 김정렬(金貞烈) 특사단장으로서 장 징궈 봉조대전(奉厝大典)에 참석. • 2월 25일 노태우 한국 제13대 대통령 취임식. 중화민국 행정원장 위 궈화(俞國華) 특사로서 노태우 대통령 취임식에 참석. • 4월 한국 작가 황석영(黃晳暎) 대만 방문, 천 잉전(陳映眞) 및 황 춘밍(黃春明)과 대담. • 6월 23일 제21차 '한-대만 경제각료회의' 서울에서 개최(대만 경제부장 리 다하이 및 한국 재정부장관 사공일). • 7월 한국 주중대사 한철수(韓哲洙) 부임(1988.7~1991.7). • 9월 17일~10월 2일 서울올림픽 개최. • 11월 14일 제21차 '한-대만 합동경제협력위원회 합동회의' 서울에서 개최.
1989년	• 4월 1일 한국자유연맹 서울에서 창립. • 4월 27일 제1차 'Taipei-Seoul Bilateral Forum(臺北首爾論壇)' 한국 경주에서 개최. • 7월 14일 제22차 '한-대만 합동경제협력위원회 합동회의' 타이베이에

연도	주요 항목
1989년	서 개최. • 7월 27일 제22차 '한-대만 경제각료회의' 타이베이에서 개최(대만 경제부장 천 루안陳履安 및 한국 재정부 장관 이규성李揆成). • 8월 14일 제11차 '한중학술회의' 대만 단장(淡江)대학에서 개최(자료원: 淡江大學大事記). • 10월 23일 제10차 '한중학술회의' 서울에서 개최(자료원:『한겨레신문』 1989.10.24). • 한-대만 간 무역총액 23.7억 달러. 1985년보다 4배 성장. 한국 대(對) 대만 무역역조 시작.
1990년	• 4월 26일 제2차 'Taipei-Seoul Bilateral Forum' 타이베이에서 개최. • 5월 20일 리 덩후이 중화민국 제7대 총통 취임(첫번째 대만 본토 출신 총통). 한국 전 국무총리 김정렬(金貞烈) 및 문화부장관 이어령(李御寧) 등 리 덩후이 총통 취임식에 참석. • 7월 23일 WACL 제22차 총회 벨기에 브뤼셀에서 개최. '세계반공연맹'(WACL)을 '세계자유민주연맹'(WLFD)으로 개칭, '아주(亞洲)태평양반공연맹'(APACL)을 '아주태평양자유민주연맹'(APLFD)'으로 개칭. • 8월 중화민국 주한대사 진 수지(金樹基) 부임(1990.8~1992.10.8). • 8월 30일 제23차 한-대만 경제각료회의 서울에서 개최(수석대표 중국 경제부장 샤오 모창蕭萬長 및 한국 재정부 장관 정영의鄭永儀). • 9월 4일 남북한고위급회담 서울에서 개최. • 10월 제12차 '한중학술회의' 한국 청주에서 개최. • 제23차 '한-대만 합동경제협력위원회 합동회의' 서울에서 개최.
1991년	• 7월 한국 주중대사 박로영(朴魯榮) 부임(1991.7~1992.8). • 11월 11일 중화민국 경제부장 샤오 모창 서울 APEC 총회에 출석. • 8월 1일 제24차 '한-대만 경제각료회의' 타이베이에서 개최(수석대표 중국 경제부장 샤오 모창 및 한국 재정부장관 이용만李龍萬). • 8월 12일 제13차 '한중학술회의' 대만 펑자(逢甲)대학에서 개최. • 9월 17일 남북한 동시 유엔 가입. • 9월 5일 제24차 '한-대만 합동경제협력위원회 합동회의' 타이베이에서 개최.
	• 5월 26일 제3차 'Taipei-Seoul Bilateral Forum' 서울에서 개최.

1992년	• 8월 21일 한국 외무부 중국과의 수교 및 대만과의 단교 발표. • 8월 23일 대만 외교부 한국과의 단교 조치 발표. • 8월 24일 한·중(中華民國) 단교. 대사관 업무 종료. • 8월 27일 이기택(李基澤) 등 한국 민주당 대표단 대만 방문. • 9월 15일 김재순(金在淳) 전 국회의장을 단장으로 하는 고위사절단 대만 방문. 한-대만 항공협정 폐기, 서울-타이베이 양국 항공사 직항노선 중단. 한-대만 새로운 관계구조 담판 시작. • 9월 23일 한-대만 대사관을 반환, 공식 외교관계 종료. • 10월 9일 한국 외무부대표단 대만 방문, 비공식 외교관계 논의. • 8월 17일 제25차 '한-대만 경제각료회의' 서울에서 개최 예정이었지만 대만-한국 외교단절로 인해 취소. • 12월 19일 대만 입법원 입법위원 처음 전면 개선. • 대만 1인당 GDP 1만 달러 달성.
1993년	• 2월 25일 김영삼(金泳三) 한국 제14대 대통령 취임식. 한국 대통령 취임식에 대만 대표 불참. • 4월 제1차 양안(兩岸) 고왕회담(辜汪會談) 싱가포르에서 개최. • 5월 2일 제4차 'Taipei-Seoul Bilateral Forum' 타이베이에서 개최. • 7월 27일 일본 오오사까에서 한-대만 비공식관계 수립협정 타결. • 11월 25일 주(駐)타이베이 한국대표부 타이베이에서 개관. • 11월 주타이베이 한국대표부 대표 한철수 부임(1993.11~1995.12). • 제14차 '한중학술회의' 한국에서 개최.
1994년	• 1월 20일 주한국 타이베이대표부 서울에서 개관. • 1월 20일 주한국 타이베이대표부 대표 린 쭌셴(林尊賢) 부임(1994.1.20 ~2001.5) • 5월 제5차 'Taipei-Seoul Bilateral Forum' 서울에서 개최. • 6월 2일 '중한수과역화무역회담(中韓水果易貨貿易會談)' 협의 체결(단교 후 첫번째 무역회담). • 9월 STAR-TV 중국어방송(衛視中文台) 한국 드라마 「마지막 승부」(중국어 제목 '青出於籃') 방송. 대만 공중파에서 방송된 첫번째 한국 드라마. • 9월 한국 MBC에서 대만 영화 「包青天」(한국어 제목 '판관 포청천') 4부작을 방송. • 제15차 '한중학술회의' 대만에서 개최.

연도	주요 항목
1995년	• 12월 12~15일 타이베이시장 천 수이볜(陳水扁) 한국 방문. • 5월 4일 제6차 'Taipei-Seoul Bilateral Forum' 타이베이에서 개최. • 5월 제16차 '한중학술회의' 한국에서 개최 • 한국 1인당 GDP 1만 달러 달성.
1996년	• 2월 주타이베이 한국대표부 대표 강민수(姜敏秀) 부임(1996.2~1999.2). • 2월 3일 대만 경제부는 대만의 대 한국 적자가 17.5억 달러(1995년보다 37.5%에 증가)에 달한 것을 발표. 한국은 대만의 제3대 무역적자국이 됨. • 3월 23일 처음 총통 직선제 실시. 리 덩후이 첫번째 직선총통 당선, 5월 20일 중화민국 제8대 총통 취임. 한국 국회의원 정재문(鄭在文) 등 한국 대표단 리 덩후이 총통 취임식 참석. • 5월 21일 WLFD 제28차 총회 대만 타이베이에서 개최. • 7월 제17차 '한중학술회의' 대만에서 개최. • 10월 제7차 'Taipei-Seoul Bilateral Forum' 서울에서 개최. • 12월 27일 한-대만 WTO 기입 쌍방협의 조인.
1997년	• 1월 1992년 단교로 인해 중지된 한국 자동차 대만 수입 재개방. • 1월 27일 대만 외교부는 대만전력회사 및 북한 간 핵폐기물처리협약을 합법 상업행위라고 공식입장 표명. • 1월 28일 한국 환경운동단체 대만의 핵폐기물 북한 이전계획에 항의하기 위해 대만 항의방문. • 1월 31일 신한국당 안상수 및 민주당 이부영 등 여야의원 4명 핵폐기물의 북한반출 저지를 위해 대만 항의방문. • 7월 제18차 '한중학술회의' 한국에서 개최 • 11월 13일 제8차 'Taipei-Seoul Bilateral Forum' 타이베이에서 개최. • 11월 22일 한국정부 IMF에 구제금융 신청 요청 발표. • 12월 3일 한국정부가 국제통화기금과 공식적인 구제금융합의서에 서명, 대기성 차관 제공에 관한 양해각서 체결.
1998년	• 2월 25일 김대중(金大中) 한국 제15대 대통령 취임식. 2월 25일 대만 입법위원 리 비셴(李必賢)·가오 후이위(高惠宇) 등 '중한 국회의원련의회(中韓國會議員聯誼會)' 대표 및 중국국민당 비서장 장 샤오옌(章孝嚴) 등 김대중 대통령 취임식에 참석. • 한국 금융위기로 1인당 GDP 7천 달러대로 급하락. • 제19차 '한중학술회의' 대만에서 개최.

1999년	• 2월 주타이베이 한국대표부 대표 윤해중(尹海重) 부임(1999.2~2002.2). • 4월 대만 전 타이베이시장 천 수이볜 한국 방문. • 11월 25일 제9차 'Taipei-Seoul Bilateral Forum' 서울에서 개최. • 제20차 '한중학술회의' 한국에서 개최
2000년	• 1월 대만 GTV(八大電視台, 공중파) 한국 드라마 「초대」(중국어 제목 '只愛陌生人') 방송. • 1월 18일 제10차 'Taipei-Seoul Bilateral Forum' 타이베이에서 개최. • 5월 20일 천 수이볜 중화민국 제9대 총통 취임(제1야당인 민주진보당 집권, 대만 역사상 처음 정권 교체). 한국 이강두(李康斗) 국회의원 및 전경련 회장단 등 천 수이볜 총통 취임식에 참석. • 6월 15일 김대중 평양 방문, 남북한 정상회담. 남북한공동성명 발표. • 7월 APEC 제1회 관광장관회의 서울에서 개최(대만 교통부장 예 쥐란 葉菊蘭 참석). • 7월 대만 GTV 한국 드라마 「불꽃」(중국어 제목 '火花') 방송, 대만 한류의 시작. • 7월 21일 제21차 '한중학술회의' 대만 요다(育達)상업기술학원에서 개최. • 11월 5일 제25차 '한-대만경제협력위원회 합동회의' 서울에서 개최(단교 후 8년 만에 처음 재개). • 한국 1인당 GDP 1만 달러 재달성.
2001년	• 5월 제22차 '한중학술회의' 한국에서 개최 • 6월 주한국 타이베이대표부 대표 리 쭝루(李宗儒) 부임(2001.6~2003.5). • 7월 한국 전 대통령 김영삼(金泳三) 대만 방문. • 8월 타이베이시장 마 잉주 한국 방문. • 8월 23일 한국 IMF 구제금융 195억 달러 전액 상환, IMF 관리체제 종료. • 11월 6일 제26차 '한-대만경제협력위원회 합동회의' 타이베이에서 개최.
2002년	• 2월 주타이베이 한국대표부 대표 손훈(孫薰) 부임(2002.2~2004.2). • 7월 제23차 '한중학술회의' 대만 대만(臺灣)대학에서 개최. • 9월 '서울타이베이클럽(Seoul Taipei. Club)' 서울에서 발족. • 9월 한국 부산 아시안게임 개최. • 11월 1일 제27차 '한-대만경제협력위원회 합동회의' 서울에서 개최. • 11월 1일 제11차 'Taipei-Seoul Bilateral Forum' 서울에서 개최.

연도	주요 항목
2003년	• 1월 1일 한-대만 상호 관광비자 면제. • 2월 25일 노무현(盧武鉉) 한국 제16대 대통령 취임식. 대만 민진당 비서장 장 쥔슝(張俊雄) 및 총통부 자문위원 리 짜이팡(李在方) 노무현 대통령 취임식에 참석. • 6월 주한국 타이베이대표부 대표 리 짜이팡 부임(2003.6~2006.6.10). • 8월 18일 제24차 '한중학술회의' 한국에서 개최. • 10월 1일 대만 친민당(親民黨) 주석 쑹 추위(宋楚瑜) 한국 방문, 노무현 대통령과 회담. • 10월 8일 대만무역센터(臺灣貿易中心) 서울에서 개관. • 11월 20일 제12차 'Taipei-Seoul Bilateral Forum' 타이베이에서 개최. • 12월 2일 제28차 '한-대만경제협력위원회 합동회의' 타이베이에서 개최.
2004년	• 3월 주타이베이 한국대표부 대표 황용식(黃龍植) 부임(2004.3~2006.2). • 4월 4일 주한국 타이베이대표부 부산사무소 개소. • 5월 20일 천 수이벤 中華民國 제10대 총통 취임. 한국 열린우리당 정세균 이종걸 등, 한나라당 이강두 최병국 국회의원 등 축하사절단 천 수이벤 총통 취임식에 참석. • 7월 제25차 '한중학술회의' 대만 타이난(臺南)사범학원에서 개최. • 7월 2일 제13차 'Taipei-Seoul Bilateral Forum' 서울에서 개최. • 7월 '한-대만무역촉진위원회'(한국수입업협회 주관) 서울에서 발족. • 9월 1일 한-대만 항공협정 타결, 12년 동안 중단된 양국 항공사 직항노선 재개. • 10월 한국 전 대통령 김영삼 대만 방문. • 10월 '대한경무련의회(台韓經貿聯誼會)'(대만수출입상업동업공회 주관) 타이베이에서 발족. • 11월 23일 제29차 '한-대만경제협력위원회 합동회의' 서울에서 개최.
2005년	• 2월 15일~20일 타이베이국제도서전시회 한국을 주제로 기획. 한국 작가 이문열(李文烈) 사인회 열림. • 7월 한국 삼성 세계 브랜드가치(20위) 처음 일본 소니(28위)를 초월. • 8월 31일 제30차 '한-대만경제협력위원회' 합동회의 타이베이에서 개최. • 8월 29일 제26차 '한중학술회의' 한국 서울에서 개최. • 9월 24일 한국유학박람회 타이베이에서 개최. • 11월 18일 제14차 'Taipei-Seoul Bilateral Forum' 타이베이에서 개최.

302

	• 11월 한국 전 대통령 김영삼 대만 방문. • 11월 18일 대만 총통부 경제고문 린 신이(林信義) 천 수이볜을 대신하여 부산 APEC 비공식 정상총회에 참석. • 한국 1인당 GDP 17,548달러로 처음 대만(16,051달러) 역전 성공.
2006년	• 2월 주타이베이 한국대표부 대표 오상식(吳相式) 부임(2006.2~2008.9). • 6월 16일 주한국 타이베이대표부 대표 천 융차오(陳永綽) 부임 (2006.6.16~2010.7.16) • 6월 5일 한국 안양대학교 대만연구소 설립. • 7월 11일 제27차 '한중학술회의' 대만에서 개최. • 11월 27일 제31차 '한-대만경제협력위원회 합동회의' 타이베이에서 개최. • 11월 27일 '타이베이-서울 연의회(聯議會)' 타이베이에서 발족. • 11월 29일 제15차 'Taipei-Seoul Bilateral Forum' 서울에서 개최. • 대만의 대 한국 무역적자 78.45억 달러로 역사 신고 기록.
2007년	• 1월 한국 전 대통령 김영삼 대만 방문. • 6월 4일 제1차 '한-대만경제통상회의(臺韓經貿諮商會議)' 서울에서 개최. 정부차원(부국장 급) 경제회의 16년 만에 재개. • 7월 11일 제32차 한-대만경제협력위원회 합동회의 서울에서 개최. • 9월 3일 제28차 '한중학술회의' 한국 청주에서 개최. • 9월 3일 서남포럼 제1차 대만 방문 토론회 '제국의 교차로에서 탈제국을 꿈꾸다(在帝國交錯地覓脫帝國)' 대만 정치대학교에서 개최. • 10월 10일 한국 한나라당 중앙위원회 의장 이강두 및 서울타이베이클럽 부회장 백용기 쌍십절 축하의식 참석. • 11월 29일 제1회 대만교육박람회 서울에서 개최. • 12월 21일 제16차 'Taipei-Seoul Bilateral Forum' 타이베이에서 개최.
2008년	• 2월 25일 이명박(李明博) 한국 제17대 대통령 취임식. 대만 축하 대표 입법원장 왕 진핑(王金平) 및 국가안전회의(國安會) 비서장 천 탕산(陳唐山) 취임식 참석차 서울에 도착했지만 중국 관계로 취임식에 참석하지 못함. (747, 즉 7% 성장, 1인 소득 4만 달러, 7대 강국 공약 제출) • 5월 20일 마 잉주 중화민국 제11대 총통 취임. 한국 이상면 서울대 법대 교수 마 잉주 총통 취임식에 참석. (633, 즉 6% 성장, 1인당 국민소득 3만 달러, 실업률 3% 이하 공약 제출) • 7월 21일 제33차 '한-대만경제협력위원회 합동회의' 타이베이에서 개최.

연도	주요 항목
2008년	• 8월 11일 제29차 '한중학술회의' 대만 중싱(中興)대학에서 개최. • 9월 주타이베이 한국대표부 대표 구양근(具良根) 부임(2008.9~2011.9). • 9월 대만 가오슝대학 동방어문학계 한문조 창설. • 10월 23일 제17차 'Taipei-Seoul Bilateral Forum' 서울에서 개최. • 11월 20일 '태한전자산증과경교환합작비망록'(台韓電子産證跨境交換合作備忘錄) MOU 체결. • 12월 3일 제2차 '태한경무자상회의' 타이베이에서 개최. • 12월 20일 서남포럼 제2차 대만 방문 토론회 'Locality를 통한 민족문화 재구성(在地性與本土文化的重構)' 대만 정치대학교에서 개최.
2009년	• 2월 한림대학교 대만연구소 설립. • 4월 8일 고려대학교 아시아문제연구소 대만연구센터 설립. • 9월 29일 제34차 '한-대만경제협력위원회 합동회의' 서울에서 개최. • 10월 23일 제18차 'Taipei-Seoul Bilateral Forum' 타이베이에서 개최. • 12월 23일 제3차 '태한경무자상회의' 서울에서 개최(수석대표 대만 경제부 국무국장國貿局長 및 한국 외교통상부 지역통상국장 안총기(安總基), 부국장급에서 국장급으로). • 8월 11일 '대한비항안전합작비망록(臺韓飛航安全合作備忘錄)' 체결. • 9월 1일 제30차 '한중학술회의' 한국에서 개최. • 한-대만 무역총액 178.1억 달러에 달함. 대만의 대 한국 무역적자는 32억 달러로 축소.
2010년	• 1월 11일 서남포럼 제3차 대만 방문 토론회 '동아시아 속의 한국과 대만: 역사경험 성찰(東亞中的韓國與台灣: 歷史經驗的省察)' 대만 정치대학교에서 개최. • 5월 1일 대만 국립정치대학에 한국연구센터(韓國研究中心) 설립. • 6월 7일 WLFD 및 APLFD 총회 한국 인천 송도 컨벤시아에서 개최. • 6월 해협 양안 경제협력기본협정(ECFA) 체결. • 9월 7일 제35차 '한-대만경제협력위원회 합동회의' 타이베이에서 개최. • 9월 6일 주한국 타이베이대표부 대표 량 잉빈(梁英斌) 부임(2010.9.6~) • 10월 14일 제19차 'Taipei-Seoul Bilateral Forum' 한국 서울에서 개최. • 10월 20일 제31차 '한중학술회의' 대만 대만대학에서 개최. • 11월 23일 '한-대만 워킹홀리데이 프로그램 양해각서(韓臺打工度假計畫備忘錄) 타이베이에서 체결.

	• 한-대만 무역총액 267.41억 달러. 서로에게 다섯번째 무역파트너.
2011년	• 5월 20일 한국외국어대학교 대만연구센터 설립. • 6월 28일 대만 중산(中山)대학에 한국연구센터 설립. • 8월 18일 제32차 '한중학술회의' 한국 청주대학교에서 개최. • 10월 26일 제20차 'Taipei-Seoul Bilateral Forum' 타이베이에서 개최. • 9월 주타이베이 한국대표부 대표 정상기(丁相基) 부임(2011.9~). • 11월 한-대만 '김포(金浦)-쑹산(松山)' 직항에 관한 협의 달성. 2012년 4월 말부터 항로 개설. • 12월 1일 제36차 '한-대만경제협력위원회 합동회의' 타이베이에서 개최.

[작성: 셰 슈우메이 謝秀梅]

서남동양학술총서
대만을 보는 눈
한국-대만, 공생의 길을 찾아서

초판 1쇄 발행/2012년 11월 12일

엮은이/최원식·백영서
펴낸이/강일우
책임편집/김정혜 성지희
펴낸곳/(주)창비
등록/1986년 8월 5일 제85호
주소/413-120 경기도 파주시 회동길 184
전화/031-955-3333
팩시밀리/영업 031-955-3399 · 편집 031-955-3400
홈페이지/www.changbi.com
전자우편/human@changbi.com

ⓒ 백영서 외 2012
ISBN 978-89-364-1331-6 93910